粉丝红利

互联网时代的盈利宝典

韩布伟 / 著

電子工業出版社
Publishing House of Electronics Industry
北京•BEIJING

内 容 简 介

移动互联网时代早已不是简单地将产品生产出来，然后销售出去，而是需要个性化、社群化。与个性化、社群化相对应的粉丝经济应运而生。

粉丝可以让一款产品在短时间内成为爆款，也可以瞬间刷爆一个微博。这就是粉丝的力量。在粉丝经济时代，企业的运营者要想在竞争中获胜，就需要把握粉丝经济之下的红利。在取得红利之前，运营者需要懂得粉丝需要什么、喜欢什么。此外，还需要掌握粉丝运营的方法与步骤。

运营者或有意转型的粉丝运营者遇到的很多问题都可以在本书中找到答案。比如，如何实现粉丝几何级数的增量、如何让粉丝甘愿无偿地付出、如何与粉丝互动、如何让粉丝获得最好的体验等。本书让你领略粉丝经济的魅力。

图书在版编目（CIP）数据

粉丝红利：互联网时代的盈利宝典/韩布伟著．—北京：电子工业出版社，2016.7
ISBN 978-7-121-29246-0

Ⅰ．①粉…　Ⅱ．①韩…　Ⅲ．①企业管理-网络营销　Ⅳ．①F274

中国版本图书馆 CIP 数据核字（2016）第 149388 号

责任编辑：富　军
印　　刷：三河市双峰印刷装订有限公司
装　　订：三河市双峰印刷装订有限公司
出版发行：电子工业出版社
　　　　　北京市海淀区万寿路 173 信箱　邮编 100036
开　　本：720×1000　1/16　印张：19.5　字数：281 千字
版　　次：2016 年 7 月第 1 版
印　　次：2016 年 7 月第 1 次印刷
印　　数：3 000 册　　定价：58.00 元

凡所购买电子工业出版社图书有缺损问题，请向购买书店调换。若书店售缺，请与本社发行部联系，联系及邮购电话：(010)88254888，88258888。

质量投诉请发邮件至 zlts@phei.com.cn，盗版侵权举报请发邮件至 dbqq@phei.com.cn。

本书咨询联系方式：(010)88254456。

前　　言

互联网打破了地域限制，消除了各种信息资源分布不均的问题。在这种情况下，“粉丝经济”的出现是必然的。罗辑思维利用粉丝经济，6 个小时收入 160 万元；小米利用粉丝经济，四年时间将公司估值做到 450 亿美元。

于是，企业纷纷效仿，但是收效甚微。一般来说，这些企业的流程是这样的。先在微信上建立公众号、微博、QQ 群等，然后拉入大量的好友，发放大量的营销广告。为了让用户关注自己的微信公众号，可谓是绞尽脑汁：用免费提供无线上网吸引用户关注自己的微信公众号，用送礼品或是打折吸引用户关注自己的微信公众号，甚至利用美女帅哥现场邀请用户关注自己的微信公众号。

有了粉丝后，这些企业就开始发送各种宣传稿、产品介绍、搞促销活动等，以期达到获得收益的目的。可事实上呢？这些企业投入了人力、物力在粉丝身上，并没有见到多少收益，最终不得不停止吸引粉丝的行为。因为这些企业觉得这是一个无底洞，如果持续做下去，只能倒闭。

为什么我们无法像小米一样取得惊人的效果呢？梦想很丰满，现实很骨感。

梦想自己能像小米一样日吸上万粉丝，可现实是 24 小时吸粉不到 49 个。

梦想自己的粉丝就是自己的菜，可现实是粉丝的钱就是粉丝的命。

梦想自己发布的信息一天能有 100000 次阅读，若转化率按 20% 计算，则日进账 10 万元，可现实是阅读量不到 1000 次，转化率不到 0.1%，收益不足 100 元。

梦想自己的粉丝用完了产品，会 N 次重复购买，可现实是一锤子买卖，永不回头……

本书可帮助读者解决上述困惑。书中有大量的案例，还提供了很多具体的建议。

本书特色

1. 内容全面、详略得当

粉丝时代已经到来，小米手机、罗辑思维、锤子手机等都开展了一系列的粉丝活动。本书全面阐述了什么是粉丝红利、粉丝红利的深层原因、如何做好粉丝互动等。

2. 易理解，采用大量图表、案例

本书通过大量的事例样本、图表分析，让读者全面了解粉丝红利的精髓到底是什么，为了更具实用性、易理解性，运用大量的图表对比分析图、逻辑关系图，对于抽象性的专业术语、行业名词，都有具体的图表或举例进行说明。

3. 实用性强，对企业的粉丝运营与维护有借鉴意义

本书运用了大量实际案例来讲述如何让粉丝跟上企业的节奏，让粉丝与企业展开深度互动。对于运营粉丝的从业人员给予大量的案例分析、原因分析、内容分析等，以期达到花费最少的精力得到最多粉丝的运营方法。

本书内容及体系结构

第 1 章讲述有关粉丝的一些实际案例。2013 年 8 月，罗振宇发起了一场轰动营销界的活动。这个活动就是史上最无理的会员募集活动，6 个小时就获得 160 万元的收益。类似的案例还有很多，让我们体会到粉丝的力量。

第 2 章讲述粉丝会为你买单。2013 年 12 月 3 日，第八届作家富豪榜子榜——网络作家富豪榜发布，唐家三少、天蚕土豆、血红分别以单年版税 2650

万元、2000万元、1450万元排名网络作家富豪三甲。这些资金都是一点一点积累的，起步单位可以具体到1分钱。

第3章讲述病毒式无限传播的推广模式。病毒式传播可以把粉丝数量发展到最大，粉丝力量发展到最强。比如，Skype，由于“病毒式营销”的巨大威力，其粉丝在不到两年的时间里从10万名猛增至4700万名，这就是病毒式推广的威力。

第4章讲述在自媒体时代，各种不同的声音来自四面八方，“主流媒体”的声音逐渐变弱，人们不再接受被一个“统一的声音”告知对或错，每一个人都在从独立获得的资讯中对事物做出判断。

第5章是社群思维的详细讲解。企业很难精确掌握单一粉丝的行为模式，无法确认个体在某一情境下将采取的行为，但群体的行为模式却呈现一定的规律，个体经常受群体影响采取一些行为反应。销售是通过一对一的模式由商家对单一粉丝进行营销，但是要想发挥市场最大的价值，社群营销是最优路径。随着互联网产品及形态的发展，企业的思维将由围绕广度、覆盖度进行的营销方式转向窄众、定向的社群营销。

第6章讲述粉丝经济是O2O思维的典型代表，自从小米将粉丝经济发扬光大之后，市场上围绕互联网展开的粉丝产品逐渐增多并形成一种潮流。

第7章讲述优质的IP为粉丝提供了一个连接的纽带。以电影为例，IP思维就是指将影视产品的影响力转化成生产力，再转化成各种衍生品，最后转化为公司效益的思维。一个真正优质的IP可以转化出无数的衍生品，是一种无界限、无时限的持续性回报，而不仅仅是一次性的版权交易。

第8章讲述在移动互联网高速发展的情况下，各种微信公众号的出现向人们生动地诠释了“碎片化”的微触点。大量的自媒体在小而美的领域中获取了小而美的粉丝，并经营得风生水起。众多网购平台也逐渐开始往细分领域开辟疆土，不再追求大而全，而是重视某个细分领域上小而美的粉丝人群。

第 9 至 11 章讲述有时用情怀打动粉丝是很难的，这时就需要真实的价值传递。在罗永浩工匠情怀的首款产品 Smartisan T1 发布之时，就因为蹩脚的商业理念受到了众人的嘲笑，而此次坚果手机的发布体现了更加成熟的商业理念，也是由情怀向价值的转变。信任与原创也是如此，经营者需要拿出自己的实力去吸引粉丝。

第 12 至 14 章讲述如何与粉丝进行高效互动、如何给粉丝高附加值的服务、如何让粉丝有归属感等。粉丝代表一个圈子，代表着一种相同的价值观，拥有共同的生活方式。随着认同感越来越大，这个行为圈子越来越大，粉丝的归属感也越来越强烈，从而成为的忠实粉丝。

第 15 章为了让读者更进一步地了解一些操作手法，我们拿出成立不足五年、估值超过 450 亿美元的小米来分析粉丝经营的深层逻辑。

本书读者对象

- 互联网创业者、从业人员
- 市场营销人士及企业高层管理者
- 时代趋势研究人员
- 政府人员
- 营销、商务等专业的本科生和研究生
- 希望成为时代巨人的梦想家们

目　录

第一篇　新红利时代：粉丝经济

第三篇　如何打造自己的粉丝红利 IP

第一篇

新红利时代：粉丝经济

第1章

粉丝至上：效率决定一切

粉丝经济可为运营者带来大量的现金流和影响力。粉丝愿意为喜爱的偶像或作品花费大量的金钱和时间。这引起了娱乐、社交等领域运营者的关注。下面我们拿出一些案例来一一讲解，粉丝为什么那么疯狂？运营者为什么能够赚？

社交软件微博、视频节目罗辑思维、网络剧《花千骨》等作为三类粉丝群产生的代表平台，为运营者带来了高利润回报。其中，数以万计的粉丝发挥了重要作用，形成电影市场上不可小觑的一股力量。如今的粉丝人群已经不仅局限于追星、追网络剧的人，而是正在成为影视创作的重要参与者。粉丝人群强大的行动力和购买力影响了文化、商业等现代社会的方方面面。品牌商要掌握粉丝经济的命脉，以用户体验为中心，发挥粉丝的力量，为自己创造更大的效益。

1.1 微博带来上千万的销量

对于普通的淘宝卖家而言，想要达到上千万的销售额那只能做白日梦，而对于通过微博营销的名人来说，那是再轻松不过的事儿了。如果我们不是名人，那也没有关系，有一个好的创意一样可以带来上千万的隐形效益。

1.1.1 微博阅读下的高效粉丝传播

快节奏化的生活将人们的时间碎片化，以至于很多人步入了“轻阅读”时代。这种阅读方式为微博提供了一个有力的应用场景。用户可以在微博上在 140 字的范围内发表自己的内容。这种方式在很大程度上简化了传统媒体的传播方式，加上微博客户端的成熟和用户的普及，使粉丝可以随时随地阅读自己关注的信息。微博作为一种典型的自媒体营销平台，它的传播效率及对于用户的黏性是其他媒体不可比拟的。下面举一个微博营销的经典案例。

有一款名叫“51 账单”的手机 APP 应用，利用微博做了一场非常成功的营销案例：花费 150 元，在 50 个小时内实现 500 万次曝光，且 APP 排名至 TOP40。这条微博的内容为“看了闺蜜的手机，瞬间想嫁人了。这是他老公出差前帮她设置的”，然后又附了下面（图 1-1）这一张图片。

就这样短短的二十几个字加上一张图片，没过一个小时就引爆了微

图 1-1　微博手机应用截图

博。这是“51 账单”CEO 策划的一个“有我 + 鼓掌”的活动。

没有想到就是这样一条小小的微博，让很多粉丝和企业都自觉地转发了，京东商城转发了，腾讯转发了，淘宝转发了，米聊转发了，优酷和土豆也转发了。这一条简单的微博就为 APP 应用“51 账单”节省了上千万的宣传、推广成本，让许多花费大量真金白银做宣传的企业自愧不如。

1.1.2　微博营销的互动和口碑

“作业本”是新浪微博最火的草根之一，粉丝数量已高达 900 万。艾沃科技利用“烧烤”事件，与作业本进行了一次互动。此前，艾沃科技旗下的净水机和空气净化产品只是一款普通的品牌，双方互动后，仅仅三天时间，此条微博的阅读量就达到了 500 多万人次，而艾沃科技微博的粉丝也快速增加了 2000 多人。

清华、北大网络营销总裁班创始专家刘东明老师认为："从艾沃科技这一成功的微博互动案例可以看出，若能充分利用微博大咖们的影响力进行互动营销，相信在自媒体环境下的微博还是可以造就不可预测的营销价值的。"

杜蕾斯可谓是玩转了微博营销。其营销团队设计出很多令人脑洞大开的杜蕾斯微博营销案例，在互联网营销界广为流传。杜蕾斯的官方微博粉丝数量已经超过 154.2 万，是同类品牌微博粉丝数量的几十倍。据估计，杜蕾斯官方微博在一个月内的曝光人次可达 1.3 亿。

杜蕾斯将自己定位成一位既有绅士风度又很会玩的花花公子。其营销团队非常关注当下的热点，并快速机智地推出与杜蕾斯品牌定位十分契合的、幽默的、有趣的原创微博。

当"一场大雨淹没北京城"的新闻在刷屏时，杜蕾斯在微博上就发布了一条"北京今日暴雨，幸亏包里还有两只杜蕾斯，有杜蕾斯下雨不湿鞋"的微博。该微博一经发出，一个小时内转发过万次，成为当年经典的营销案例。当大家在对"奥运会，刘翔旧伤复发，跨栏摔倒，但坚持走完全程"的消息议论纷纷之际，杜蕾斯对此发出微博"最快的男人并不是最好的，坚持到底才是真正强大的男人！"乍一看感觉一般，但结合刘翔因伤失利却仍旧坚持比赛的事件来说，显得合情合理又充满人文关怀，而且关键人家是做避孕套的，在"最快""坚持到底"简单的话里内涵十足。

微博用户都有自己的粉丝圈，当用户转发参与时，杜蕾斯的品牌曝光率便以幂级数增长。可以毫不夸张地说，杜蕾斯官方微博本身已经成为一个强大的传播媒介，不仅成为业界公认的微博明星，而且还是杜蕾斯品牌营销的大功臣。所以，对品牌运营者来说，大量的高效互动不仅能带来经济效益，还能使品牌形象得以快速传播。

1.2 6小时收益160万元的罗振宇

2013年8月，罗振宇发起了一场轰动营销界的活动。这个活动就是史上最无理的会员募集活动。罗振宇募集了500名的铁杆粉丝和5000名的发起者，粉丝会员费是1200元，发起者的会员费是200元。

最终有5500名活动会员在6小时之内就将钱汇到罗振宇的银行账户和支付宝等。也就是说，罗振宇凭借着这个活动仅用了6个小时就获得160万元的收益，而且在活动期过了之后，还有不少粉丝将钱汇到罗振宇的银行账户。最后罗振宇很无奈，只得在微博上请求粉丝们别再汇款了。

为什么这么多粉丝给他汇钱呢？因为他做了一档节目——罗辑思维。借鉴百度百科的介绍，《罗辑思维》是目前影响力较大的互联网知识社群，包括微信公众订阅号、知识类脱口秀视频及音频、会员体系、微商城、百度贴吧、微信群等具体互动形式，主要服务于80后、90后有“爱智求真”强烈需求的群体。“有种、有趣、有料”是《罗辑思维》的口号，倡导独立、理性的思考，推崇自由主义与互联网思维，凝聚爱智求真、积极上进、自由阳光、人格健全的年轻人。如今，《罗辑思维》已经成为国内微信营销的典范。

《罗辑思维》并没有投入大量的金钱，只凭借一张桌子、一把椅子和一个“歪嘴胖子”的娓娓讲述，就在短时间内吸引了众多人的关注，并积累了数十万的铁杆粉丝，迅速由一款互联网自媒体视频产品，成长为当前影响力最大的互联网知识社群，创造出巨大的品牌价值。《罗辑思维》背后的成功逻辑值得大家探究。

1.2.1　铁杆粉丝的力量

在《技术元素》一书中的一篇“一千个铁杆粉丝”里面有一段经典的话：“只要是搞艺术创作的人，拥有一千个粉丝就能够养家糊口。”有人说，罗振宇的这次募集活动就是对这段话的一个实践。

罗振宇在电视上做了半年的《罗辑思维》节目。这个节目语言诙谐有趣，内容丰富，有观点、有见解，于是就吸引了一大批的忠实粉丝。罗振宇发起这个募集活动的主要目的就是让粉丝主动付钱，尝试做一个理性的社群。

罗振宇曾经在一期《罗辑思维》中讲到：文人挣钱的时候不是站着的，而是跪着的。《罗辑思维》的粉丝和明星的粉丝不一样之处在于，它并不是冲动的消费。罗振宇的合作伙伴解释说，《罗辑思维》做的是一个有知识、有理性的粉丝社群。《罗辑思维》不会收一些脑残的粉丝，而是收求真、求上进、求自由的朋友。

罗振宇还说，我的粉丝就是我的朋友，我的朋友都是很有理性的，而这份募集活动只是对我事业的供养，是一群帮我完成心愿的热心人。

1.2.2　罗振宇的粉丝效率

罗振宇营销成功的因素有很多，但最主要的因素有两点：第一点是罗振宇满怀热血的粉丝；第二点就是罗振宇对于自媒体的尝试。

罗振宇在募款的时候，将募款定义为捐赠，这样就可以为罗振宇省去很多麻烦。当然，捐赠和购买的心态是截然不同的，捐赠更像是一个被需要的需求，能够把被需求感提供给别人。所以，罗振宇的粉丝在面对传统媒体的时候有着很强的优越感，这种感觉是无论如何也装不出来的。

《罗辑思维》作为一个脱口秀节目之所以能受到众多粉丝的追捧，主要在于罗振宇将自己看过的书归纳总结出自己的观点传播出去，对于他的粉丝来讲，这是一种获取知识的有效方式。粉丝不愿意读书，罗振宇替你读，并将一部分的感悟分享给读者。

如果将这一部分进行扩大，那就是从工业革命到互联网时代以来，所有的创新和进步都是离不开的，是商业民主化的另一种表现形式，效率也提升了覆盖的范围，让每个人都可以享用。如今的微信和微博等平台成为了提供粉丝效率的一种机制，这就是社交网络产生粉丝效率的根本。

我们将此推而广之，如果有人看到了一种需求，继而就会看到支持这个需求的市场。如果自己也熟悉市场的需求，那么就可以和需求者分享自己解决需求的方案，这样就会产生新的服务，从而建立一个全球性的覆盖市场。

1.3 粉丝如此热心的根源是什么

品牌和粉丝之间的互动能够充分释放粉丝的情感，便于粉丝将自己的感情融入到品牌当中，这是粉丝如此热心的主要根源。粉丝为品牌注入了自己的情感，给予了品牌人性化的特征，最后导致粉丝由热心走向崇拜，由崇拜走向疯狂。

1.3.1 对品牌的感情

粉丝对于一个品牌崇拜时，很容易将品牌赋予一种人格形象。比如，粉丝将自己喜欢的产品想象成自己的朋友或是大哥、爱人等，粉丝的情感就能渗透到品牌的建设中，让粉丝和品牌紧紧地联系在一起。

其实，乔布斯时期的苹果也出现过品牌和人格形象结合的现象，即“苹果＝乔布斯”。苹果的粉丝购买苹果产品，在粉丝的潜意识中就将苹果产品幻想为乔布斯的化身，在这种情况下，粉丝购买的不是产品本身而是一种情结。这是粉丝对于乔布斯个人崇拜的原因。

1.3.2 品牌背后的故事支撑

现在市场上的产品多数会用明星代言的形式来加强品牌的形象，但是这种方法并不能一劳永逸。真正高明的产品会将自己打造成一个象征。例如，我们听到苹果手机就会联想到“极致”的体验，提起小米就会想起“发烧友”，提起360安全卫士就会想起“免费”等。

“极致”“发烧友”“免费”等概念的背后均有一个完整的故事。例如，乔布斯为了追求“极致”，不断地去做产品测试；雷军为了让“发烧友”满意，所付出的努力故事；360创始人为了让大家使用“免费”的桌面产品，牺牲了许多利润。

此种案例还有很多，作为企业的运营者也需要为品牌注入一个鲜活的故事。品牌若想获得更多的粉丝关注，就要树立丰富的品牌形象，就像打造电影里的角色一样，设置一个独有的并让粉丝心中爱慕的形象，并且通过传播的方式将品牌形成一个粉丝离不开的角色。

让粉丝热心的根源不仅仅是产品本身，更多的则是品牌背后的故事和塑造的人格形象，粉丝通过品牌背后的故事来认同品牌的形象，从而建立和品牌之间的情感。基于这样的粉丝效益，企业在面对复杂的商业环境时还可以打通跨界和跨行业的壁垒。

所以，对于一个品牌而言，粉丝经济的打造其实就是一种新的营销模式。广告、媒介等部门转变成一种以内容创作为中心的部门角色才能广泛地传播，树立一个好的品牌形象，获得更多的粉丝关注和更高的忠诚度。

1.4 用大数据解读你的粉丝效率

以往谈起视频网站，在多数人心中就会想起来两个字——烧钱。随着互联网的迅速发展，大数据正引领着全球在技术和商业上发生变革，而大数据与视频的结合也会发生新的变化。

事实上，早在2011年的时候，美国咨询公司的管理人就说："数据已经渗透到每一个行业之中，成为生产的重要因素。企业对于数据的挖掘和应用，意味着新一波生产增长率的到来。"

1.4.1 解读粉丝团的秘密

2013年10月，苏宁电器宣布投资PPTV，交易规模达4.5亿美元。之后不久，PPTV聚力在网站上进行更新升级，而大数据就是首当其冲。从

PPTV 嫁入豪门到联合苏宁布局 OTT 产业链，时隔一年的 PPTV 利用大数据重新回到视频领域之中。

“最强粉丝团”是 PPTV 重回视频领域的第一力作。这个粉丝团的活动是在上海黄浦江的一艘游轮上举行的。据统计，这个活动的播放量突破 2 亿大关，活动线上的投票总数超过了 30.5 亿人次，微博上“最强粉丝团”的关注量也超过了 5000 万，这些数字均创造了网络视频领域内用户的新高。

一个视频网站能够取得这样的播放效果是很少见的。PPTV 的总裁在出席网络论坛时说：“要解开最强粉丝团的秘密，而 PPTV 正在努力根据数据解析，利用大数据分析和技术，改变以往的思维模式，给 PPTV 的粉丝提供更好的服务。”大数据原本作为 IT 行业的词汇已经融入了各个行业之中，而 PPTV 沉寂的背后是在深耕大数据。

细心的粉丝发现，在登录 PPTV 之后就会发现有一个“猜你喜欢”栏目，在这个栏目中有 40% 的粉丝会找到自己喜欢的视频。这缩短了视频搜索的时间，提高了用户的体验。

很显然，利用大数据解读粉丝的喜好可以更加准确地定位自己的用户群体。纵观中国现在的网络视频市场，搜狐视频、腾讯视频、爱奇艺、土豆、乐视等都在努力保住自己的用户，而时下大数据的应用无疑成为了众多视频网站留住用户的一个着力点。

1.4.2　获取粉丝数据

对于视频网站来讲，视频的最主要属性就是媒体属性，在大数据时代如何做好媒体的运营，PPTV 的总裁将此总结为四个关键词：“个性化、定制化、差异化和粉丝第一”。基于大数据的应用，PPTV 建立了大数据库和媒体评估系统、用户行为检测系统等。

从技术层面上来看，PPTV 是如何获取粉丝数据的呢？

PPTV 建立了数百规模的服务器集群，这是大数据技术平台的核心，在上面运行开源数据厂库时，分布的数据处理框架能够很好地落实。

当然，还需要庞大的用户群来支撑大数据的真实性、有效性。在 PC 端 PPTV，电脑客户端的下载量已经超过了 10 亿，而且拥有 1.5 亿的注册用户，有 4000 多万的活跃粉丝。在移动端，PPTV 的活跃粉丝更是超过了 8000 万，累积的用户也是超过了 3 亿。这些数据都为获取粉丝数据提供了基础。

应用大数据的基础就是拥有海量的用户。PPTV 拥有超过 5 亿视频用户的丰富数据资源，并且对三成具有黏性的用户进行粉丝属性处理，通过数据系统将粉丝的数据联通，建立大数据下粉丝的电商行为分析，能够在广告视频、视频购物等方向上发展新的营销模式。

此外，PPTV 还利用粉丝实现了数据同源。PPTV 可以提取更具有价值的数据。用户在任何时间、任何地点、任何设备上，只要有视频业务的需要，那么用户的行为数据和访问数据都会被收集到一个平台上，再被利用到其他领域之中。

1.4.3 大数据更了解粉丝

每个品牌的粉丝都有强烈的喜好和鲜明的特征，在粉丝经济时代，这些需求就更加鲜明，而基于大数据的分析系统就会强化粉丝效应。

据一份大数据分析报告，我们发现有 69% 的用户从来不主动点击广告，除非遇到自己喜好的产品。如果是普通的产品，那么广告投放对于这一部分的用户来讲无疑是仅起到了骚扰的作用。如果用户能够了解这些用户的喜好，那么广告的投放也就变得精准有效了。比如，一位年轻爱美的女性在网上看到了美容美白的教学，广告投放时推荐了一些美白的护肤品和防晒霜，这就符合这名女性用户的需求。

不仅广告行业如此，电影行业也受到了大数据的影响。任何著名的电影制片人在票房公布结果之前，都不敢承诺其制作的电影是畅销的。而在大数据时代，承诺就变得可能。在大数据的解析之下，通过数据平台的处理，就能够分析出粉丝的个性化需求及对电影的需求特征，然后针对粉丝群进行定向营销，就会引起空前的热度。这些都是大数据系统带来的变革，因为只有数据才能反映粉丝的真实情况。

1.5 让粉丝认为你和吃饭一样必须

现在这个时代是“无粉丝，不营销”的时代，有很多运营者都在津津乐道于自己的微型平台，通过平台开展的活动吸引了多少粉丝，但是运营者如何保证这些粉丝不会走掉呢？

要想留住粉丝，就要让粉丝认为你和吃饭一样必须，才能长久地保留住粉丝的热度，和粉丝建立起感情。提升粉丝对企业的黏性是需要通过活动来互动的。广义上的互动就是和粉丝产生联系和交易，因为交易本身就是一种高质量的互动。互动的形式不仅仅体现在交易上，企业还可以通过内容的推送、线上和线下的活动、建立品牌社群、让粉丝参与并获得好的体验感受等。那么企业如何让粉丝觉得自己和吃饭一样必须呢？

1.5.1 运营者如何做出好内容

在移动互联网时代，以微信为代表的平台不仅有很强的社交属性，也有很强的媒体属性。也就是说，微信不仅要靠朋友圈，还要靠丰富的内容来吸引粉丝和留住粉丝。

那么运营者或是个人如何做出丰富的内容呢?

首先，运营者的内容应该结合时下的热点，这样就能起到事半功倍的作用。对于一个运营者而言，发布的内容结合了时下的热点更容易吸引粉丝来阅读，如有一个名字带“博”的人在网络上火了起来，那么与他相关的话题也就纷纷被议论起来。

在电动车行业，绿源的订阅号上有丰富的娱乐性和知识热点。绿源的订阅号中出现了驯龙高手和小时代热播的电影主题，还有各种涨姿势的网络流行用语，这些都让年轻的粉丝感到很有意思，在很大程度上提高了点击阅读的概率。

其次，运营者还要迎合粉丝的习惯。在互联网时代，粉丝的时间是很宝贵的，希望用碎片化的方式来阅读。因为现代的生活节奏一般都很快，都会感觉到有很大的压力，在这样的背景下，运营者的输入内容一定要符合粉丝的爱好。正如一个经济学家所说，在移动互联网时代，对客户的细分就是对可分最基本的尊重。

1.5.2 如何了解粉丝的需求

如何了解粉丝的需求呢?

首先，运营者要根据粉丝的特质投其所好。比如，女性经常为搭配衣服而苦恼，可以说几乎所有的女性都缺乏服饰搭配知识，虽然家里好几衣柜衣服，每件拿出来都特别漂亮时尚，但是几件搭配出来穿在身上就 Out 了。因此，女性为了让身上的衣服不 Out，就会经常拼命地去逛街、逛淘宝买衣服。

这时，卖服饰的“美丽说”公众号就经常给粉丝发送服饰搭配的解决方案。同时，“美丽说”还将自己要推广的产品融入其中，顺利地做了解决方案与产品的融合。粉丝一边看解决方案，一边买衣服，顺理成章，将粉丝成功黏住。

其次，微信内容的定位要去功利化。很多运营者的思维还停留在过去，认为通过线下促销、打折等方法吸引粉丝之后，就想直接实现转化，这未免太急功近利了吧。实际上，在信息过量的时代，如果你过于赤裸裸地推广你的产品信息，最后很可能事与愿违。

第2章

粉丝收益：主动消费才是王道

粉丝经济时代，粉丝会花几百元，甚至上万元买自己喜欢偶像的专辑和演唱会门票，这对于明星和经纪公司来说是一笔巨大的收入。

张学友2015年专辑《醒着做梦》的销售量为30万张，如果以一张专辑收益为20元计算，那么张学友的专辑就可以获得至少600万元的收益。明星效应推动着粉丝经济的发展。明星出唱片、演电影、参加电视节目，随之而来的唱片销售、电影票销售、电视节目收视率都成为了明星们吸金的渠道。

一张唱片为50元左右，一张电影票为45元左右，粉丝都会为喜欢的明星买单。粉丝经济，最重要的就是人气，人气高，支持的粉丝就多，明星的收入自然就多。

2.1 粉丝永远不会让你付费

粉丝对明星的热情是极高的，会不远万里赶赴明星所在地，会等待12小时排队找明星签名。粉丝是无私的。粉丝永远不会让明星付费。粉丝不但投入金钱购买与明星相关的产品，还会免费送明星礼物。明星每年都会收到粉丝寄来的大大小小的礼物，在梁静茹参加音乐节目录制时，粉丝送给她一条红围脖作为纪念，可见粉丝的贴心程度。

2.1.1 粉丝为什么会买单

粉丝买单的原因是什么呢？其内容如图2-1所示。

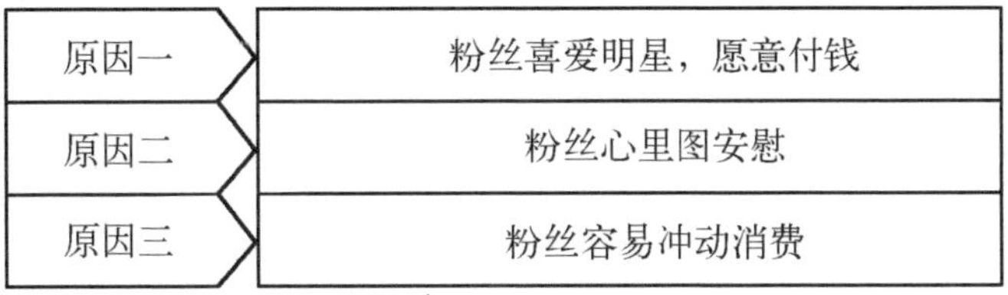

图2-1　粉丝买单的原因

第一，粉丝喜爱明星，愿意付钱。

所谓“千金难买我愿意”，粉丝可谓是为了喜欢的明星，“上刀山、下油锅”都毫不犹豫，何况区区几百元钱，粉丝还是很愿意花的。买了专辑、送了礼物，粉丝心里高兴，自然而然不在乎那些钱，会情愿买单。

第二，粉丝心里图安慰。

粉丝喜爱明星，见一面，不容易，买些和明星有关的东西天天看着有个念想。粉丝对于明星的追逐从来不含糊，花了钱能让自己感觉与明星的距离更贴近了，这时粉丝的消费就变成了安慰消费。

第三，粉丝容易冲动消费。

很多人都追星，尤其是青少年所占的比例会更多。追星让很多人都无法理解。其实，追星是人在成长过程中心理过程的反映，也是心理需求和情感宣泄的需要。追星族容易被流行趋势带动，产生购买欲望，经不起诱惑，从而花钱追星，甚至每季更新，追随明星的脚步。

在粉丝经济时代，挣粉丝的钱最容易。因为粉丝对明星的爱是炽热的、无私的，粉丝为明星付出感情不图回报。因此，商家都看中了粉丝的这一点，推广明星，让明星代言，参加电视节目宣传，从而从粉丝这里淘到利润。

2.1.2 粉丝如何分类

当然，粉丝也分“三六九等”。一般来说，粉丝的类型主要有以下（见图2-2）几种。

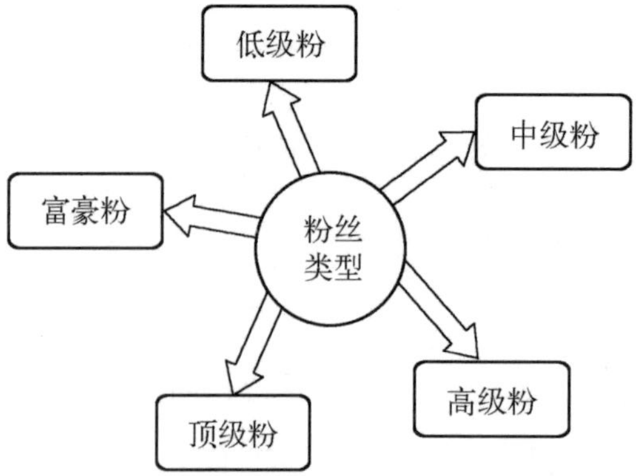

图2-2 粉丝类型

低级粉就是对明星热情一般的粉丝，只会用很少的花销去购买明星的产品。这类粉丝不会花很多钱追星。中级粉是全国各地追偶像演唱会的，如五月天有一位中级粉，追五月天的演唱会，一路追了北京、成都、南京、青岛等近十个城市，还收藏了阿信设计的潮牌服饰和公仔，几乎隔一段时间就要血拼一次。高级粉是最疯狂的一种粉丝，也称“死忠粉”，可以说，他们的偶像去哪儿，他们就跟到哪儿，这些人追国外、演唱会、发布会、剧组等。

除了上面这三种粉丝以外，还有顶级粉和富豪粉。曾经有顶级粉开着兰博基尼去跟踪韩国组合 EXO，吓得一群韩国小伙面容失色。还有富翁粉，可为偶像不惜下血本。一位富翁粉为支持钟汉良，花钱买下了 250 张钟汉良见面会门票，真是出手阔绰啊！

大家可能都知道沸沸扬扬的杨丽娟事件。杨丽娟是刘德华的粉丝，16 岁开始痴迷刘德华，之后辍学追星，先是花了 9900 元随香港旅游团去香港看刘德华，未果；又把家里的房子卖掉追刘德华。

粉丝宁愿自己挨饿受冻也会把钱拿来花在明星身上。粉丝还会以追星为目标，不惜重金去买明星产品。因为明星是他们的精神支柱，他们的生活需要明星来支撑，他们愿意把金钱消费在明星身上，所以精明的商家要在粉丝上用用心，让粉丝心甘情愿地把钱花在明星身上。

2.2 风口思维：占据收益的流量要道

时下最火的经济名词——粉丝经济，可以给商家带来巨大的收益。利用粉丝的数量来增加销售量，成为当下经济最新的运营渠道。那么如何运作粉丝经济呢？

小米的粉丝经济可谓做得十分好。小米有500多万名忠诚的小米粉丝——米粉。2012年4月6日，小米成立两周年，上千名米粉从各地赶到北京疯狂购买小米手机。小米手机董事长兼CEO雷军在台上现场公开发售10万台小米手机，仅用了6分5秒就全部被抢空。而在广州、武汉等地，小米之家本来是上午9点上班，可很多粉丝在8点就到门口排队。这些米粉，成为购买小米手机的主力军。

2.2.1 为何要把握粉丝风口

为什么粉丝经济要把握粉丝这个风口呢？其原因如图2-3所示。

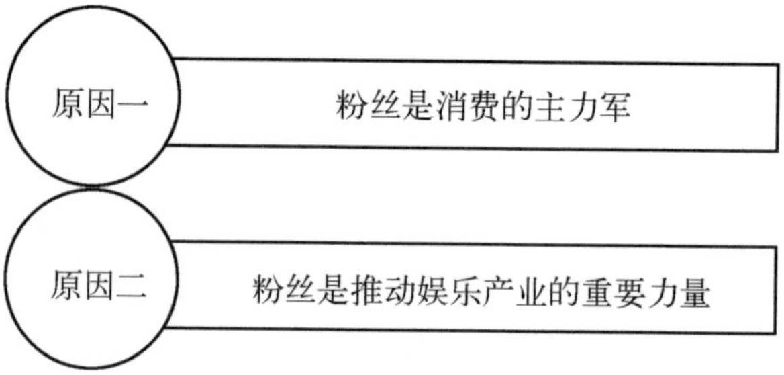

图2-3　把握粉丝的原因

第一，粉丝是消费的主力军。

明星产品销售针对的主要是广阔的粉丝市场，明星产品的购买主力就是粉丝，没有粉丝的支持，娱乐产业也不会风生水起。牢牢把握粉丝就是粉丝经济运营成功的关键。聚美优品的陈欧拍电影、拍广告、参加综艺节目，“我为自己代言”，作为CEO，他亲自上阵代言，不仅节省了广告费用，还通过这样的宣传方式聚拢粉丝。聚美优品因此吸引了大批粉丝，增加了收益。粉丝就是购买力，因此商家要在粉丝身上下大力气，粉丝喜欢什么，就卖什么，粉丝想买什么，就做什么，让运营围绕粉丝进行，粉丝的喜好、购买能力、购买习惯都要摸得一清二楚。

第二，粉丝是推动娱乐产业的重要力量。

娱乐产业的发展需要粉丝推动，粉丝不买票，谁去看电影和演唱会？粉丝不看电视，哪有收视率？粉丝不听歌，专辑卖给谁？注重粉丝的力量，粉丝经济才会持续发展。韩国组合 Super Junior 队长利特在签名会上收到一叠纸，十分惊讶，发现是粉丝购买 Super Junior 专辑的收据。该名粉丝竟花了超过 2 亿韩元购买他们的 CD，共 12600 张专辑。粉丝肯买单，粉丝经济就会成功。娱乐产业要想火，离不开粉丝的支持。粉丝支持，娱乐产业才有发展的动力，才有发展的资金，才有发展的空间，因此一定要凝聚粉丝的力量，让粉丝的力量带动粉丝经济的运营。

2.2.2 运营粉丝经济要做些什么

运营粉丝经济需要做很多事情，如图 2-4 所示。

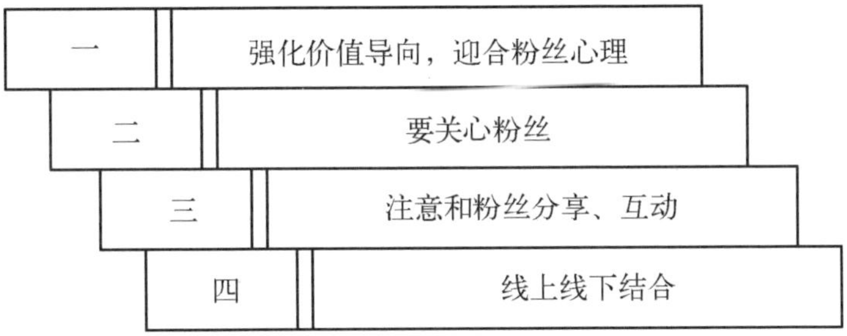

图 2-4　运营粉丝要做的事情

第一，强化价值导向，迎合粉丝心理。

粉丝经济需要明确粉丝需要什么，关心什么，要贴近粉丝的生活，迎合粉丝的心理。商家运营粉丝经济要善于观察发现，如 Angelababy 的粉丝想要买一款手机，因为他们想在粉丝见面会上把 Angelababy 拍得美美的，那么商家就可以试着推出一款像素极高的手机，当然如果能找到 Angelababy 为手机代言那就更好了。再如，电视节目“奔跑吧兄弟”的广告商安慕希、苏宁易购和海澜之家正是看中了节目的超高收视率才纷纷投资的，目的就是要把销售针对的群体向节目的粉丝靠拢，让粉丝购买它们品牌的产品。

第二，要关心粉丝。

粉丝追星是以情感为主的，所以运营粉丝经济需要关心粉丝，让粉丝觉得为明星付出金钱很值得。比如，吴亦凡在微博与粉丝互动，“谢谢你们一路相伴 别忘了听新歌哦”，为自己的粉丝送上温暖的感谢，为自己的新单曲做好宣传。粉丝感动，自然会更加喜爱明星，就会为明星付出更多的金钱。又如，快乐大本营是全国收视率最高的综艺节目，在快乐大本营节目中，经常看到台上向台下粉丝发礼物的场景，这就是鼓励粉丝，粉丝有福利了，会更加支持这个节目，节目门票就会更好卖，节目收视率就会更高。粉丝多了，粉丝经济就运行得畅通了。

第三，注意和粉丝分享、互动。

粉丝喜爱明星，需要近距离接触明星。明星们纷纷推出见面会、演唱会、签售会、发布会、记者会和微博等来与粉丝互动。比如，林俊杰的某场音乐演唱会，主持人邀请台下观众上台与明星合唱进行互动。粉丝上台露一下脸，上一下电视，感动得不得了。明星们需要粉丝的支持，如果自己单单只做好自己的事情，不去互动，那粉丝渐渐会冷淡明星，明星就会没有市场。所以明星要时常与粉丝互动来增加自己的人气，吸引粉丝，谋求更高的商业价值。

第四，线上线下结合。

粉丝经济要把互联网和实体店相结合，如可以在网上购买明星演唱会门票，用线上和线下结合的运营模式方便粉丝消费，以此增加自己的销售额，获得更大的利润。

运营粉丝经济要有风口思维，要把握好粉丝这个风口，以粉丝为核心，从粉丝角度出发考虑问题，发挥粉丝的力量，才能运营好粉丝经济。

2.3 一字千金：一条百万的微博推广

现在许多人都有微博，人们用微博随时随地分享身边的事，既娱乐生活，又方便交流。微博在粉丝经济中起着举足轻重的作用。微博提供了这样一个平台：你既可以作为观众，在微博上浏览你感兴趣的信息；也可以作为发布者，在微博上发布内容供别人浏览。

如果你想了解刘诗诗的动态，那么直接在百度搜索中输入刘诗诗微博就可以查到刘诗诗的微博了，你可以自己申请开通微博账号成为她的粉丝。点开刘诗诗的微博可以看到她的粉丝已有20950095，这么多的粉丝，可见明星效应的厉害。明星吸引的粉丝多，那么在明星身上花的钱就多。明星微博可起到很好的推广作用。

2014年6月，微博用户量超过3亿，发一条微博就可以带来数十万次的浏览。如果这是一条产品宣传微博，那么推广效果也很明显。微博为什么可以成为推动粉丝经济的有效力量呢？

微博最大的特点就是发布信息快速、信息传播快速。比如，巴黎发生恐怖袭击，欧阳娜娜就发一条微博表示对此事件的关心，她的粉丝就会第一时间看到这条微博，粉丝也会第一时间关注这个事件。

2.3.1 微博平台的作用

微博营销是指商家或个人通过微博平台为自己创造价值的一种营销方式，也是为了发现并满足粉丝各类需求的商业行为方式。微博平台的作用主要有以下（见图2-5）几点。

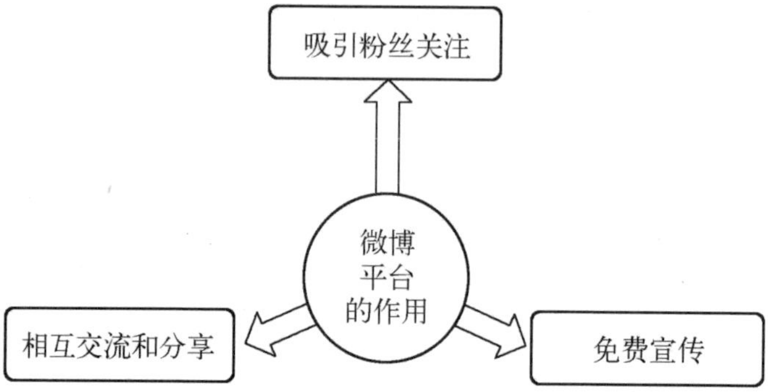

图2-5 微博平台的作用

第一，吸引粉丝关注。

微博是很好的吸引粉丝的工具。明星利用微博每天更新状态，粉丝利用微博关注明星，从而吸引大量的粉丝，明星的信息、状态会立刻传给粉丝，还可以相互交流。比如，陈坤新电影《寻龙诀》上映，他发微博"第一次为电影献唱，《寻龙诀》同名主题曲，希望大家喜欢"，下面粉丝互动"超级好听!!!!!!!! 很喜欢!!! 整个格调都很配你"。有了粉丝的支持，新电影和新歌的销量会很好。

第二，免费宣传。

微博可以发布消息、转发和评论，这样就起到了很好的宣传作用，而且是免费的。粉丝可以转载和评论，这样明星的作品会更引起广泛关注。比如，李易峰主演的电视剧《怦然星动》在2015年12月3日上映，他发微博说“12 月 3 日请跟我联络吧”，电影的主题曲也是他演唱的《请跟我联络》。这样微博就成了电影和主题曲宣传的免费平台。粉丝看到微博就可以迅速了解到电影的信息，就可以去电影院或者网上买票消费，很好地带动了粉丝经济。

第三，相互交流和分享。

微博有上传和评论功能，明星可以把自己的歌曲、电影和剧照上传到微博与粉丝共享，这样粉丝就可以在微博观看到明星的最新作品。比如，李小璐的《从天而降》上映，她发了微博“明天帅霸天就要降落了，做好萌哭准备叭!”还有电影的宣传海报和预告片，下面转发 334，评论 320，点赞 13628。通过微博，明星可以与粉丝互动，这样来看电影的粉丝就会增加，电影的票房就会增多。另外，通过与粉丝的互动交流，还可以了解粉丝的想法，修改市场的方向，从而赢得更多的利润。

2. 3. 2　微博宣传推广的做法

用微博做粉丝经济的宣传推广需要做到以下（见图 2–6）几点：

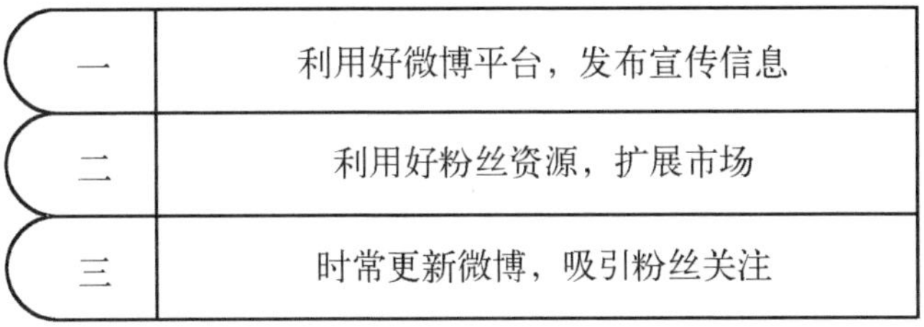

图 2–6　微博宣传推广的做法

第一，利用好微博平台，发布宣传信息。

微博可以广泛传递信息，因此明星有新作品问世就要发布最新的信息来宣传，如剧照、预告片、主题曲、好玩的情节和拍戏时的感受都可以发布在微博上，粉丝看到之后，就可以转发、评论和点赞了，起到了对于粉丝经济来说很好的宣传推广作用。

第二，利用好粉丝资源，扩展市场。

明星向粉丝宣传新作品可以增加销量，如代言的产品、新歌、新电视剧、新电影等。再如，明星巧妙地利用微博惯用的自拍，在自拍背景里某个位置摆上产品，既可以恰到好处地表现产品，又不用显山露水。这种巧妙的方式往往能引起粉丝的好奇，又不易招来骂声。可见，明星可以在微博上做足广告工作。

第三，时常更新微博，吸引粉丝关注。

微博发布的消息是要时常更新的，这样才可以吸引粉丝的关注。比如，在微博里，姚晨的粉丝是最多的。姚晨是第一个开微博的明星，而且在内容方面做得比较好，更新速度很快。这样对姚晨的关注度就高，看姚晨电视剧、电影的粉丝就多。只有吸引较多的粉丝，才会有高的收视率、高的票房收入。

现在很多企业和商家都通过微博向用户传播产品信息、品牌信息等内容，以便在用户面前树立良好的企业形象和产品形象。比如，苹果 iphone 中文网是苹果公司在中国的官方微博，苹果公司会在微博上发布最新的优惠信息、新品广告和公司新闻。关注苹果公司产品的用户就可以通过微博关注最新信息，获得优惠了。这就是微博营销，十分便捷。微博对于粉丝经济有重要的作用，为粉丝经济增加了收入、增加了关注度、开拓了市场、丰富了生活。因此，粉丝经济离不开微博。

2.4 微信群之下的朋友圈

现在代替微博发展趋势的是微信。微信为什么那么火？是因为社交通信工具能完美地契合移动互联网的特征。微信不仅可以聊天，还可以购物、游戏等，可以完成很多以前没有的功能。其中，微信朋友圈就是一个很好的交流平台。

2.4.1　小美盒的营销效果

王莉在巴黎欧莱雅官方微信上推出欧莱雅小美盒的时候买了一盒小美盒，收到小美盒后，她就立刻在朋友圈中晒了出来，引来大家纷纷围观，没几天，公司的同事们桌子上就多了 5 个小美盒。

微信朋友圈的力量是很大的。发布一条消息，所有的小伙伴都能收到信息，大家共享资料，发表意见。如果好的产品通过朋友圈发布，势必会引发围观，获得不错的宣传推广效果。比如，美丽说的用户可以将自己在美丽说中的内容分享到微信中，可以使一件美丽说的商品得到不断的传播，进而实现口碑营销。微信朋友圈的天然特性更适合品牌传播。为什么微信朋友圈这么适合营销？

2.4.2　朋友圈的营销优势

目前，朋友圈也是很多企业和商家做营销的主要媒介，那么在朋友圈做营销有哪些优势呢？其内容如图 2–7 所示。

第一，点对点精准营销。

微信拥有广大的用户群，使用微信营销便于商家和用户交流沟通，便于商家实现点对点精准营销。比如，眼镜店通过微信销售时，用户只要把手机号等信息输入注册成为会员，在朋友圈分享购物体验，就可以在微信上获得眼镜店提供的优惠。这样的营销手段十分省钱、省时和省力。

优势一	点对点精准营销
优势二	形式灵活多样
优势三	强关系的机遇

图 2-7　朋友圈的营销优势

第二，形式灵活多样。

微信朋友圈可以分享产品，商家可以在朋友圈发图片、发介绍、发语音来推广宣传产品，朋友圈的好友可以发表评论。这就便于商家推销自己的产品，还可以在朋友圈发布购物心得，吸引好友了解产品及购物。

第三，强关系的机遇。

朋友圈这种熟悉的关系便于建立起一种营销信任，陌生人向你推荐产品，你一定很不信任，不愿意购买，但是如果是你的朋友向你推荐，你一定觉得很放心，愿意购买，至少是可以试一试。所以，微信朋友圈在不知不觉中建立了一种信任和被信任的关系，容易把产品销售出去。

如何让朋友圈成为你的销售平台呢？其主要做法如图 2-8 所示。

一	选对商品
二	打造“朋友+专家”的形象
三	实在的价格
四	发布新鲜图片和介绍，引好友关注
五	实时更新，增加宣传力度
六	利用微信群来分享购买心得

图 2-8　让朋友圈成为销售平台的做法

第一，选对商品。

好的微信销售离不开好的产品，一般微信销售应选择大众比较感兴趣的产品，如化妆品、数码产品、服装就比较符合用户的消费心理。选择适销对路的产品是打造微信营销的第一步。

第二，打造“朋友 + 专家”的形象。

微信销售要有合适的形象，其中“朋友 + 专家”的形象就是最佳形象。“朋友”形象可以给用户亲切感和信任感，用户通过朋友这个渠道了解产品，再通过对朋友的信任产生购买欲望。“专家”的形象会给人一种对产品十分了解的印象，让用户觉得买你的产品是对的，是专业的选择。所以，“朋友 + 专家”的形象是最符合微信销售特点的形象。

第三，实在的价格。

好的微信平台产品要有实在的价格。实在的价格是促进微信销售的动力。一款防晒霜，专柜卖 78 元，你可以卖 58 元，这样才对用户具有更大的诱惑力。用户会因为你实在的价格和良好的品质而购买。

第四，发布新鲜图片和介绍，引好友关注。

新鲜的图片和介绍有助于好友了解你的最新产品。好友可以评论和点赞，说说自己对产品的感受。比如，开微店的张洁就在自己的朋友圈经常发布她卖化妆品的图片和简介，好友每次都可以轻松看到，不知不觉开始慢慢关注她的产品。

第五，实时更新，增加宣传力度。

因为朋友圈的特性，所以要时常发布和更新自己的产品。在微信朋友圈平台需要实时更新自己的产品图片，添加好的图片来展示产品的特性。比如，发布最新产品和介绍时，要同时发布新的优惠活动、团购和赠品等信息。

第六，利用微信群来分享购买心得。

微信群可以很好地向好友展示自己购买的产品，引起关注。微信群发布的消息可以让整个群里的人都看到，是一个很好的发布产品的途径。比如，买到了一款好看的品牌包包，可以在微信群里发个图片，秀一下，一定会有很多朋友看到，也许就有想买包的朋友产生购买的欲望。

微信群里面的好友多数是亲戚、好朋友、同事、同学或者有着共同志趣的群体，他们相互认识，习惯于在一起分享，这时分享好的产品，会更容易被接受。

比如，张晓琳就在微信群销售手机，他卖的手机都是原装进口的，质量可靠，外观精美，价格却可以打两折。一款 3000 元的手机，在他这里可以卖 600 元，十分划算。张晓琳卖的手机主要就是针对熟悉的人，通过在微信上传手机照片、介绍性能和价格，前来咨询的亲戚朋友通过他看样机、使用说明书，然后达成协议。手机还实行三包，维修起来很方便。这种方式让张晓琳月收入将近万元。

看来，微信朋友圈的销售有很多好处，也可以给商家带来利润。在这种新营销模式下，要充分利用好微信销售平台，让好的销售平台为自己的产品服务，增加用户数量，扩大市场，增加利润。

2.5 腾讯文学疯狂的吸金能力

腾讯酝酿已久的“腾讯文学”品牌展示了在文学领域的号召力。腾讯文学的作品种类很多，有玄幻、武侠、都市、历史、军事等。热播电视剧《芈月传》的原版小说就可以在腾讯文学中找到。腾讯文学的发展也是粉丝经济的发展。

2.5.1　腾讯文学火爆的原因

腾讯文学的优势之一就是有大量的粉丝。腾讯文学的作品通过向粉丝收费赚取了大量的费用。这种经济运营模式的实质就是粉丝经济。它的消费用户针对的是在网站下载文学作品的粉丝用户。这种通过文学吸金的方式越来越受到广泛关注。网络文学产业属于第三产业，以服务大众文化娱乐为主。它的吸金点就是文学作品必须吸引人，是粉丝喜爱阅读的。下面总结一下腾讯文学如此火爆的原因，如图 2-9 所示。

原因一	文学作品搏人眼球，十分有吸引力
原因二	阅读方便，时常更新
原因三	利用QQ吸引粉丝
原因四	热衷当下流行的电视剧
原因五	举办各种比赛，吸引好的作者

图 2-9　腾讯文学火爆的原因

第一，文学作品搏人眼球，十分有吸引力。

腾讯文学的作品都是时下最流行的，如《三界独尊》《校园修真高手》《天域苍穹》等。腾讯文学希望通过流行题材来增加粉丝，提高阅读量，从而达到盈利的目的。这些文学体裁越新颖、越有趣，就会吸引越来越多的粉丝前来阅读，阅读量就会提高。

第二，阅读方便，时常更新。

腾讯文学的阅读模式十分方便，还有排行榜，让粉丝对作品可一目了然。每一个作品都有目录和章节，清晰简便，让粉丝能很好地浏览要看的内容。例如，《最强兵王》就有五卷，2910 个章节，每个章节都很清晰，便于粉丝浏览任何一个章节。作品时常更新，都是最新的作品。

第三，利用 QQ 吸引粉丝。

腾讯文学的许多粉丝都是腾讯 QQ 的用户。腾讯文学可利用 QQ 积攒的人气来增加腾讯文学的粉丝量。腾讯文学的营销模式就是让腾讯文学和 QQ 绑定在一起，在 QQ 中可以浏览腾讯文学的作品。这样腾讯文学就可以轻松积累大批粉丝。

第四，热衷当下流行的电视剧。

腾讯文学中就有热播电视剧《后宫甄嬛传》和《芈月传》的原创小说，利用电视剧的宣传优势为自己的文学作品进行宣传，可以吸引更多的粉丝在看电视剧的同时来看原版小说。

第五，举办各种比赛，吸引好的作者。

腾讯文学举办各种比赛和征文来吸引好的作者进行创作。比如，举办互联网文学联赛和现实主义征文大赛，好的作者就会来报名参赛，就会有更多好的作品。腾讯文学可以用这些优势来发展自己的原创文学。

网络文学是人们在紧张的工作学习之余放松休息的一个手段，许多人爱看小说，热爱它的诙谐幽默，热爱它的时尚流行。网络文学就应运而生。许多人看到好的小说，爱不释手，愿意为它付费，这就成为了网络文学消费。腾讯文学就是这样一个提供网络文学消费的平台。

2.5.2 腾讯文学是如何发展的

2013 年 12 月 3 日，第八届作家富豪榜子榜———网络作家富豪榜发布，唐家三少、天蚕土豆、血红分别以单年版税 2650 万元、2000 万元、

1450 万元排名网络作家富豪三甲。普通粉丝阅读网络小说，每千字只需支付 3 分钱。在阅读习惯更迭的年代里，悄然间，“3 分钱”已打造出一个颇具规模的亿万产业。粉丝经济的腾讯文学是如何发展的呢？如图 2–10 所示。

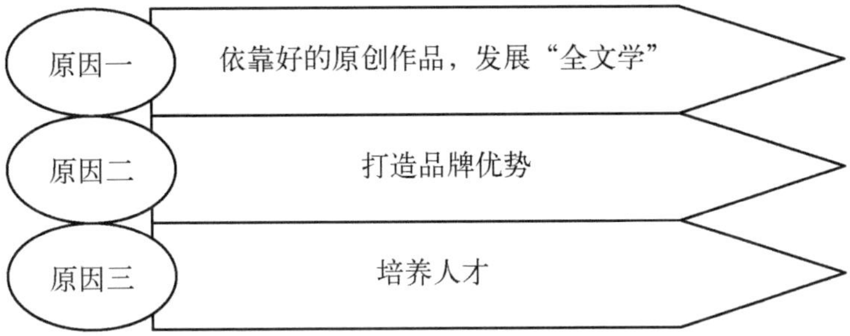

图 2–10　腾讯文学发展的原因

第一，依靠好的原创作品，发展“全文学”。

发展网络文学离不开好的原创作品。好的原创作品是网络文学发展的动力和基础，可以增加粉丝的阅读兴趣，引起粉丝的共鸣。比如，好的网络文学作品有《明朝那些事》，讲述了明朝那段历史，丰富有趣。好的原创作品不仅能给粉丝带来快乐，还能使粉丝得到启示。

第二，打造品牌优势。

腾讯文学打造以男性粉丝为主的“创世中文网”和以女性粉丝为主的“云起书院”，给粉丝科学定位，更好地满足粉丝的阅读需求。腾讯文学重点打造移动文学“QQ 阅读”和“QQ 书城”，以适应发展的移动互联网科技。

第三，培养人才。

人才是企业发展的核心动力，没有人才，企业的发展便无从谈起。好的企业就要有优秀的人才。腾讯文学把人才放在第一位，培养能创作的作者，大力发展文学产业。为了实现这一目的，腾讯文学在阿来、苏童、刘震云等大师级别成员的见证下，启动了旨在培育原创明星作家的“星计划”，让有才华的明星作家快速崛起。

“星计划”对不同的作家进行了有针对性的扶持：

（1）对有成功创作经历作家的扶持。对这些作家，腾讯文学将重点通过系统传播、主题包装及泛娱乐运作，使其实现品牌价值放大。

（2）对新人作家的扶持。对这些作家，腾讯文学侧重于挖掘和培养，内容专家全程指导和专业团队针对性的运作，将有效缩短人气积累周期，让有才华的明星作家快速崛起。

在网络文学兴起的时代，腾讯文学把握机遇，以先进的理念为指导，粉丝数量已达3000万。腾讯文学正如它的口号那样“文字之美，感动心灵”，把最好的作品带给大家，让文字中流露出作者对生活的真情实感，以此来打动粉丝。随着文学产业的不断发展，腾讯文学会迈着更坚定的步伐走向美好的未来。

第3章

粉丝推广：病毒式无限传播

粉丝是粉丝经济时代消费的主力军。运营者要把粉丝推广放在首位。粉丝了解了企业的产品，企业才能赢取利润。病毒式无限传播是粉丝推广最快速、最有效的办法之一。

病毒式无限传播可以把粉丝数量发展到最大，粉丝力量发展到最强。比如，Skype，由于“病毒式营销”的巨大威力，其粉丝数量在不到两年的时间里从10万人猛增至4700万人。很多人在成为Skype的粉丝后，都会不断鼓动朋友加入。更有超过180万人使用Skype Out。这就是病毒式推广的威力。如果粉丝经济也用病毒式推广，那么粉丝经济的发展可想而知。

3.1 病毒式推广逻辑

粉丝病毒式推广逻辑如下：

第一，增强广告曝光，让用户看到产品宣传。

第二，让相关用户看到，产生购买欲望，同时，要精准定位目标用户。

第三，加强互动，可以用微博、微信或者 QQ 增加交流。

第四，通过互动带来的好口碑，加强推广。

第五，通过用户分享和互动的曝光，进行二次曝光，加强宣传。

第六，等待粉丝增长，等待优质粉。

3.1.1 病毒式粉丝推广逻辑图

病毒式粉丝推广逻辑图如图 3-1 所示。

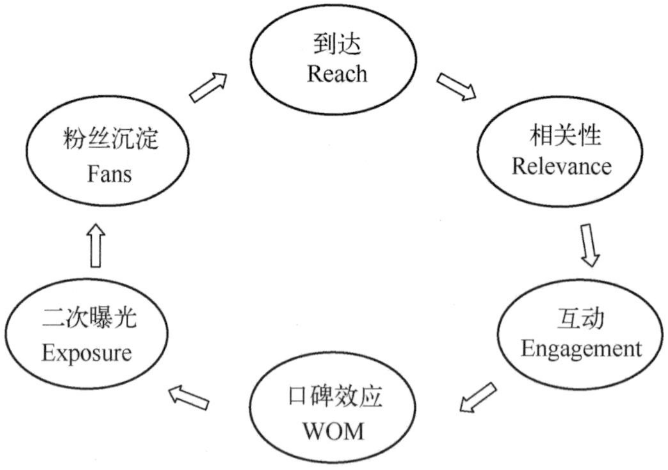

图 3-1　病毒式粉丝推广逻辑图

3.1.2　病毒式粉丝推广注意要点

病毒式粉丝推广需要注意几个要点，其内容如图 3–2 所示。

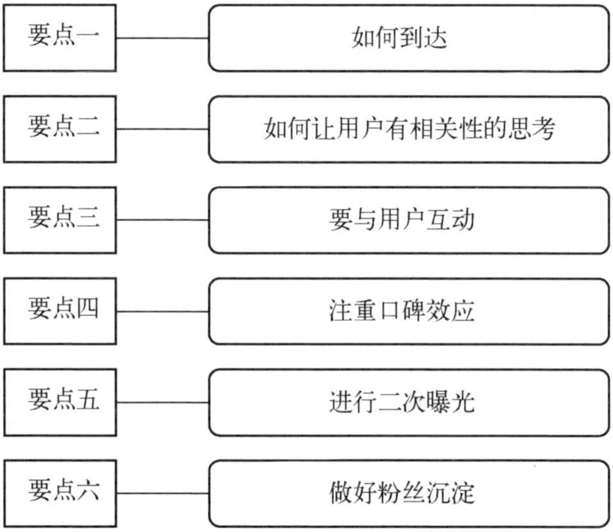

图 3–2　病毒式粉丝推广注意要点

第一，如何到达。

广告的投放有多种形式，如电视广告、报纸广告、杂志广告、网站广告、微博广告等。广告需要多种途径宣传，可以在资金允许的情况下采用多种形式投放。广告需要树立品牌、介绍产品和促进销售。广告要扩大企业或产品的知名度和美誉度，提升企业或产品的形象和影响力。广告还要介绍产品的核心卖点及相应的配置和功能，还要告诉用户一些促销信息。这样就可以确保广告能很好地到达用户的头脑中。

第二，如何让用户有相关性的思考。

广告要保证内容和用户有相关性。比如，化妆品广告用纯天然来宣传，告诉用户是无化学危害的安全化妆品，可以放心使用；电动车，告诉用户是高端车，电池持久耐用，用户就认为这样的电动车可以骑很多年，值得买。广告要让用户觉得和产品相关，产生购买欲望，肯为产品花钱。只有这样，用户才会掏腰包买让他觉得划算的产品。

第三，要与用户互动。

有些产品是需要互动的。比如，美特斯邦威向用户推荐衣服，让用户看样式、摸面料、试穿，还在微信上发优惠券和折扣信息，用户愿意合作，愿意购买美特斯邦威的衣服。良好的互动可让用户对产品感兴趣，愿意体验。

如果不经常与粉丝联系，粉丝就会感觉关系冷淡，不愿意购买了。因此，企业要经常宣传，增强与粉丝的互动。比如，某超市经常举行促销活动，每周发海报，海报上印着早晨7点买鸡蛋一斤优惠一元钱，就会有很多老年人前来排队买鸡蛋，增加了早晨的顾客量。另外，这家超市还举办积分活动，积分达到2000分，可以抵20元，这样许多人会在这家超市累计积分。只有与粉丝互动好了，粉丝才愿意常来购物，这样就可以财源滚滚了。

第四，注重口碑效应。

口碑效应是指由于用户在消费过程获得了满足感、荣誉感而形成的对外逐步递增的口头宣传效应。好的口碑会让用户愿意购买产品，成为回头客，并且愿意分享宣传产品给其他人。比如，去了一家好的餐厅，吃到了很好吃的一道招牌菜，回到家后就可以告知好友，分享用餐心得，免费为餐馆宣传。

注重口碑，打造良好形象。好口碑可以为企业加分；好口碑可以为企业宣传；好口碑可以增加回头客。格力空调就有着良好的口碑。我们都知道格力空调的广告语“好空调格力造”。格力空调一直在做技术、搞服务，目的是把品牌做大做强，并注重制冷技术的研发，让空调在炎炎夏日不至于因为制冷系统坏掉不工作。这些都为格力空调树立了良好的口碑，是其成为世界500强的基础。

第五，进行二次曝光。

一次曝光仅仅让用户有一个印象，而二次曝光就是强化这种印象。比如，汽车的电视广告在上午、下午都会播出一遍，这样用户就会有很深刻的印象，下次买汽车的时候就会考虑买不买这个广告里的汽车。所以，广告不能只做一遍就万事大吉，需要多次反复去做，才能达到宣传推广的作用和效果。

好的广告不是做一遍就可以的，广告要想深入人心就需要多次播放，重复播放。比如，电视广告恒源祥，“恒源祥，羊羊羊”的广告一连播三遍，很快就让用户记住企业名叫恒源祥，是做羊毛纺织品的。好的广告就是要让用户记住，才能在购物时想到，这样才能增加销量。只有做好了产品的宣传推广，粉丝数量才会增加，才会形成巨大的购买力。

第六，做好粉丝沉淀。

管理好自己的粉丝，让粉丝数量增加，用微博和微信时常推出新消息，与粉丝互动，让自己的粉丝记住自己的产品，让自己的粉丝接受自己的产品，让粉丝愿意为产品买单。

3.2 病毒式传播，实现跨界粉丝经济

病毒式传播的粉丝经济也是可以“跨界”的。跨界就是从这个行业转到另一个行业。跨界成功的案例非常多，下面我们来介绍两个案例。

3.2.1 伍声的跨界粉丝经济

伍声，别名2009，江湖人称“九神”，中国Dota界有丰碑意义的职业选手，中国Dota界最具传奇色彩的人物之一；2005年考入浙江大学生物医学专业，大二开始接触Dota，毕业前以职业选手的身份取得了Dota界几乎所有的冠军头衔，无论国内与国外；2010年退役之后走上了Dota解说这条路，同时也开启了他的创业之旅——开淘宝店。

卖什么呢？当然是键盘、鼠标、鼠标垫、耳机等。2009通过其录制的视频中的前贴片、后贴片广告将观看他Dota视频的粉丝直接引流到自己的外设店中，让粉丝直接享受优惠。这是他的成功之处。在淘宝店成功之后，他又开起了零食店，金丝肉松饼、牛轧糖、水果干、鸭舌、蛋干等应有尽有。淘宝店和零食店之后，伍声又卖起了男装。伍声把粉丝经济运用得炉火纯青。

伍声的成功之处在于他利用自己Dota冠军的头衔聚拢了大批客流量。有了Dota冠军的头衔，伍声做起生意来更加得心应手。粉丝冲着他的冠军头衔而来，而且在同样的价格下，来伍声的店里还有优惠，这样更多的人就会来他的店里。伍声做的生意一直也是和Dota相关的，外设店卖的是打Dota的设备，零食店服务的也是打Dota的玩家。虽然跨界，但是还是有联系的。

3.2.2 唐家三少的跨界粉丝经济

熟悉网络文学的人都知道唐家三少这个人。唐家三少是国内知名的网络文学作者，也是这个圈子中收入最高的作者之一。小时候喝豆浆时喜欢放三勺糖，所以叫唐家三少。唐家三少写了很多小说，如《琴帝》《神印王座》《斗罗大陆》等。唐门，一个常出现于武侠小说和游戏中的门派，以用毒和暗器著名。

唐家三少微博粉丝有330万，微信粉丝超过300万。一部小说要写一两年，而小说同名手游的开发也要一两年。往往小说写完了，手游还没有上线。唐家三少找了一个朋友合开了手游公司——深圳第一波网络科技有限公司。2013年6月开始做手游，第一款游戏叫做《唐门世界》，2013年9月上线运营，全部官网自营渠道，推广全部依靠唐三自己的微信和微博，上线第一个月流水破千万，9～11月的营业收入为333.15万元，净利润为101.44万元。

3.2.3 病毒式跨界粉丝经济优势

我们看到，他们跨界的一个共同点都是围绕着自己成功的头衔，虽然跨界，但都是与最初的成功密不可分的事业。跨界粉丝经济的优势有哪些呢？其内容如图3–3所示。

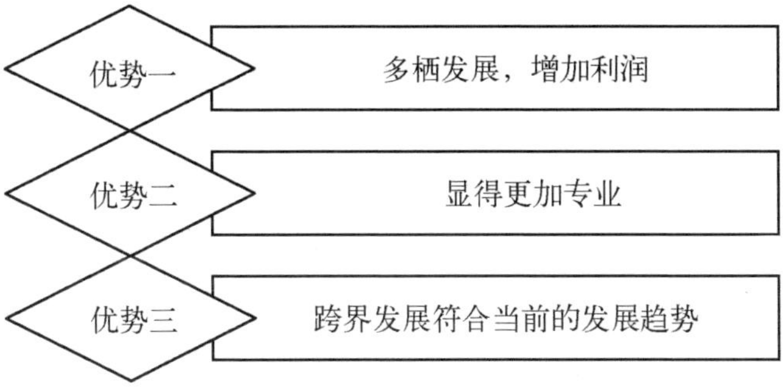

图3–3　跨界粉丝经济的优势

第一，多栖发展，增加利润。

跨界粉丝经济通过多样的经济发展模式和丰富的经营方式给经营者带

来可观的收入。伍声是围绕着游戏，唐家三少是围绕着网络文学。他们都把成功的荣誉给了他们的事业，因此跨界的事业也会在光芒下风生水起。

第二，显得更加专业。

伍声和唐家三少都是专业人士，一个是游戏冠军，一个是网络文学首富。他们身上都有着成功的经验，也会显得更加专业一些。因此，他们的事业也会随之而来带有成功者的光环，这样用户就更加愿意购买和使用他们的产品。

第三，跨界发展符合当前的发展趋势。

跨界的他们都选择了自主创业，这就是成功自主创业的案例。伍声的外设淘宝店和零食店，以及唐家三少的手游公司都是自己运营的个体公司形式，符合当前国家鼓励的自主创业。

3.2.4 病毒式跨界粉丝注意点

线上线下，协同效应。跨界粉丝经济要注意利用线上和线下的优势。线上与粉丝互动交流，线下让粉丝体验，让线上和线下都发挥优势，这样跨界粉丝经济就会发展得更快。

放大明星效应。跨界粉丝经济离不开明星效应的有利支持。明星光环给了跨界粉丝经济重要的信誉保障。粉丝为什么来买东西，就是靠明星光环的吸引。所以，明星效应是吸引粉丝的重要手段。

跨界粉丝经济有什么潜力呢？

跨界粉丝经济能够抓住粉丝的消费兴趣。跨界粉丝经济把粉丝的消费兴趣作为重要的参照标准，实行“因地制宜”，把消费“量身打造”，合理针对目标粉丝。比如，伍声的零食店，针对的就是打 Dota 的玩家由于玩游戏没时间去买饭的状况。这样，跨界消费的市场就被打开了。

打造极致粉丝体验。伍声和唐家三少成功营销的基础都是给粉丝带来极致的体验。伍声的外设淘宝店和零食店都是为了方便玩家游戏，而唐家三少是方便粉丝看小说。二者的营销都是建立在服务粉丝的基础之上。

良好的粉丝忠诚度。伍声和唐家三少都是在一个领域成功的人，聚拢了大批的粉丝。粉丝都有着良好的忠诚度，志趣相投，这样做起生意来就更加顺风顺水了。

跨界粉丝经济之所以更加流行，就是因为它满足了一部分粉丝的需求。跨界粉丝经济有良好的粉丝基础，加上运营模式行之有效，所以发展势头很足。我们也期待着跨界粉丝经济会给我们带来更多的惊喜。

3.3 让粉丝主动为你做宣传

粉丝的力量是很大的，因为粉丝对明星的喜爱是无偿的。在录制浙江卫视《奔跑吧兄弟》节目中，谢娜跑得口渴了，身上又没有钱，一个贴心的粉丝递来一杯饮料，谢娜十分感动。这就是粉丝的力量。粉丝经济离不开粉丝的支持，甚至粉丝有时候还会帮你做宣传。

四名女大学生花 12 万元给 TFBOYS 打广告。重庆地铁 1 号线沙坪坝站站厅广告的灯箱被这四名女大学生换成了王源、王俊凯的照片，墙上贴着他们唱过的歌名。“承包”这个广告灯箱的四名女大学生用的是自己的实习工资、奖学金和压岁钱。她们说希望更多人认识她们的偶像。

粉丝经济就要利用粉丝的力量，充分利用好粉丝的力量是发展粉丝经济的重点。粉丝主动宣传能减少企业为宣传带来的开支，帮助企业推广，使企业达到良好的销售目的。如何让粉丝为企业主动宣传呢？

让粉丝开心很重要。粉丝开心了，自然而然更喜欢明星，明星就会越来越火，还会帮助明星，让明星有更好的发展。比如，明星和经纪公司定期举办粉丝见面会，成千上万的粉丝有机会一睹明星的光彩。这时粉丝和明星就会有机会近距离接触，经纪公司要充分把握机会，与粉丝互动，让粉丝觉得经纪公司和明星很好。粉丝觉得明星很好的时候，就会为明星宣传。

明星会在微博中与粉丝互动，还可以看到粉丝的评论。这些粉丝的评论就可以成为明星的宣传工具。保持与粉丝的良好互动，甚至回复粉丝的留言，这样粉丝就愿意主动与明星交流，帮助明星发展。

经纪公司可以让粉丝写信给明星，把好的建议都写进去，或者购买演唱会门票两张以上优惠。让粉丝宣传，让其他人也成为明星的粉丝。经纪公司把自己的宣传做好了，粉丝自然而然会帮忙宣传。比如，经纪公司让明星参加慈善晚会，明星为困难家庭的孩子们捐款，粉丝看到了，会觉得明星很有爱心，这样粉丝就会宣传明星的优点，大家就会更关注这位明星。

明星的好形象会吸引粉丝为他宣传。明星的正面形象会成为粉丝谈论的焦点。有些明星形象好，有正能量，就会受到粉丝的喜爱，粉丝就愿意向别人宣传。比如，李连杰，作为功夫巨星，给人一种坚强、勇敢的正能量，他还倾心公益，创立基金会，帮助那些需要帮助的人，因此粉丝提起李连杰会竖起大拇指，粉丝就会向别人宣传李连杰。

足够的曝光率是粉丝为明星宣传的前提。经纪公司要保证明星有足够的曝光率。见得多了，就会熟悉，熟悉了，就会宣传。经济公司可以发布宣传广告，在粉丝可以见到的地方多做明星广告。比如，徐若瑄最近在做自然堂休眠霜的广告，商场超市就会有她的海报，粉丝看到了，会觉得徐若瑄很漂亮，自然堂产品很好用，就会转告亲戚朋友买徐若瑄代言的自然堂休眠霜。这就为明星和代言产品做了一次宣传。

明星新闻会增加明星的关注度。比如，有一篇网络新闻是“美团大众点评告诉你明星开店哪家强”。这篇新闻就报道了明星开店的情况。有了这些新闻，明星们的店铺就获得了免费宣传，店铺就会受到更多人的关注。

参加娱乐节目也是增加粉丝宣传的途径。比如，郑恺参加《快乐大本营》，买票的观众会跟别人说，自己去看《快乐大本营》，嘉宾是郑恺，这样郑恺就得到了一次宣传；看电视的观众在《快乐大本营》中看到郑恺时，会告诉其他人这期的《快乐大本营》请的是郑恺，这样郑恺就又得到一次宣传。粉丝帮忙宣传一般都是亲戚、朋友、同学和同事。所以，经纪公司要把握这个机遇，多说明星的优点，多请粉丝向亲戚朋友宣传。

节目做得好，自然粉丝愿意帮忙宣传。比如，浙江卫视的《爸爸回来了》邀请了 4 个萌娃：奥莉、吴欣怡、贾云馨、王元也。小萌娃们活泼可爱，节目大受欢迎。节目主角是明星的子女，介绍的是明星和自己孩子相处的方方面面，贴近生活，幽默有趣，收视率极高。因为节目很好，所以粉丝会向家人介绍明星的子女，和家人分享电视节目，通过好节目也为明星做了好的宣传。

让粉丝宣传是粉丝经济的较高层次。粉丝主动宣传体现了粉丝对明星的崇拜。如何增加这种崇拜感呢？那就是要让明星维护好自己的形象，外在形象要出众，内在品质要高尚；要做好宣传，通过好宣传让明星更加有名气；要做好公益事业，要让粉丝觉得明星有爱心，是个学习的榜样。

让粉丝宣传就要让粉丝真正认可明星，喜爱明星，愿意为明星宣传。某明星在公众场合举止得当，会被赞许。粉丝就会打心眼里觉得明星好，会把明星宣传给其他人。比如，明星在飞机上比较配合，和空姐关系融洽，就比较容易被粉丝当作宣传的亮点。

粉丝就是这样，经济公司要充分利用粉丝资源，让粉丝发挥自己最大的优势为明星宣传。让粉丝主动宣传，或是变被动为主动，把粉丝经济引向良性发展，让粉丝为粉丝经济做贡献。

3.4 谁在为 iPhone 6s 呐喊助威

很多人喜欢苹果品牌，喜欢它的高雅、气质和高端，喜欢用 iPhone 拍照，喜欢用 iPad 听歌，喜欢用 iPad 玩游戏。苹果公司的产品给粉丝带来了乐趣。2014 年，苹果手机销量为 1.78 亿台，继续成为手机市场的大赢家。

3.4.1 iPhone 6s 销量状况

2015 年 9 月 10 日，美国苹果公司推出了新款手机 iPhone 6s，相比 iPhone 6，性能有很大提高。正如 iPhone 6s 广告说的那样，“唯一的不同，是处处都不同”。iPhone 6s 加入新科技，指尖一按，3D Touch 就能让你实现更多精彩；Live Photos 能以生动的方式，让你的回忆鲜活呈现；能通过全新的 Taptic Engine 产生轻微的触感，给予你实时的反馈。

iPhone 手机确实不错，但是价格也很高。相比较 400 多元的手机，iPhone 的价格整整是它的 10 倍。这么昂贵的价格，着实让工薪阶层捏了一把汗。但是 iPhone 销量一直很好，究竟是谁在使用呢？据调查，70% 以上的 iPhone 手机使用者为年轻人。

3.4.2　乔布斯吸引粉丝之谜

大家为什么买 iPhone 呢？有人说，iPhone 做工好，质量可靠；有人说，iPhone 彰显身份；有人说，iPhone 外观漂亮；有人说，iPhone 科技含量高，不过时；有人说，iPhone 功能全……为什么苹果手机如此畅销呢？

这源于乔布斯的“极致”理念。乔布斯认为，细节决定成败，成功就在于工作中的每一个细节，把每一个细节做到极致就是成功！乔布斯对产品的要求近乎苛刻，每一个细节都要完美。为了重新设计 OS X 系统的界面，乔布斯几乎把鼻子都贴在电脑屏幕上，对每一个像素进行比对。他关心的是与产品有关的细节及其带给粉丝的体验。正如一位网友所说：“多年前，当我第一次看到 iMac 时，知道这不是一台 PC，而是一件完美的艺术品，是乔布斯一扫计算机灰褐色、千篇一律的单调，将计算机从充满电路板气味的实验室带进了我们的卧室，并用相对低廉的价格，让我们完成了一次技术与艺术的完美体验。”

乔布斯还认为，要和最优秀的人一起工作。最优秀的人能把工作做到最好。他常用甲壳虫乐队比喻团队的力量：没有一项工作可以由单独的一个或者两个、三个、四个人来完成。为了把事请办好，工作不能仅仅由一个人来完成，必须找到能力非凡的人来合作，最终把个体互动产生的力量汇总，整体的力量就会远远大于个体力量的总和。

乔布斯说：“伟大的想法可能会来自任何地方，所以就这一点而言，我们最好能以更加平等的心态对待别人。我们聘用真正的人才，并且给他们足够的空间，让他们完成伟大的工作。我知道这听起来很令人诧异，但很多公司并不这样做。他们雇佣人，并且指使这些人该做什么。我们聘用人来告诉我们该做什么。这是非常不同的企业文化。”

乔布斯认为，要在产品中置入美学因素。乔布斯深知美学的重要性。1998 年，乔布斯意识到苹果产品看上去已经过时，就召开了苹果的一个会议，并提出了这样的问题——苹果产品的问题就是出在没有美学因素。

大部分企业家都具有这种精益求精的精神，他们不仅仅是把工作当作赚钱的工具，而是树立一种对工作执着、对所做的事情和生产的产品精益求精、精雕细琢的精神。他们专业、专注，对工作中的每一个环节都一丝不苟。

iPhone 的畅销带给我们什么启示呢？

第一，注重产品和商业模式的创新。

乔布斯擅长打造令人耳目一新的极致产品。他反复强调产品必须是简洁的。iMac、iPad 和 iPhone 等产品都延续了苹果的这种设计风格。苹果公司的图形化使用体验、人机交互模式和绚丽的外表赢得了无数粉丝的青睐。

在商业模式方面，乔布斯实施了“产品 + 服务”的创新商业模式，通过终端获得盈利，提供长期的内容服务，如 AppStore 和 iTunes。苹果公司注重产品实现用户价值，制定了有效的产品和服务方案。

第二，坚持梦想。

乔布斯说，“你的时间有限，所以不要为别人而活。不要被教条所限，不要活在别人的观念里，最重要的是，要勇敢地去追随自己的心灵和直觉，只有自己的心灵和直觉才知道自己的真实想法，其他一切都是次要的”。人活着是为了梦想，人只有追求梦想，才能体现生命的价值。乔布斯的梦想：活着就为了改变世界。他要把自己的产品推向世界，让每一个人都能享受苹果公司产品的优质用户体验，要让世界变得更加美好。

乔布斯通过上述的细节聚拢了大量的粉丝，每一次新产品出现时，粉丝都为其主动宣传。不信的话可以看一下，微信朋友圈许多粉丝都在拿着手机进行自拍并进行相关评论。

3.5 粉丝以你为话题做开场白

如何让粉丝以你为话题做开场白呢？娱乐圈是一个人们茶余饭后闲聊的重要焦点，会闲聊谁谁主演新电视剧里的角色，会闲聊谁谁将要结婚，会闲聊谁谁的新闻。想要发展好粉丝经济，就要让你成为人们闲聊的焦点。

3.5.1 话题式吸引粉丝的方法

利用话题式吸引粉丝的方法主要有两种，其内容如图 3–4 所示。

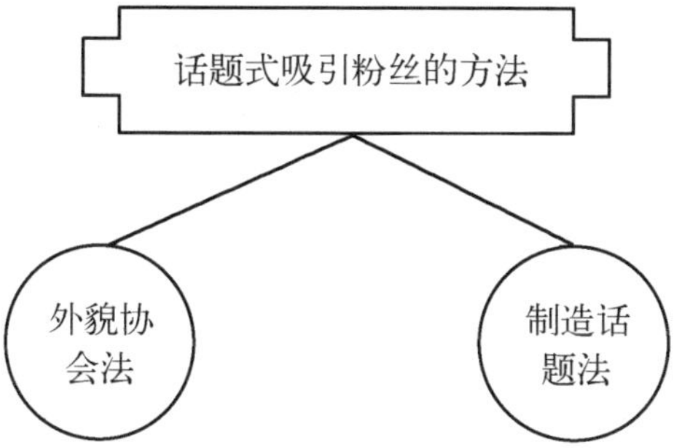

图 3–4　话题式吸引粉丝的方法

第一，外貌协会法。

不管是明星本身，还是粉丝经济的产品，外表都是很重要的。不是说

“外貌协会”的唯外表论，而是说好的外表会给粉丝一种好的印象。大家可以看到，现在娱乐圈大多数明星的成功主要还是靠颜值。同样买产品，颜值高，销量就会好。外表成为话题展开的前提。一种好的印象，会让粉丝觉得赏心悦目，就会俘获众多粉丝的心。

第二，制造话题法。

明星具有可以谈论的话题才可以吸引粉丝的关注，成为粉丝闲聊的焦点。2015 年 12 月 5 日下午，李小璐晒出甜馨可爱背影照，并配文道“Weekend，小熊猫出动，看看太姥爷”。照片中，甜馨身穿粉色长款羽绒服，头戴熊猫造型帽子，正欢脱地蹦跶着要出门，即使没露脸，从背面看也萌萌哒。

说起手机，小米手机可谓是国产手机里的佼佼者。小米手机的高配置、高性价比、时尚、好用得到粉丝的认可，成为粉丝竞相购买的产品。小米手机还在做自己的 O2O。这些都是小米手机吸引粉丝关注的焦点。这样粉丝就可以闲聊，充分发挥粉丝的宣传优势。

2015 年 11 月 6 日，邓超发微博“大家好，我是 angelababy 我是李晨 我是陈赫 我是郑恺 我是王祖蓝 我是鹿晗 我是郭采洁 我是马苏 我是张慧雯 我是陈乔恩 我是宋佳，我们是最丑的，我们都觉得超哥是最迷人的，最帅的，我们已经忍不住今晚要向他告白了，大家祝福我们成功吧！”

3.5.2 各路人物吸引粉丝招式汇总

很搞笑的微博，大家会觉得很幽默、很好玩，这样自然被提到的次数就多。英特尔公司的视频广告“PC 和平板二合一”很幽默。视频中，海关认为 PC 和平板电脑是不可以放在同一个盒子里的，而英特尔公司的产品却可以。这样，英特尔公司产品的小和轻便的特性就成为了焦点。

明星都会时不时地在电视上曝光一下，增加自己的关注度。比如孙俪，北京卫视正在热播的电视剧《芈月传》就是孙俪主演的，期间还会插播孙俪的超能洗衣液的广告，还有孙俪的娱乐新闻。这样孙俪的知名度就会提高，粉丝就会经常提及。

广告是企业加大宣传的重要手段。比如蒙牛纯甄酸牛奶的广告语，“一口纯甄，回归纯与真”，让许多人耳熟能详，蒙牛纯甄酸牛奶还支持河北卫视《我为购物狂》节目，这样产品的曝光率高了，销售量自然就上去了。明星要增加关注度，一个重要的方法就是抢头条。

汪峰求婚章子怡成为了各大新闻网站的头条。汪峰从不起眼的歌手，一跃成为关注度较高的明星歌手，抢头条的基本功还得有啊。所以无论是明星还是产品，都要具有新闻性，要能够成为大家谈论的话题。

正能量给人树立良好的榜样，让人有积极向上的力量。演员陈道明说，“衡量一个民族是否有风骨和底蕴、判断一部电影是否有价值和情怀、评价一名演员是否有教养和修养，看的是文化自觉。”他认为，泛娱乐的文化生态、唯票房的剧本创作、纯圈钱的文企上市及没教养的艺人涉毒，深刻反映出当前的“文化失觉”现象和文艺浮躁风。这句话给人积极的正能量。明星有了正能量，产业才会向积极的方向发展。

格力集团就是一个有正能量的公司。格力的广告语“让世界爱上中国造”充满着爱国的情怀、创业的激情和良好的品牌形象。正能量会鼓舞人奋斗，给人正面的力量。正能量是永远不会过时的，好的企业和明星都要树立好的形象，给人一种积极向上的状态，这样人们才愿意提起，才会赞颂，成为话题的焦点，并且重要的一点就是具有引领作用。

2015 年 12 月 6 日，唐嫣过生日，就在微博发了一张自己的自拍照，引来 102754 条粉丝评论，粉丝都祝她生日快乐。与粉丝良好互动就会成为焦点人物，就会引起关注。

麦当劳在微博发布新品活动，“#我就喜欢黑白配#，新品来啦！→→【黑黑的】泰式香撕鸡堡，【白白的】川辣香撕猪堡，首次使用“香撕”手法制肉，超级好味道；4 款史努比，摩擦【表白利器】！转发说出想试的黑白新品 +@3 个好友 送餐券（共 5 份）”。通过活动让粉丝获得优惠，这样就可以吸引大量粉丝来关注了。

让粉丝以你为话题做开场白，你的宣传效果才会达到，你的粉丝经济才会持续发展。

第二篇

粉丝模式：需求、引导、共生

第 4 章

自媒体思维：去“主流化”时代

在自媒体时代，各种不同的声音来自四面八方，“主流媒体”的声音逐渐变弱，人们不再接受被一个“统一的声音”告知对或错，因为每一个人都可以从独立获得的资讯中对事物做出判断。这就是自媒体思维。

生活需要个性，生活需要精彩，每个人都可以有自己个性化的生活，这就是“去主流化”时代的特征。市场经济同样如此，人们不再单一地追求实体店，而是看到了网络店铺的价值和意义，自媒体思维应运而生。

4.1 自媒体：低门槛之下的发声渠道

大家之前通过新闻纸来获取信息，去实体店买东西，去图书馆查找资料，通过写信以致问候；如今通过门户网站获取信息，在网上购物，通过搜索引擎解决疑问，通过电邮、QQ 以致问候……

传统媒体电视、报纸的商业运作无疑是一件复杂的事情，需要相关部门的层层审核，门槛极高。但是，在这个互联网文化高度发展的时代，坐在家中就可以看到世界上各个地方的美丽风景，欣赏到最新的流行视听，品味各大名家的激扬文字……互联网似乎让“一切皆有可能”，平民大众成立一个属于自己的“媒体”也成为可能。

在新浪博客、腾讯播客等所有提供自媒体的网站上，用户只需要通过简单的注册申请，根据服务商提供的网络空间和可选的模板，就可以利用版面管理工具，在网站上发布文字、音乐、图片、视频等信息，创建属于自己的“媒体”。其进入门槛低，操作简单，深受自媒体欢迎，因此发展迅速。

如何经营自己的自媒体呢？其方法如图 4-1 所示。

第一，寻找一个好的媒体传播平台。

微信、微博、QQ 群、贴吧、论坛或者自己搭建一个网站，利用适合自己的网站推广自己，推广信息，让自己的 ID 吸引大量粉丝的注意力，通过活动，线上或线下，提供有价值、有意义的产品。

第二，注重品牌效应。

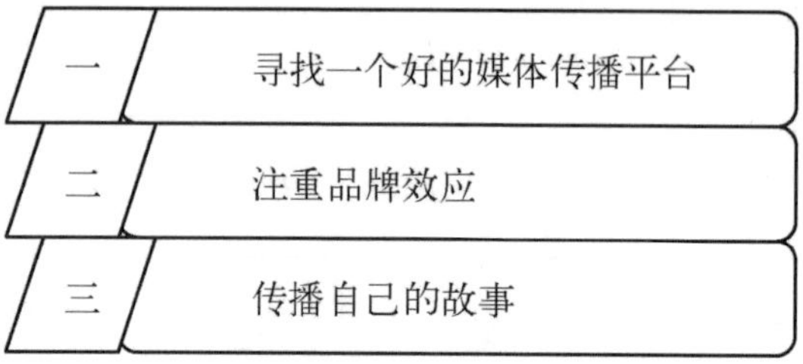

图 4-1　如何经营自己的自媒体

通过品牌来赢得粉丝的喜爱。比如，蒙牛几年前出了一本书叫《蒙牛内幕》，很多书摊上都有，给蒙牛品牌带来的曝光价值远远超出在中央电视台打几条广告。

第三，传播自己的故事。

通过自媒体传播自己的故事，让更多的粉丝了解自己，吸引粉丝的关注。比如，推销吹风机，可以拍一组模特使用吹风机吹发的照片，要美美的，然后申请一个微博账号，起一个美美的名字，可以把图片发布出去，再配上好的广告语。

一则优美的吹风机广告就新鲜出炉了！然后就和粉丝互动，畅聊吹风机的好处，最后就可以交易了。

4.2 口碑代表一切

口碑可以左右粉丝的钱包。当在商场遇到伊利纯牛奶和另一种不熟悉的牛奶品牌时，在两种牛奶价位相同的情况下，大多数人都会选择伊利，是受到伊利口碑的影响。

自媒体具有很强的个性、自主性、及时性、互动性，其影响力不容忽视。粉丝在选择海量自媒体时，前期主要靠口碑来选择。

运作一个好的自媒体，要注重口碑的积累，一旦口碑出现问题，粉丝就会纷纷离你而去。

4.2.1　自媒体口碑的打造模式

如何拥有好的口碑呢？我们可以将其模式化：优质内容 + 传播 + 互动。优质内容是自媒体的生存基础，拥有好的内容之后，配以推广渠道，就很容易传播了，最后与积累的粉丝进行互动，则口碑闭环就基本形成了。

优质内容一般有四大属性，如图 4-2 所示。

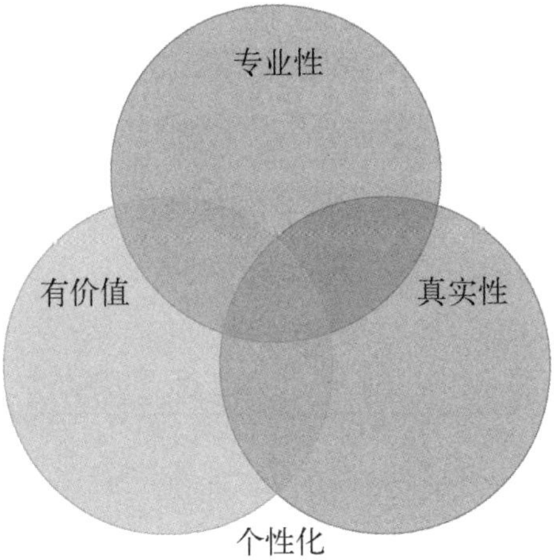

图 4-2　优质内容的属性

内容的好坏决定粉丝黏性的高低。如何创造优质内容呢？一般说来，优质内容需要做好以下三个方面：精准定位、内容来源、内容编辑运营。

精准定位包括两个方面：一是精准的自我定位；二是服务人群定位。精准定位决定了内容编辑与内容的呈现形式。

内容来源方面要注重其权威性、时效性、相关性。内容来源收集过来后，要进行分层处理。首先要判断内容的真实性，其次对内容进行分解，最后对内容进行再加工。为了使内容收集工作更高效，将内容分为以下（见图 4–3）四类。

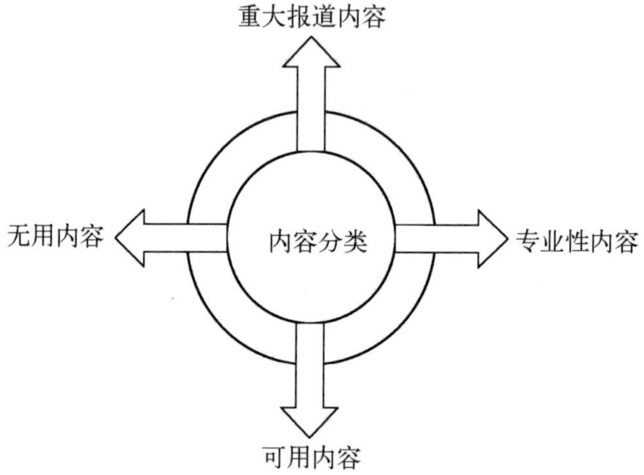

图 4–3　内容分类

4.2.2　自媒体“鬼脚七”的运营方法

鬼脚七，新浪第一个个人蓝 V 认证者，自我定位电商，互联网知识分享者。其受众人群定位于电商、互联网行业从事者，定位精准。

鬼脚七通过微博分享的电商技巧、自媒体观点，见解独到、分析专业、实用性强，其内容正是受众人群所需要的，在业内人士中有良好的口碑，受众人群黏度高，粉丝流失量低，倍受业内人士关注。其自媒体账号已覆盖电商类 60 万粉丝。

粉丝喜欢关注有影响力的、有趣味的自媒体，在这一过程中，自媒体的运营并非一帆风顺，有时会因为一些小细节没有考虑到以至于粉丝离去。下面讲述的一些细节是需要特别注意的。

4.2.3　自媒体常见小错误汇总

在做自媒体时，企业或商家会经常出现一些小错误，下面对这些小错误进行汇总，如图 4–4 所示。

一	对粉丝的私信置之不理
二	大量的产品推广
三	没有图片或小视频
四	发布的时间点不对或频率太高
五	不敢有自己的立场

图 4–4　自媒体常见小错误

1. 对粉丝的私信置之不理

自媒体运营者收到粉丝的私信后，不回复或延迟回复都会让粉丝感觉受到了怠慢。粉丝带着期望而来，结果扫兴而归，粉丝的愿望没有得到实现，关注自媒体的积极性自然会受到影响。

2. 大量的产品推广

粉丝关注一个自媒体，看到了大量的广告宣传，就会感觉到自己只是自媒体眼中的一个消费者而已。企业性质的自媒体经常会发生这种情况。为了解决这一问题，自媒体可以降低产品的推广频率，多做一些趣味性的互动。

3. 没有图片或小视频

现在是读图时代，没有图片或小视频怎么可以。在发布信息时，最好是多挑一些与信息相关的图片或小视频。根据统计，小视频的传播效果高于图片或文字，更有利于粉丝的转发。

4. 发布的时间点不对或频率太高

不少自媒体会在早上发布大量的信息，对于粉丝来说，这是多么令人不高兴的事情啊。因为早上粉丝有大量的工作要准备，此时发布大量的信息没有时间看。另外，信息发布太多很快就被淹没了，至少后面的信息会将前面的信息覆盖掉。

要挑一些好的时间点，让粉丝有时间去看。此外，不宜一天发布太多信息，信息多了就容易让粉丝很无助，无法识别自媒体要表达什么。

5. 不敢有自己的立场

有争议的事件最容易引起粉丝的关注。当自媒体发布事件信息时，如果没有鲜明的观点，那么对粉丝来说，这种自媒体只是一个扩音器而已，没有情感或灵魂。所以，任何事件都需要有自己的观点和立场，哪怕一时犯些小的立场错误，也会被粉丝原谅的，因为粉丝看到了自媒体运营者率真的一面。

4.3 病毒式传播

前面已经讲述了粉丝推广方法之一——病毒式传播的好处与方法。下面将讲述自媒体如何通过病毒式传播的方式与粉丝进行互动。

“冰桶挑战”活动曾经火遍全球，2016 年 3 月还有不少人继续参加此挑战。这一挑战的设计很巧妙，适合病毒式传播。“冰桶挑战”的规则要求：参与者要在网站上发布自己被冰水浇遍全身的视频内容，然后该参与者便可以要求其他三个朋友来参与这一活动。本次活动规定：被邀请者要么在 24 小时内接受挑战，要么就选择为对抗“肌肉萎缩性侧索硬化症”捐出 100 美元。“冰桶挑战”在极短的时间之内使得四面八方的英豪尽成落汤鸡，从国外玩到国内，从体育界玩到科技界，从科技界玩到艺术界，又从艺术界玩到学术界，其势头可谓是肆虐蔓延。

4.3.1　病毒式营销的五个步骤

为了深刻剖析“冰桶挑战”有多么的高端大气上档次，低调奢华有内涵，我们不得不抛出一份现有的落汤鸡名单：比尔·盖茨、扎克伯格、梅西、小贝、科比、C 罗、内马尔、雷军、刘德华、李彦宏、王力宏、陈奕迅……

成功实施此病毒式营销活动的 5 个步骤如下：

（1）病毒式营销方案的整体规划和设计。

（2）病毒式营销需要独特的创意，之所以吸引人，就在于其创新性。

（3）对网络营销信息源和信息传播渠道进行合理的设计，以便利用有效的通信网络进行信息传播。

（4）将病毒式营销的原始信息在易于传播的小范围内进行发布和推广。

（5）对病毒式营销的效果进行跟踪和管理。

其实，上述的 5 个步骤是对前面讲述内容的细节补充。接下来我们就详细分解在这次“冰桶挑战”中，自媒体是如何与粉丝进行互动的。

4.3.2 雷军通过自媒体微博进行病毒式信息传播

雷军自己的微博本身就是一个强大的自媒体。图 4–5 是雷军参加“冰桶挑战”前发的微博，累计转发量过千次。

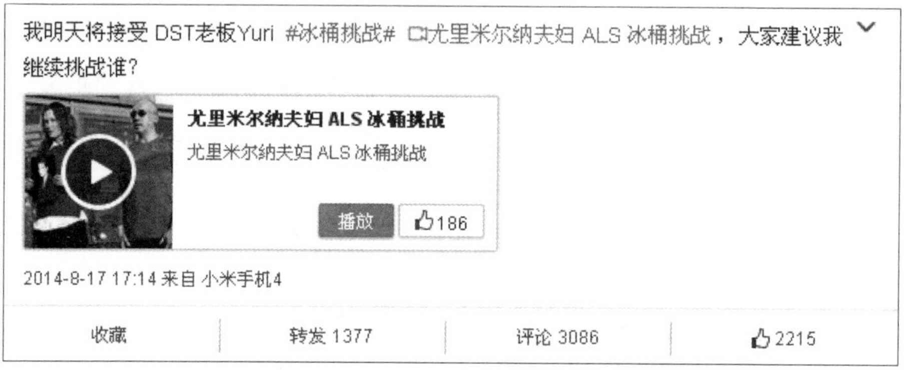

图 4–5　雷军接受“冰桶挑战”的微博

微博发出后，粉丝就开始为雷军想办法了。图 4–6 是粉丝给出的人物挑战建议，可以看出粉丝的热情。

图 4–6　粉丝给出的人物挑战建议

多数粉丝在给雷军提出建议后，还进行了转发、评论、私信等。对于“冰桶挑战”，雷军发了多次微博，并与粉丝进行了大量互动。我们查看了一部分接受“冰桶挑战”的名人微博，平均因此事件发的微博次数为4次。对于微博这个人人都可以轻松拥有的自媒体来说，利于此种方式进行病毒式传播，对吸引粉丝关注、与粉丝互动是很有好处的。

4.4 自动生发式阅读

在互联网和智能移动产品越来越普及的今天，自媒体运营者可以利用各种形式的话语发音平台发出声音，而且这股力量也正在影响着整个社会进程。以前，企业开展市场营销主要依靠电视、广播、报刊、杂志等传统媒介，但随着自媒体时代的到来，不仅打破了传统媒体主宰传播的垄断局面，改变了受众信息的阅读方式，而且便携的智能移动产品也开始充当信息传播的重要媒介。这一系列的改变，导致受众获取信息的方式也发生了改变，受众的阅读方式也由传统的被动式阅读转变为主动式阅读。于是，精准化的自媒体营销开始隆重登场。

对当代企业而言，自媒体营销无疑是提升企业知名度、塑造企业形象的最佳选择。自媒体营销与传统营销模式相比，最显著的优势主要体现在以下（图4-7）几个方面。

下面主要介绍一下自媒体营销让读者自动生发式阅读的特点。自动生发式阅读就是让粉丝主动阅读自媒体的信息，而非被动地发布信息。

当然，成功的自媒体营销并非简单地利用微信、微博进行企业宣传，

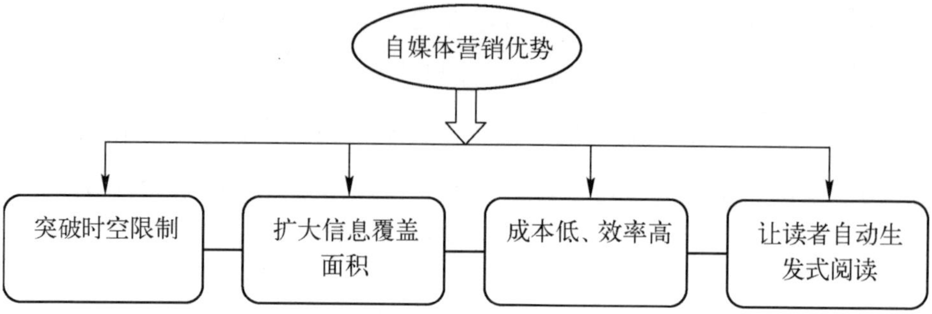

图 4-7　自媒体营销优势

为了让受众自动阅读营销信息，企业必须开展精准化自媒体营销。那么在进行精准化自媒体营销时，企业需要注意哪些问题呢？其内容如图 4-8 所示。

问题一	企业必须利用专业的信息投放移动端
问题二	企业要深入了解目标受众群体

图 4-8　自媒体营销应注意的问题

首先，企业必须利用专业的信息投放移动端。

精准化自媒体营销属于“一对一”的营销。为了使企业与受众群体能够连接在一起，企业必须使用专业的信息投放移动端，如“天象”“窄广告”等专业信息投放移动端，才能够第一时间将企业的营销信息精准地投放到目标受众群体面前，避免企业营销信息被过滤、信息出错等现象的发生。

其次，企业要深入了解目标受众群体。

在自媒体时代，受众的自主性和主动性变得越来越强。他们面对海量的信息，当然不会一一都阅读，只能挑选那些让自己一眼就感兴趣的信息进行阅读。那些不符合受众群体口味的信息或者平淡无奇的信息只能等着被受众群体过滤掉。因此，企业应当对目标受众群体进行深入了解，并能有针对性地推出受众群体感兴趣的营销信息。

企业在做精准化自媒体营销时，要想在市场上取得较好的效果，除了要注意以上几个问题之外，还要关注以下（见图 4–8）几点。

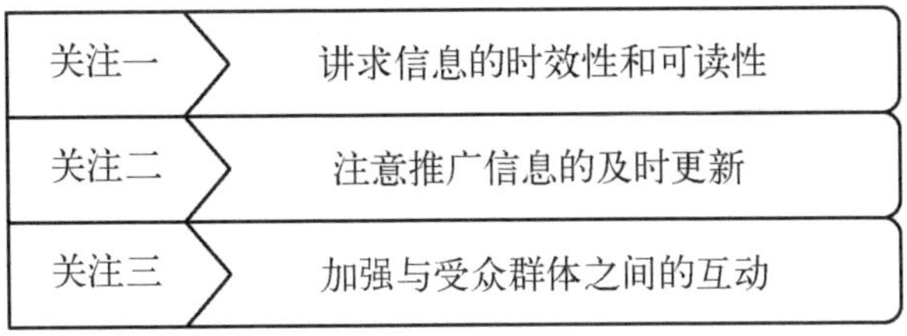

图 4–8　自媒体时代市场营销的关注点

4.5 “狗生赢家”王可可粉丝一天涨 3 万

不少网友喜欢拿王可可来自嘲，认为自己活得不如一只狗。为啥呢？王可可是一只普通的阿拉斯加犬，只不过它是王思聪的爱犬。王思聪是中国少有的“高富帅”，是北京普思投资有限公司的董事长、IG 电子竞技俱乐部的创始人、网络红人，被网友称为“国民老公”。

王思聪给王可可开了微博，发布它的新鲜事和最新动态，王可可瞬间爆红网络。这只名叫王可可的狗，其粉丝数量超过 200 万。微博上有王可可的照片和微博留言，引来无数网友围观。王可可的微博人气极高。有一天，王可可微博上出现一张萌照，外加“今天有好事发生”的微博留言，网友评论“难道要给我发钱?”那一天粉丝竟然涨了3万。

王可可微博自述：“爸爸对我真好，知道我对BV和爱马仕以外的狗链都过敏，喝水不是斐泉就塞牙”（斐泉是由斐济群岛天然自流水的水源处直接装瓶的世界顶级瓶装水）。王思聪为王可可佩戴两支苹果手表，还为它测心率，王可可真是火了。王可可的爆红可谓是“狗生赢家”。一只狗狗都能这么享受，网友们直呼羡慕。

王可可能在网络爆红，说明粉丝对它和它主人的关注。粉丝会关注它过着奢侈的生活，一只小狗吃、穿、用都是几十万的名牌，真是一条贵族犬啊。

由此可见，王思聪利用王可可的微博进行吸粉的能力。作为普通的自媒体运营者，也可以通过一定的方式吸引粉丝的关注。吸引了粉丝，就有了广泛的粉丝资源，粉丝就会通过微博来了解你的动态，随着互动的增加，就增长了粉丝前来消费的几率。所以，微博营销是一种重要的营销方式，每个粉丝都是潜在的客户。如何做好微博营销呢？有以下（见图4–9）几点值得注意。

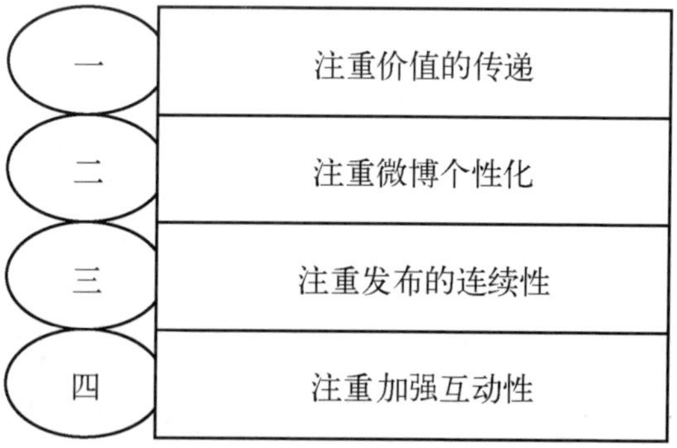

图4–9 做好微博营销的注意点

1. 注重价值的传递

微博要传递有价值的东西，粉丝才会有消费的可能。如果没有价值，粉丝就会忽视。微博上可以放上所卖产品的照片，如化妆品，再加上使用效果图和美容小贴士，这样产品就会很容易推销出去了。

2. 注重微博个性化

微博要有个性，因为冷冰冰的窗口模式不够吸引人，不吸引人谁来购买东西呢？要有感情、有思考、有回应、有自己的特点与个性，不要让自己的微博和别人差不多，要有自己独特的魅力，这样才会增加粉丝的黏性，让粉丝持续关注。

3. 注重发布的连续性

微博就像一个时时发布的电子杂志，有内容发布，粉丝就会第一时间看到，因此，要时常更新内容，把好的产品发布上去，让粉丝了解，而且还要尽可能多地发布粉丝感兴趣的内容，让粉丝产生阅读习惯，就能确保内容发布到位。

4. 注重加强互动性

微博的魅力在于互动，要保持与粉丝的良好互动。如果总是只有内容，没有互动，慢慢地，粉丝就会离开。所以，要留住粉丝，互动必不可少。可以增加优惠活动，让粉丝参与。

零碎的营销信息是很难有大的成功的，要想取得巨大成功，就需要有系统布局，要让营销有整体规划，绘制发展蓝图，这样营销就会变得有章法。注重准确的定位。虽然微博粉丝众多是好事，但是质量高的粉丝更重要。销售要有效出击，寻找可以实现购买的粉丝，要准确定位，把握好消费的目标群体。

做好了微博营销，就会有更多的粉丝前来围观，就起到了微博营销的作用，实现了利润的转化。微博营销的关键是粉丝，粉丝数量增多，微博营销的目的才能达到，微博营销才能开展交易。

第5章

社群思维：个体向群体的思维转变

企业很难精确掌握单一粉丝的行为模式，无法确认个体在某一情境下将采取的行为，但群体的行为模式却呈现一定的规律，因为个体经常受群体影响而有一些行为反应。

常规的销售是通过一对一的模式由商家向单一消费者进行营销，要想发挥市场的最大价值，社群营销就是最优路径之一。因为只有建立社群之后，才能进行粉丝经济时代的营销。随着互联网产品及形态的发展，企业的思维将由围绕广度、覆盖度进行的营销方式转向窄众、定向的社群营销。

5.1 找到目标粉丝所在的社群并引爆它

很多企业的产品都有不错的市场表现，并且积累了大量的用户基础，然而却没有建立起有效的用户群，或者说根本就没有建立用户群的意识。这些企业只是将用户的购买信息数据积累起来，却没有根据数据对相应的用户消费心理、消费行为进行分析，从而不能有针对性地制定营销策略，这就好比一个捧着金饭碗讨饭的人。

5.1.1 哈雷·戴维森公司洞察社群

哈雷·戴维森是美国高档摩托车的代名词，在全球受到了广泛的认可。哈雷·戴维森摩托车的车主具有强烈的品牌忠诚度。哈雷·戴维森的所有工作人员，从销售人员至 CEO 都通过直接接触和社会化媒体与用户建立了良好的私人关系。哈雷·戴维森通过了解每一位用户的预期并不断跟进每一位用户的体验很好地满足了用户的需求。

购买哈雷·戴维森摩托车的车主们都具有极强的个人主义和自由精神。他们通过 HOG（哈雷·戴维森创办的车主会和骑行俱乐部）的活动建立了深厚的朋友情谊。在全球，无论天气多么恶劣，每个周末，HOG 的会员都会一起参加骑行活动，表现出强烈的品牌忠诚度。

HOG举办的所有活动都会得到各地哈雷·戴维森经销商的赞助，包括短途骑行、长途目的地骑行及当地的慈善活动等。HOG会员也会积极参加哈雷·戴维森举办的新车型发布会、车主感恩之夜等活动。

为了加强与年轻用户的沟通，哈雷·戴维森在很大程度上利用了社会化媒体。哈雷·戴维森将这些年轻用户变成了哈雷·戴维森在全球的拥护者，使他们与品牌建立了吸引力关系。在音乐节上，哈雷·戴维森致力于通过动力试验车打造互动体验，与潜在用户建立联系，为潜在用户提供感受哈雷·戴维森摩托车乐趣的机会。

哈雷·戴维森摩托车俱乐部是美国最有名气和影响力的俱乐部。在美国，摩托车代表着自由、激情与英雄主义，美国法律允许摩托车走高速公路，甚至可以自由选择车道。一台上好的哈雷·戴维森摩托车的发动机比一台普通宝马的发动机价格还要昂贵。

美国每年的摩托车大赛将白宫设为华盛顿巡游的最后一站。摩托车大赛的赛手们在到达白宫时，总统都会出来亲自接见他们。可见，社群的力量是非常强大的。它不仅仅代表一群人，更代表一种产生凝聚力的文化。

企业要研究用户群，找到目标用户所在的社群并引爆它。企业可以通过社群中的人际关系找到很好的信息传播和营销渠道，挖掘用户的共同点，通过组建社群来建立一种与品牌相同的价值观，跟进社群的偏好和需求，从而实现精准营销。企业应当明白，品牌不能将眼光放在某个用户身上，而是应该跟一个用户群建立感情。

5.1.2 哈雷·戴维森公司引爆社群

社群意见对于社群之外的潜在用户具有巨大的影响力。比如，很多人在购房时会到搜房网上查看一些楼盘业主对于楼盘的评论，然后进行决策。各种社区网站专题论坛因此发展成为社群生态的重要组成部分。可想而知，社群的魅力是无穷的。社群资源具有非常大的可利用空间。

企业可以从以下（见图5-1）几个方面着手引爆社群营销。

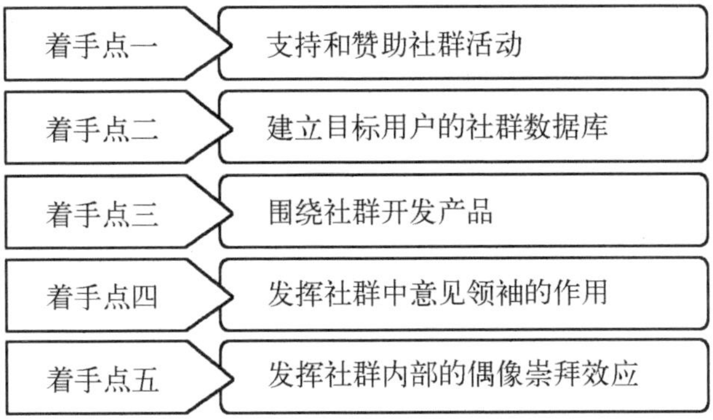

图5-1　引爆社群营销的五个着手点

1. 支持和赞助社群活动

对于企业而言，由目标用户群所组成的社群具有重要价值，企业应该尽力支持和赞助社群所举行的各种活动，将品牌与社群在情感上联系起来，有利于企业的品牌创造和营销信息的传播。有时社群活动可以直接促进企业的产品消费，让企业在社群活动中直接获利。

比如，英国芝华士公司经常赞助各种大型男女青年的夜场派对，并给予一定的优惠产品。芝华士非常清楚，参加这些大型派对的青年男女是目标用户群体，给这些社群活动赞助，让目标用户群体体验产品，会逐渐形成口碑依赖和品牌好感，最终带来可观的利润。

2. 建立目标用户的社群数据库

企业不仅要利用各类群体自发建立的社群开展营销活动，还要主动建立自己的社群。企业通过建立用户社群可以形成用户和潜在用户的数据库，将用户的基本行为特征、偏好、产品消费历史数据全都收集起来，并进行动态管理和精准营销。

比如，化妆品企业、美容院等在重大节日举办用户答谢会，建立爱美人群的社群，然后时常举办讲座、郊游、午餐会等活动，抓住用户资源。企业一旦通过社群建立了目标用户群的数据库，就可以针对社群中的用户进行信息传播，实现精准营销。

3. 围绕社群开发产品

每个社群都有一个共同的偶像。比如，在周杰伦红遍大江南北的时候，全国的周杰伦歌迷们都会购买、收藏与周杰伦有关的产品。于是，德尔惠公司邀请周杰伦参与设计了一款篮球运动鞋“黄金甲”。可想而知，这款运动鞋的火爆一定在意料之中了。

4. 发挥社群中意见领袖的作用

意见领袖是社群中的自然领袖，是社群关系的轴心。作为社群消息的重要来源，少数意见领袖可以左右多数人的态度倾向。互联网上的论坛、BBS 是特定社群联系沟通的根据地，企业要特别关注社群内部对产品的评价，有意识地对与自己产品相关的社群和论坛进行管理，控制舆论的主动权。

5. 发挥社群内部的偶像崇拜效应

特定社群内部很容易形成偶像崇拜效应。一方面，社群本身可能是由于某一位偶像而自发形成的或者是由于某一位领袖型人物组织形成的；另外一方面，社群成员具有相同的心理背景和价值观，容易喜欢同一位偶像。因此，企业可以利用偶像崇拜效应来进行社群营销。

20 世纪 80 年代以前，由于嬉皮士对哈雷·戴维森品牌知名度的推广，使得大部分的美国人都知道了哈雷·戴维森；当哈雷·戴维森几次面临倒闭风险的时候，老 CEO 化身为形象代言人，骑着哈雷·戴维森摩托车联络世界各地的销售商；今天，哈雷·戴维森摩托车俱乐部的会员们已经不再是当初叛逆、缺乏头脑的青少年，而是渗透到社会各界的律师、牙科医生、互联网工程师、广告公司的艺术总监，甚至是政府的要员和明星大腕等。

哈雷·戴维森摩托车俱乐部的会员大多受过良好的教育，年龄在30～40岁之间，家庭年收入在7万美元以上。也就是说，哈雷·戴维森摩托车在不知不觉中已经渗透进入上流社会。哈雷·戴维森为了把产品渗透到上流社会下足了工夫。他们洞察20世纪80年代初人们对成功人士的崇拜心理，于是，《福布斯》已故的领导人马克姆·福布斯（Macomb Forbes）成为了当时哈雷·戴维森的形象代言人。

在向商界精英宣传哈雷·戴维森摩托车的过程中，马克姆起到了关键作用。他玩哈雷·戴维森摩托车让更多受众知道了哈雷·戴维森摩托车是一个时尚的、耐人寻味的产品。在当前的市场环境下，消费用户往往都有自己的社群归属。这些社群充斥着互联网世界，以各种各样的形式存在于线上线下的世界中。研究社群、掌握社群数据、利用社群资源、重视社群营销将成为企业营销的新型武器，也是赢得互联网时代消费用户的重要法宝。

5.2 巧妙地打造目标粉丝社群

粉丝社群是从兴趣社群发展而来的。在这个发展过程中，粉丝起到了情感纽带的作用。粉丝行为是一种超越消费行为的行为模式，能够给企业带来更大的可挖掘价值。因此，企业应当重视消费用户向粉丝的转变。粉丝社群泛指架构在粉丝和品牌关系之上，呈现出很强的组织性和关联性的群落。强烈的认同感是粉丝社群的第一推动力。

5.2.1 茵曼致力于社群打造

2015 年 7 月 22 日，互联网女装品牌茵曼的品牌创始人方建华高调推出“茵曼 +”的概念，计划在全国范围内构建茵曼实体店网络，把实体店打造成全品类的棉麻生活空间，并以此为基础建立“茵曼粉丝社群”。“茵曼 +”是茵曼产品的供应链体系、产品价格体系、会员体系、盈利与服务体系的融会贯通，将重塑传统商业零售模式。

与传统的服装品牌实体店不同，茵曼线下实体店更看重打造粉丝经济。茵曼加盟商的店铺面积只需要几十平方米，主打“0 加盟费、0 库存、0 软装”。茵曼实体店的服装每一款都是唯一的，服装吊牌上只设有一个二维码，只有通过扫描二维码才能获知服装的价格。

服装款式、价格都是线上线下同步更新的，消费用户可以选择现金支付或手机支付等任意支付方式完成支付。支付完成后，消费用户可以自己带走服装或者回家等待快递。一旦店内服装被拿走，那么店主就能通过茵曼特色物流快速完成补货。

茵曼实体店的全品类将店铺营造成了慢生活“茵曼家”的感觉。店铺内陈列的服装包括衣架、配饰等都可以售卖。也就是说，消费用户可以将整个“茵曼家”带回家。在茵曼实体店发生过购买行为的消费用户会自动成为茵曼的粉丝，只要该粉丝未来在茵曼线上或线下继续发生购买行为，那么作为第一次引流的实体店就可以从中获得分成。粉丝可以根据对茵曼实体店服务的满意程度来选择是否解除绑定。

粉丝是电商的核心竞争力。汇美集团（茵曼母公司）的副总裁蔡颖解释说，“品牌发展的未来就是粉丝社群的打造。让大众认可你的品牌文化，与品牌一起走下去是这个模式的核心。店主让更多的消费用户进店，并认可店铺的服务，绑定的粉丝越多，收益必然越多。我们的核心就是把产品交易过程变成了粉丝的交易过程，这将传统店铺的理念整个都颠覆了。”

蔡颖表示，无印良品是茵曼未来主要的竞争对手。“就像小米一样，小米手机不一定赚钱，但是小米的分发一定赚钱，未来服装可能是一个载体，我们可以经常通过服装去交互。同时，我们又可以在这其中补充很多附加的产品，如家居用品。品类不一定很齐全，跟超市无法比，但我们一定会提供极具性价比，并很有品牌调性的产品，还要同时规划好产品的更新迭代”。

5.2.2 通过茵曼看社群打造

无印良品是一种小众产品，具有明显的排他性，且定价高。虽然无印良品的理念非常先进，但它的定价与诉求并没有很好地符合中国消费用户的诉求。对于茵曼来说，“茵曼+”对于门店数量的扩张并不是重点，选择与品牌价值观相符的粉丝一起将茵曼做大才更有价值。下面通过茵曼看巧妙打造目标粉丝社群的方法，其内容如图 5-2 所示。

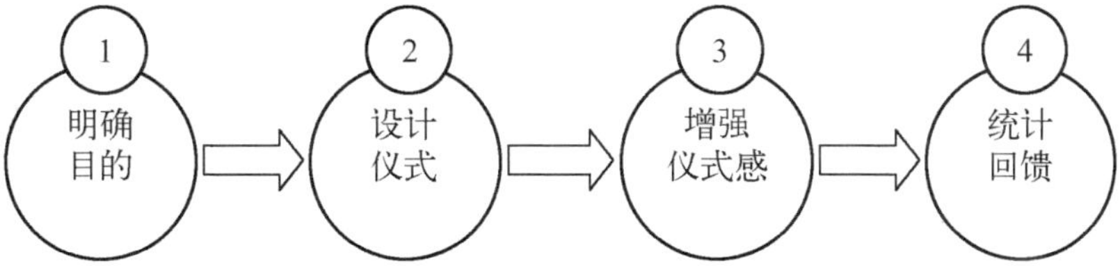

图 5-2　打造目标粉丝社群的方法

1. 明确目的

勒庞的《乌合之众》认为，群体会设置一个目标是群体与个人的最大区别。这个目标界定了个人与群体之间的界限。比如，打造一个减肥社群，就必须设定一个月减少几公斤的目标。社群的存在不是让一群人讨论做什么，而是已经设定好一个目标，让一群人向着目标前进。社群与众筹具有异曲同工之处，都是通过一个目标，把个体变成群体，再去把这件事完成。

2. 设计仪式

当你通过一个清晰的目标成功号召了一群人之后，还需要设置一种稳定的仪式。马云称，将双十一打造成一个节日，并且持续100年，就是为了使阿里的粉丝社群具有仪式感。所以，社群活动的仪式对于品牌具有重要意义。比如，一个健身社群，规定了完成的任务却并没有组织聚会活动，那么社群成员既不知道怎么见面，也不能形成固定的行为习惯，对社群的依赖程度就会很低。

最快养成固定仪式的方法就是设定一个固定的时间做类似的事情。上班打卡就是通过固定同事参与的时间，并且在长期的仪式中让员工形成习惯，在很大程度上降低了员工的迟到率。严格的仪式可以增强社群成员之间的联系，并且使其团结在领袖人物的身旁。

3. 增强仪式感

（1）仪式的执行要稳定严格。社群活动需要使用相对稳定严格的形式，最好能做到令行禁止。

（2）触发场景要明确。人的感觉是有阈值的，大量的经验积累会提高阈值。比如，某产品社群参加一场产品发布会，社群的老用户和新用户感觉是不同的。老用户可能会想到上次发布会的经历，并且与这场发布会对比，而新用户则会更加期待这次发布会。如此一来，社群成员就被集合了起来。长期的培养触发场景会使得用户在心理上形成记忆。

（3）需要用户参与。社群成员是由于一个共同的目的走到一起的，每个社群都是相对个人的小世界。社群中的每一位成员不仅要聆听，还需要分享自己的看法。高质量的参与度是以社群诱发的依赖感为基础的。

4. 统计回馈

社群需要对成员的所作所为提供回馈，促进社群的可持续发展。比如，360 安全卫士通过一句“击败了全国百分之 XX 的电脑”就会让不少用户产生依赖。这种持续的反馈对社群成员产生了一种暗示，让社群成员清楚自己与目标的距离有多少。组织者根据社群成员对反馈的回应可以进行针对性的安排。

5.3 免费“雇佣”你的粉丝

利用社会化媒体进行社群营销是一种自发的、免费的、扩张性的信息推广。在社群营销中，粉丝通过人际传播和社群传播的渠道，将产品和品牌信息传递给周围与自己有着某种联系的个体。比如，社群粉丝收到一封有趣的电子邮件，他的第一反应就是将其转发给家人、好友及同事等。实际上，无数参与分享转发的粉丝就构成了传播的主力。

5.3.1 安妮微博粉丝的巨大力量

2014 年 12 月 13 日，拥有 800 多万粉丝的 90 后美女漫画家“伟大的安妮”发表了微博“对不起，我只过1%的生活。”，用插图绘画讲述了自己“如何走上漫画家的道路”的故事，瞬间引爆网络。一天内，该微博的转发量超过40万次，点赞人数为34万以上，还有将近10万条的评论。在微博中，安妮将自己实现梦想的故事以漫画的形式讲述出来，并推出了自己开发的“快看漫画”APP。

截止到当天下午3点，该微博的阅读量超过了6000万，超过30万的用户下载了她的APP，居APP Store里免费榜排名的榜首。如果单个APP的推广价值为10元，那么安妮的这次营销为她带来了300万元的收益。此外，营销成功的背后还有许多隐含的利益，如更多的粉丝、更多的读者、更高的知名度，甚至还会产生更多的商业合作机会。

安妮利用微博的营销事件不失为一个社群营销案例，并且是一个典型的社会化营销案例。事实上，除了安妮的营销案例，还有很多企业利用社会化媒体将社群营销玩得风生水起，如小米、杜蕾斯等。事件爆发之后的短短时间内，各大权威媒体、自媒体及微博红人纷纷自发进行转发，业界人士也都公开发表自己的评论。为什么安妮的微博内容能够引发如此轰动的效应呢？

安妮漫画微博爆红，其中的一个原因就是安妮的身份是90后美女。余佳文事件、少年不可欺等事件热度刚减，人们依然保持着对90后的关注。安妮依靠自己90后美女漫画家的身份再热一番不是一件很难的事情。

从最近有影响力的社会热点事件来看，90后开始以正面形象出现在公众视野中。90后成功创业的故事使得20几岁的90后有了奋斗的榜样。他们所遭遇的困境总是能够非常轻松地得到大家的关注和同情。在安妮的实现梦想漫画中，弱小化的情感被无限扩大。安妮漫画的内容非常符合圈内创业者的性格，使他们产生了共鸣。安妮通过奋斗从草根阶层到不是草根的演变，非常具有条理性。

漫画中反问的话语也非常具有代表性。“妈妈被诊断为心脏病”，在大众的朴素情感基础上得到了大众认可。随着故事情节的后续发展，一些更加悲剧的事情都降临在漫画女主角身上，社会公众对于故事的看法及评论也更加深刻。

安妮微博的大量转发不是一个单纯的传播事件。安妮把实现梦想的故事内容、故事情节、故事层次及节奏感把握得非常到位。女主角获得成功的创业故事在这个时代具有典型性，因为在漫画行业中真正取得成功的人是极少数的。而这极少数人基本上都经历过从无到有，从草根出身到被投资人拒绝，甚至是被嘲讽的历程。这些都满足了大众精神的心理需求。

安妮实现了社群营销的传播效果当然不可能只是凭借一条微博。安妮在发出“对不起，我只过 1% 的生活。”微博之前，已经拥有 800 多万粉丝，广大的粉丝群，为她的营销事件进行了免费首轮传播，之后，凭借打动人心的优质内容，使得内容通过各种传播渠道一次次地被转播出去。也就是说，社群营销需要前期的粉丝积累，还有必不可少的实实在在的功力，这是社群营销的基本功所在。

“对不起，我只过 1% 的生活。”虽然是一则广告，但粉丝纷纷表示这是一则好看的广告，并且非常乐意免费为它宣传。在“对不起，我只过 1% 的生活。”微博爆红之后，安妮趁势出版了畅销绘本《妮玛，这就是大学》，即将出版《安妮和王小明》。安妮的代表作《二在广外》《妮玛的唠嗑馆》《妮玛，这就是大学》《安妮和王小明》等人气骤增，屡创微博热门话题排行榜第一，平均转发量超过 5 万。

5.3.2　如何利用粉丝做社群营销

安妮的成功为大众做出了社群营销的好榜样。在信息碎片化时代，大众的生活方式和使用习惯都发生了巨大的改变，可以在 QQ 群、微信群等各种群中看到有人不断地发布各种广告，力求影响群中的每个粉丝，实现社群营销。

社群营销逐渐成为一种趋势。那么我们该如何做好社群营销呢？其内容如图 5-3 所示。

技巧一	建立信任连接
技巧二	重视精准传播
技巧三	做好社群运营
技巧四	不要将社群当作广告发布群

图 5-3　社群营销的技巧

1. 建立信任连接

任何营销都是以信任为基础的，没有信任就无法产生任何交易行为，信任取决于一个人和一个品牌的形象。在社群中，要想获取信任就必须树立自己的形象，尤其是在社群成员不了解自己之前。

社群是一个展示平台，在加入到一个社群后，不仅要勇于展现自己，还要与社群成员建立连接和互动，通过与社群成员不断地进行互动，才可以将临时关系转化到线下场景中去，然后将关系升华，变紧密，从而促进更多的互动。增加自己与其他社群成员之间的相互了解，并建立起连接和信任关系，可为做好社群营销打下坚实的基础。

2. 重视精准传播

精准传播是保证粉丝传播有效性的主要方式。随着社群成员数量的增加，社群功能的不断丰富与完善，成员数据也处于不断变化之中，这就要求社群营销要注意传播精准。与其大量频繁地发布各种没有吸引力的小广告，不如好好想想社群成员都喜欢什么，因为只有切中了社群成员的偏好，才能受到社群成员的关注，并可能引发社群成员的自发传播。

社群营销需要在社群中按照不同社群成员的需求提供差异化、可定制化的服务，只有这样才能吸引更多潜在粉丝的关注。想要做好社群营销，一定要把传播内容和服务做好分级和分类，对不同类别的社群成员提供不同权限和形式的内容。精准传播可以避免引起社群成员的厌恶。

3. 做好社群运营

社群离不开运营，运营包括多种，有产品运营、渠道运营、粉丝运营等。从基础上讲，一个优秀的社群运营人员应当做好拉新、留存和促活这三个方面。社群运营人员需要调动起社群所有成员的积极性，掌控社群的内容方向，让整个社群朝着正确的方向发展。社区运营非常复杂，不是简单地发布内容，运营人员需要在其中多下一些功夫。

4. 不要将社群当作广告发布群

每个加入社群的成员可能都是怀着不同的目的来的，但是社群营销最好不要将直白的广告内容丢入社群。社群营销比较注重场景营销和内容营销。社群存在的意义应当是使成员学习到新知识，获得更多的价值和利益。低俗直白的广告会引起社群成员的反感，导致被社群成员拉黑或者被屏蔽掉。

因此，社群营销应当采用社群成员易于接受的营销方式。营销内容应当对社群成员有价值。理想的营销内容会让社群成员结合场景产生丰富的联想，进而实现利益转现。作为新时代的营销趋势，社群营销也开始寻找针对性的营销策略，一定要了解社群，了解社群成员的偏好，加强与社群成员之间的互动信任并做好社群运营。

5.4 社群运营的7个方法论

社群运营虽然已经不是一个新的话题，但对大多数企业来说，如何通过社群运营加深消费用户对产品与品牌的了解并将进一步的需求反馈给企业，是一个需要深入探讨的话题。因此，下面一起来看看知名玩具品牌乐高是如何进行社群运营的。

5.4.1 乐高的社群运营

许多优秀的品牌可以自然地引发忠实粉丝自发性地建立社群，除了大家熟悉的苹果、小米以外，乐高也是如此。乐高的忠实粉丝不仅包括孩童，还包括一群成人粉丝。这群成人粉丝之所以忠实于乐高，并不是痴迷于乐高拼凑组装的玩具，而是痴迷于利用乐高产品进行的创作。这群成人粉丝对乐高的年收入贡献率达到了10%。

乐高意识到这群成人粉丝重要性，就试图对这群成人粉丝进行社群运营。就在这时，乐高的产品主管发现这群成人粉丝已经自发性地建立了社群网站LUGNET（the International Lego Users Group Network，www.lugnet.com）。乐高的产品主管认为，如果乐高再建立一个社群网站，根本不能发挥什么作用。

于是，乐高没有建立社群网站，而是采取了另一种做法。乐高建立了一个名为“乐高大使（Lego Ambassadors）”的项目，借此加强与这群成人粉丝的联系，同时通过这些大使帮助乐高了解这群成人粉丝。乐高公司将最新的产品信息透露给大使，然后让这些大使们通过自己的私人社群网络发布信息，大使们还需要负责向乐高公司反馈这群成人粉丝的反应、需求共识及对于乐高的想法。

此项目中的大使都是乐高在成人粉丝群中挑选出来的，总共有 25 名左右。由于有人数限制，因此在乐高迷之间形成了良性竞争，他们都非常愿意争取到这个机会。此外，乐高并不需要向这些大使支付实际的酬劳，而是用乐高积木来代替。尽管乐高积木的成本相对较低，但是对大使们来说这比实际酬劳更有价值。

事后，乐高对项目成效做了统计。项目成本大概在 20 万美元以内，包括人员成本、交通成本、网络使用成本等。在项目效益方面，每位大使大约可以接触到 100 名成人粉丝，这些粉丝本来平均每年花费 1000 美元购买乐高产品，但是项目执行后，又帮助这群成人粉丝更高效地与乐高沟通信息。据保守估计，若这群成人粉丝每年消费由原来的 1000 美元增长到 1200 美元，那么乐高的营收就能增加大约 50 万美元。因此，对乐高来说，项目成效是显著的。

5.4.2　社群运营细讲

经过了早期探索，互联网时代的商业社群开始进入深度运营阶段，尤其是细分领域的高质量社群开始被重视起来。专业的社群运营团队及成熟的商业模式在市场中逐渐发挥重要作用。如今，深度的社群运营成为横亘在大家面前的技术性难题。事实上，社群运营会表现出一些深入社群骨髓的独特方法论。这些方法论是社群生命力的来源，下面围绕以下（见图 5-4）7 个方法论进行探讨。

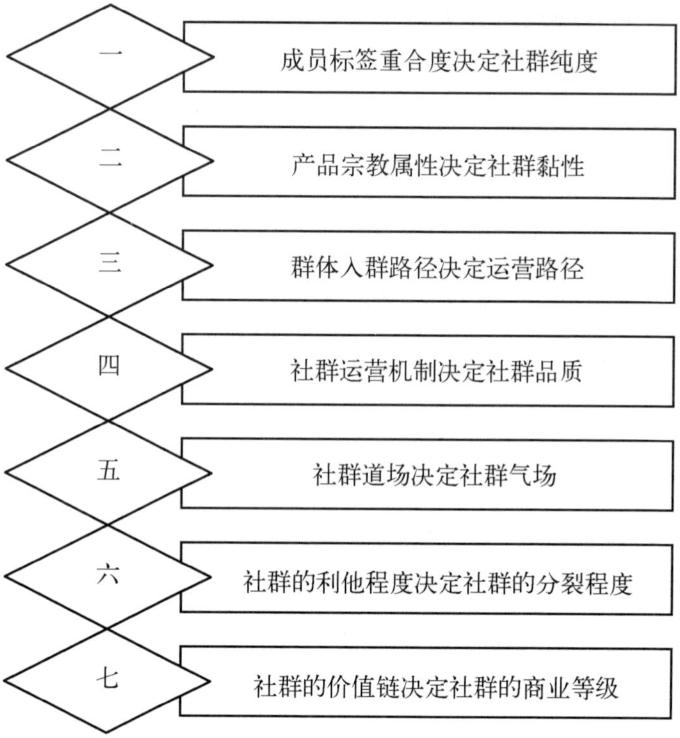

图 5-4　社群运营的 7 个方法论

1. 成员标签重合度决定社群纯度

对于一个社群来说，社群成员的多重标签重合度越高，社群的纯度就越高。市场上的很多社群都是聚合了大量没有关系的成员，即使聚集在一起，却因为重合标签的单一性而无法产生社群成员之间的关联度。没有关联度的社群就好比一盘散沙，没有丝毫催生群体效应的生命迹象。而真正强大的社群都是经过多个标签重合后，选择出精准的社群成员并组合成带有强烈特征的成员组合。

一般来说，选定主题行业，再开设地方群就是“主题 + 空间”的标签重合，有效地提高了社群纯度。如果继续利用性别、年龄、文化水平、收入水平、社会角色等标签进行漏斗式筛选，那么社群的纯度将进一步提升。社群的纯度越高，社群的变现程度就越高，两者成正比，这一点是社群运营的精髓。

2. 产品宗教属性决定社群黏性

社群中产品宗教属性的强弱与社群黏性的强弱有直接关系。社群需要产品，因为产品是社群成员之间联系的媒介，并且满足了社群成员的需求。社群标签可以将有共同特征的成员聚集在一起，但是如果没有社群成员需求的解决方案，那么标签就没有什么作用。从变现能力来说，很多火爆的人脉社群还比不上一些带有产品的小社群。其主要原因为搜索工具和社交工具是人脉社群的最大竞争对手，而小社群却率先将产品价值置换成了价格。

社群产品也是有讲究的，分为初级产品、中级产品及高级产品。初级产品是指功能性产品，可以满足社群成员的生理需求，追求的是性价比；中级产品是打动人心的产品，通过优质的服务对社群成员产生吸引力；高级产品是灵魂级别的产品，无需刻意地宣传推广就可以产生巨大的吸引力，可以解决人生的终极问题。打造身、心、灵三种社群产品的目的是要构建社群黏性。

3. 群体入群路径决定运营路径

社群成员的入群路径有两种：一是被强行拉进来；二是自然被吸引进来。两种不同的入群路径决定了社群后期的运营难度有很大不同。一个能量富集的社群具备强大的吸引力，可以通过社群磁性让志同道合的人趋之若鹜。很多成员数量庞大的社群只维持了很短的时间就形同虚设，其原因就是群体入群路径的问题。只有通过持续培养社群价值、积累社群的能量，才能使社群激发出蝴蝶效应和群体效应。

4. 社群运营机制决定社群品质

社群运营离不开一个完备的运营机制。尽管一些社群成员通过自由协作产生的自组织行为成本很低，但是这种散漫式管理只能创造出几回热点事件，却无益于社群的长期发展。社群运营管理与传统的公司管理是不同的，公司经营离不开绩效考核，而社群运营依靠的主要是情绪。这对社群运营的组织架构和运营流程提出了要求，“内圣外王”的社群运营机制不失为一个好的社群运营方向。

5. 社群道场决定社群气场

环境对社群的影响作用有时候比人对社群的影响作用还要大，因为人本身就受到环境的影响。所以，社群的道场打造对于酝酿社群的气场有很大好处。社群道场构建的独特属性包括信物、讲究、说辞、故事等。这些元素构成了社群能量的触点，当一个社群无需依赖人去宣传而是通过道场与新成员交流沟通的时候，这样的道场就被赋予了灵性。在社群的实际运营中，社群道场贯穿在线上线下两个部分，即通过一些小而美的持续性场景激发成员。

6. 社群的利他程度决定社群的分裂程度

“立言、立功、立德”是利他的具体行为表现。立言是指创造行业观点；立功是指肩负行业责任并用实际行动推动行业发展；立德是指用独特的人格魅力带动社群整体成员从心向善。利他对一个社群来说，就是成就更多的人，促使社群诞生更多的中心，最终让社群裂变成功。

7. 社群的价值链决定社群的商业等级

《社群的10个秘密》中提出，“社群具有三层价值链，分别是渠道价值、平台价值和生态价值。”目前，绝大多数社群的价值还停留在渠道价值上，扮演着人际链接、信息传播和产品销售的渠道角色。社群的单一渠道价值无法形成有效的商业模式，而社群的平台价值则开始具有了自循环、自运营功能。

从渠道价值上升到平台价值的社群市场估值会增长为原来的10倍，而一旦某个社群运营形成了一个完整的生态系统，那么这个社群将成为该行业的独角兽，甚至颠覆传统的行业秩序，发挥商业社群的真正魅力。

5.5 移动互联网下的社群 PK

移动互联网背景下的社群非常火爆，让很多人跃跃欲试，既羡慕社群粉丝带来的高额红利，又羡慕社群无中间商的商业模式。通过对大三湘南山会、酣客公社、小米社群的深入研究，大家会发现移动互联网下的社群运营所遵循的一些规律。

5.5.1 大三湘南山会、酣客公社及小米社群 PK

大三湘茶油的品质高于特级初榨的橄榄油，南山会社群成员可享受 7 折优惠。从 2012 年开始，大二湘茶油将 13 种品项消减到 1 种主打品项。大三湘从 2013 年 8 月开始实施以企业家为主体的会员制模式，建立了社群南山会。南山会的成立为茶油的销售剔除了一切中间环节，直接将原香山茶油从工厂送到家。

南山会的入会费为 10000 元。其中，用于茶油消费的为 7000 元，剩下的 3000 元相当于 6 年的会费。南山会成员不仅可以得到高端的茶油产品，还可以免费参加会员活动、茶花主题旅游、茶油礼品定制，甚至还可以用自己名字冠名某座茶山等。大三湘南山会的创始会员只有 60 多人，如今大三湘南山会在全国拥有 4000 多名会员，会员续费率达到 90%。

酣客公社的酣客白酒标榜千元的品质，百元的价格，品质与茅台不相上下，但售价却只有茅台的1/6。直到现在，酣客公社也只生产了一种酣客白酒，而市场上的其他酒厂，上至茅台、五粮液、剑南春，下至二锅头、老村长，都有着不下几十种类型。仅仅五粮液一个品牌就有36种酒。

酣客公社一年有四次酣客节、一次酣客粉丝代表大会，同时全国各地分社还有高频率不限次数的酣友汇。酣客公社应用“工厂+粉丝+顾客”的模式从厂家直接传输到粉丝，用粉丝去影响消费用户。酣客白酒的所有消费用户都是粉丝，所有的粉丝都是酣客白酒的忠实消费用户。

酣客白酒的销售没有任何中间渠道商、经销商、代理商，完全依赖粉丝口碑推荐。2014年4月，酣客公社第一次封测，大约有200位元老酣客参加。如今，酣客公社在全国各地共有40多个分社，包括12000多名酣客，人均客单价为10000元以上。

小米手机自诞生之初就主打高性价比。同样的配置，小米手机的售价比三星低一半。最重要的是，小米利用有且只有一款爆品的手段，通过一款小米1，赢得了大批小米粉丝，奠定了小米帝国的根基。全球顶尖品牌苹果就是这样做的，每年只出一款手机，就打下了智能手机市场的半壁江山。

短短4年间，小米粉丝从100名发展到6300万名。米粉通过线下社区的大量策划活动加深了与小米品牌的黏性。据小米官方统计，2011年9月至2013年10月，小米举办的活动为469次，发生事件58次，平均每月举办21次营销活动。

小米通过爆米花奖、同城会、米粉节等活动将小米的粉丝群紧密地联系在一起，形成了一种文化与人格上的感召力和粉丝认同的共振感。2010年8月16日，小米发布第一款手机时，只有100名用户，小米把这100名用户称为“梦想的赞助商”。如今小米用户了超过1个亿。

5.5.2　“互联网 +”社群持续运营的核心要素

在移动互联网高速发展的大环境下，任何事物的健康持续发展必然有其内在的逻辑。结合大三湘南山会、酣客公社及小米社群的运营实践案例，可以总结出“互联网 +”社群持续运营下去的核心要素。其内容如图 5-5 所示。

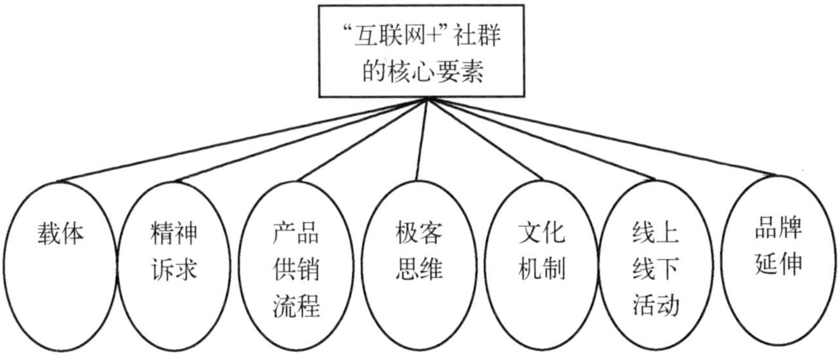

图 5-5　“互联网 +”社群持续运营下去的核心要素

1. 载体

“互联网 +”社群需要一个载体，可以是产品，也可以是服务。大三湘南山会的载体是茶油；酣客公社的载体是酣客白酒；小米社群的载体是手机。社群载体应该做到惊艳，让粉丝以此为骄傲，并且能促使粉丝进行自发性的口碑分享、推荐。无论在哪一个时代，口碑营销的营销方式永远都不会过时。即便是在信息泛滥的互联网时代，当人们对任何广告推销都不屑一顾或者产生抵触情绪时，却无法抵制得住来自于家人朋友的口碑推荐。

2. 精神诉求

“互联网 +”社群的精神诉求应当是鲜明、拒绝平庸、追求卓越的。

超凡的精神追求影射着粉丝的价值主张和精神诉求，甚至会成为粉丝的身份象征和行为符号，有一种悲壮的使命感融于其中，容易得到粉丝不顾一切的拥护与支持。

大三湘南山会致力于解决留守儿童的教育问题，维护农民的尊严，以带动千万农民致富为使命；酣客公社致力于为真正的酒鬼提供一种喝得起且品质与茅台媲美的白酒，所以酣客们将“我只跟靠谱的人喝靠谱的酒”视为信仰；小米的口号是“为发烧而生”，因为有米粉，所以才有了小米。

3. 产品供销流程

“互联网+”社群能够持续运营下去的重要手段就是让粉丝参与到产品整个供销流程环节中。大三湘南山会的会员们也都积极参加了产品的研发、包装设计与产品体验等环节；酣客公社从前期封测到后期传播的线下活动基本上都是由酣客自发组织完成的；小米手机的调研、开发、测试、营销、公关等多个环节都有米粉的参与。

4. 极客思维

“互联网+”社群应当从极客思维出发，教育和培训粉丝形成对产品的专业认知，通过提升粉丝对产品的专业认知可以重建粉丝对产品的定位和诉求，为品牌建立起坚固的城墙。

大三湘经常在网站上发布一些食用油的专业知识，从不同维度、不同指标对茶油与橄榄油、花生油进行对比，教授粉丝辨认、鉴别食用油的优劣；酣客公社经常在封测活动中普及和推广品鉴白酒的专业知识，教授酣客如何亲手勾调白酒；在小米产品的发布会上，创始人雷军经常通过系统功能、界面设计、外形包装等参数将小米与友商进行对比，突显小米手机的独一无二。

5. 文化机制

“互联网+”社群都有一套基于粉丝共同价值观的文化机制，建立并执行文化机制是社群运营的一个难点。粉丝都是基于某种兴趣爱好、精神追求聚集在一起的，所以大多来自不同的地方，背景参差不齐，诉求也各不相同。

如果社群管理比较松散，粉丝就会由于利益诉求的差异化而分裂；如果社群管理太过严格，部分粉丝就会难以忍受而离群出走或者望而却步不敢进来。企业家社群正和岛的社群管理是国内相对比较成熟规范的。他们的“五条诫律”和“六条行为规范”值得其他社群借鉴。因此，用一套基于共同价值观的文化机制约束和规范粉丝行为是必不可少的，否则社群就会成为一群乌合之众。

6. 线上线下活动

线上线下活动可以引起粉丝与社群及粉丝与粉丝之间的情感共鸣。大三湘南山会设有油茶花节、精英沙龙等；酣客公社设有酣客节、粉代会等；小米为米粉们准备了爆米花奖、同城会、米粉节等活动。社群与粉丝之间的黏性及联系频度决定了一个社群的生命力，决定了一个社群是否能够持续运营下去。

7. 品牌延伸

品牌确立后就该进行品牌延伸了，即产品 + 社群 + 商业模式。社群最大的影响力就是品牌延伸，承载着社群亚文化的其他产品也会受到粉丝的追捧。

大三湘的副产品线进行了横向精油、护肤油、洗发产品等系列的延伸，纵向正在筹划种植业、乡村旅游业、特色农产品养殖等。“从一瓶酒引发的精彩人生”是酣客公社的对外宣言，酣客围绕酣客白酒延伸了衬衫、行李箱等其他产品。目前，酣客还在紧密筹备养老地产、金融、餐饮等产业。小米也由手机拓展至路由器、手环、电视、充电宝等其他产品，而且其他产品为小米带来的收益远远超过了小米手机的收益。

第 6 章

O2O 思维：互动、体验、尊重

O2O 即 Online To Offline（线上到线下），是指将线下传统商务与互联网结合，把互联网作为线下交易的平台。美国最早提出了 O2O 概念。O2O 并不是一种简单的商业模式或营销手段，在现实生活中，所有涉及线上与线下的商业活动都可以称为 O2O。换句话说，O2O 是一种线上线下一体化的互联网思维。粉丝经济是 O2O 思维的典型代表，自从小米将粉丝经济发扬光大之后，市场上围绕互联网展开的粉丝产品逐渐增多并逐渐形成一种潮流。

6.1 零等待：瞬间秒回

O2O 并不是简单的线下体验线上购买，否则淘宝、京东、苏宁及国美早就已经实现了 O2O。用户在淘宝和京东买产品，不需要与商家见面就可以收到想要的产品，对用户来说，这一购买流程都是在网上完成的，包括支付、评价及退货和投诉。

强烈的线下属性是大部分 O2O 的本质属性。比如餐饮，虽然用户在网上团购了，但仍然需要去店里消费和体验服务。这种类型的服务要求用户与商家面对面才能完成。既然消费和体验服务必须在线下完成，那么用户为什么要到网上来呢？

6.1.1 陈师傅的 O2O 开锁公司

大家都知道，O2O 是通过互联网将商家的销售信息提供给用户，聚集一批有效的购买用户进行在线支付，然后凭借各种凭证在线下商品或服务的供应商那里实现消费或体验。O2O 适合的行业领域包括咖啡厅等餐饮美食及理发店、美容院等服务行业。随着团购消费模式的火爆，新型的互联网经济模式 O2O 开始受到人们的关注，并开始蔓延到商业市场的各个角落，改变着传统的商业及用户的消费习惯。

随着电子商务的发展，信息和产品之间、线上和线下之间的联系愈加密切，O2O 让电子商务进入到了新的发展阶段。与本地商家销售广告相比，O2O 模式具有显著的优势。O2O 推广效果可以查询，每笔交易都可以跟踪，具有相当大的利润空间，而且便于扩大规模。

O2O 是商家开拓市场的新形式，将线上的价格优势与线下的服务优势集于一身，挖掘线上的潜在消费用户。O2O 通过线上支付购买线下的商品或服务，然后到线下消费或体验的核心就是通过互联网将实体店的产品信息传递给互联网用户，把他们拉到实体店中去消费。这种模式利用互联网让电脑和手机成为线上交易的平台，从而实现了线下服务的线上揽客。

王昭是上海某文化传媒公司的行政经理，两天前发生的一件事让他很烦心，不过他对最终的解决结果还是比较满意的。当天中午休息的时候，王昭将办公室的门锁上后，才想起将钥匙落在了办公室里。公司没有备用钥匙，于是他只能在网上寻找开锁公司。对比了多家价格后，他选择了一家价格相对实惠的公司上门服务，价格是 100 元。

开锁师傅跟王昭约定的上门时间是半个小时后，然而实际上只用了 20 分钟就赶到了。师傅开锁的时间很短，不到 1 分钟，锁就被打开了。王昭了解到，这个开锁师傅姓陈，开锁公司只有他一个人。陈师傅既是公司老板，又是公司员工，生意非常好，开着的车基本上就没有停过，每完成一笔交易就要立即赶往下一站。

陈师傅非常重视线上推广，每年花费在互联网渠道宣传上的资金超过 10000 元，包括 58 同城、百度竞价、110 报警开锁、开锁大王等都是他的合作对象。虽然陈师傅每接一单才 100 元，但是他依然坚持做线上推广，而他的净利润也大大增加了。

6.1.2 陈师傅成功的秘诀

陈师傅成功的秘诀在哪里？分析如图 6-1 所示。

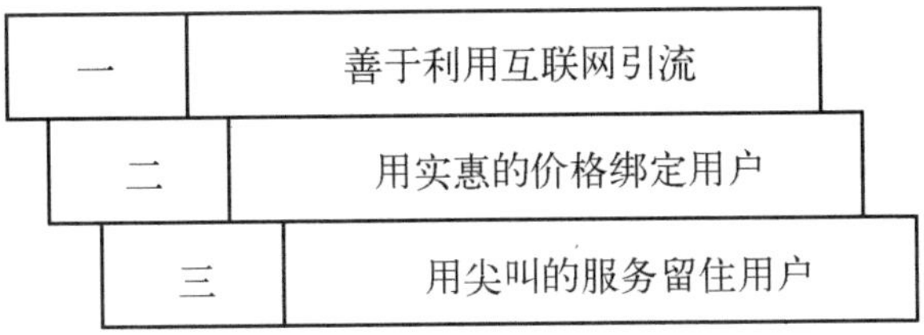

图 6-1　陈师傅成功的秘诀

1. 善于利用互联网引流

事实上，陈师傅未必懂得 O2O 模式是怎么一回事，但是他却非常明确互联网可以为他带来更多的生意，这是陈师傅成功的关键。很多精通各种互联网理论的人未必知道如何通过行动践行理论。很多传统企业对于互联网的快速发展感到焦虑，这完全没有必要。营销应当围绕用户进行，所以用户在哪里，营销就应该跟到哪里。

2. 用实惠的价格绑定用户

同样一笔开锁生意，其他开锁公司的报价都超过了 150 元，而陈师傅的报价只有 100 元，王昭因此毫不犹豫地选择了陈师傅的开锁公司。对于询价的新用户，陈师傅的签单成功率几乎达到 100%，用户不会再讨价还价。线上交易打破了价格鸿沟，用户占有了价格优势，未来的暴利行业将难以生存下去。陈师傅的做法尊重了这种趋势。

3. 用尖叫的服务留住用户

陈师傅与王昭的约定时间是半个小时，然而他在 20 分钟内就赶到了，这是让用户忍不住尖叫的地方，毕竟如今守时服务到位的商家越来越少了。在不堵车的情况下，陈师傅可以在 15 分钟内赶到，但是为了防止各种情况导致时间延长而不能准时赶到的情况发生，所以他把时间预留长一些。这样一来，陈师傅就可以为用户提供超越心理预期的用户体验。

王昭花了半个小时都无法打开的锁，而陈师傅只用了不到 1 分钟就打开了。这给我们的启示是，在互联网时代，过硬的产品与优质的服务都是留住用户的必胜法宝。陈师傅的产品就是熟练的开锁手艺。据陈师傅介绍，他的用户有一半以上都是老用户介绍来的，网上推广只是他开发新用户的工具。

6.2 碎片化：分散的资源，不散的关注

如今，人们在等车时习惯了用手机玩微博、刷微信，乘地铁时用手机看新闻或者短视频，购物时通过手机查找品牌信息，入睡前伴着手机微信、微博入眠……移动互联网时代的移动终端让用户实现了随时随地获取各种有用信息，同时信息内容被进一步碎片化。碎片化的内容在不同时间提供给用户，满足了不同用户的个性化需求。

因此，企业与媒体需要加强碎片化思维，致力于让互联网用户在碎片化时间选择你的内容，快速接受并爱上你的碎片化内容及品牌。同时，企业与媒体要凭借有价值的碎片化内容和个性化服务覆盖并霸占用户的碎片化时间。

6.2.1 全球即时用车软件 Uber 整合碎片化资源

在信息内容碎片化的大背景下，O2O 企业不仅需要信息聚合，更需要

将碎片的资源进行深度整合，然后进行标准化管理，优化资源配置，为用户提供高效高质服务。如今，提供包车服务的出租车公司方便快捷，价格还比大巴便宜，产生了竞争力。包车公司利用碎片化的劳动力资源及碎片化的信息内容对乘客的碎片化需求加以匹配，实现了劳动力资源与用户需求相对优化的配置，也就是O2O模式的使用。

全球即时用车软件Uber（优步）是一个提供按需服务的O2O网站。该网站用最简单的方式将豪华轿车司机网络化。用户可以通过iPhone、SMS、Android向Uber发送请求，从而找到“专属司机”，实现私家车搭乘服务。

Uber重视对碎片化资源的整合，在用户的碎片化需求、碎片化劳动力资源与信息三者的优化配置上做得更为深入。作为用车服务平台，Uber如纽带一般连接了用户与司机。线上用户的需求是碎片化的，用户在某一时间、某一地点出现用车需求的规律大部分都是不能提前预知的。司机是碎片化的劳动力资源。这些司机大多是利用碎片化的时间提供用车服务的私家车主。这一类的服务资源在时间和地点方面也具有不确定性。

碎片化的需求与资源最后以碎片化信息的形式聚集到Uber上，Uber对碎片化的资源进行系统地归类、匹配，让用户及时获取这些信息，完成需求与服务资源的匹配。O2O模式运用互联网手段整合线下资源，高效匹配线下服务资源，为用户提供便捷服务，大大提升了用户体验。如今，Uber已经进军中国市场，但是Uber是否能在中国市场成功站稳脚跟还需要接受中国本土化的考验。

6.2.2　从家政服务提供商 Homejoy 看 O2O 碎片化的资源整合

Homejoy是美国一家提供钟点工本地服务的公司，成立于2012年7

月，总部在旧金山。Homejoy 借鉴了 Uber 中心总调度的方式，为用户提供钟点工清洁服务。美国家政服务公司钟点工服务的平均价格约为 25 美元每小时，而 Homejoy 的钟点工服务做到了 22 美元每小时，还能保持盈利的原因在于 Homejoy 整合了碎片化的家政服务人力资源。

国内家政服务公司 95081 与 Homejoy 类似，成立于 2006 年。目前，95081 的兼职钟点工主要是 80 后、90 后，包括大学生、白领、工程师等各种身份。他们的共同之处是利用业余时间提供钟点工服务。

尽管大部分用户对钟点工服务人员没有固定性要求，但是 80 后、90 后的服务人员更加容易与年轻化的用户群体相处。在服务质量方面，钟点工提供的服务相对来说比较简单，对于兼职钟点工的培训也相对简单，但依然可以保障较高的服务质量。95081 整合了这些碎片化的兼职劳动力资源，为其提供平台，并将碎片化的信息匹配给有需求的用户，为其提供所需的钟点工服务。

家政市场对家政服务人力资源的需求存在缺口，而现实生活中希望利用碎片化的时间做家政服务兼职的人群也有一定的规模，高效整合碎片化的资源是 O2O 家政企业成功的关键所在。互联网技术打破了信息不对称，为企业高效整合碎片化的资源提供了平台。然而，O2O 企业不仅需要信息聚合，还要将碎片化的资源进行深度整合，然后对资源进行优化配置，才能为用户提供高效高质的服务。

企业可以从两方面做起。

一方面，整合碎片化的资源需要标准化。不管是 Uber 的用车服务，还是 95081 的兼职钟点工服务，碎片化的资源都需要进一步的标准化，保证服务的质量。如果服务没有标准化的保障，就无法为用户提供良好的体验，很难获得用户的持续关注。

另一方面，管理碎片化的资源。在服务行业，得不到用户信任的企业根本无法长期发展。管理在很大程度上提升了用户的信任度，与用户建立起信任关系。如果对于聚合起来的资源放任自流，那么这种资源就存在着巨大的风险，不能保障对用户的服务质量，用户就不会信任该企业。

6.3 只有参与才能有成就感

在工业经济时代，企业与消费用户之间没有真正意义上的沟通。企业通过报纸、电视等媒体广告向消费用户进行营销，消费用户只能被动地接受，无法与企业进行对话，这就导致消费用户缺少参与感。

星巴克对粉丝参与的重要性深有体会。

2013 年 9 月 16 日，美国华盛顿海军司令部发生了骇人听闻的枪击事件，造成 13 人死亡，引发了大众关于枪支管控的争论。星巴克是自由主义倾向的企业形象，一直都是控枪支持者谴责的对象。星巴克曾在 facebook 上公开表明，“不反对枪支合法持有者进入星巴克”，更加引发了控枪支持者的攻击。很多星巴克的拥护者为了声援星巴克，甚至携带各种枪支在星巴克店里聚会。对于星巴克的粉丝来说，他们参与了星巴克品牌的成长过程。这种通过参与得到的成就感是消费用户主动为品牌信息传播的关键。

在 O2O 时代，品牌传播要求企业与消费用户深度对话。消费用户在参与品牌形成的过程中变成了粉丝，有些粉丝变成了极品粉丝，最终带领品牌跨越鸿沟，进入主流市场。

6.3.1 可口可乐重视消费用户的参与感

可口可乐“昵称瓶”的换装营销活动引爆了2013年的夏日。当时，“文艺青年”“吃货”“高富帅”等各种各样的昵称出现在可口可乐的瓶身上，一下子成为人们饭桌上的一道风景。可口可乐因此获得了20%的销量增长及中国广告界著名奖项“中国艾菲奖”。

创意的瓶身设计直接带动了销售量的增长，提升了消费用户的品牌认可度和忠实度。2014年的夏天，可口可乐又一次掀起了换装热潮。你会发现，各大超市的饮料区货架上已经被可口可乐的新装“歌词瓶”充斥着。

可口可乐为了挑选最能击中消费用户痛点的歌词内容，可谓是颇费心思。歌词内容大多来自流行歌手们的通俗歌曲，共有20多首，如“我要一步一步往上爬”“我和我最后的倔强”“我愿意为你”等。

这些歌词都是营销策划人员通过社交媒体与消费用户进行沟通交流后筛选确定的。歌手包括周杰伦、五月天等；主题包括世界杯主题曲、毕业季应景歌等；风格包括励志、伤怀等；范围包括爱情、亲情及友情等。歌词充分考虑了消费用户不同年龄、不同性别、不同性格人群的喜好，尽管针对不同的应用场景，但共同点都是加深消费用户的参与感，提倡感情充沛、充满青春活力的正能量。

比如，与母亲吵架时，由于太过急躁，口不择言伤了母亲的心，偷偷在母亲的床边放上一瓶印有“听妈妈的话”歌词的可口可乐，向母亲表达自己的愧疚；在忧伤的毕业季，与同学死党聚餐时，喝一瓶印有“你和我重逢在灿烂的季节”歌词的可口可乐，所有的感情都不言而喻。

经过“昵称瓶”的营销风暴，可口可乐对于新装的营销推广流程已经非常熟悉。“歌词瓶”与“昵称瓶”的首轮营销几乎相同：首先选取一些极富有影响力的意见领袖（KOL），为他们进行定制化产品投放，形成明星效应；其次，利用 KOL 在社交网络上的活跃度和影响力制造信息传播制高点，然后在社交媒体上引发广大粉丝的跟进，进而使信息扩散影响到广大消费用户。

在微博端，只要转发可口可乐换新装的相关微博并@一个微博好友就有机会获得一个专属定制“歌词瓶”的可口可乐。可口可乐通过制造话题“最打动你的歌词”触动了很多网友的痛点，使他们纷纷加入自发传播话题的大军中，并向他人分享自己的美好回忆，这也使得可口可乐的换装活动形成了病毒式传播的趋势。

周杰伦、五月天、潘石屹、刘作虎等各界 KOL 都在微博上最先发布了可口可乐为他们专属定制的可口可乐“歌词瓶”。“歌词瓶”上的歌曲基本都是明星歌手的代表作。可口可乐也借此开展有奖活动，如让粉丝说出一句最喜爱的周杰伦的歌词。周杰伦的粉丝对此响应热烈，纷纷晒出“歌词瓶”，表达对周杰伦及他的歌曲的喜爱。诸如此类，通过明星效应造成的自发性传播，让可口可乐的微博讨论量在短短一周内就超过了 11 万。

在微信端，消费用户如果想要进入微信页面，则需要扫描印在可口可乐瓶子上的专属二维码。在微信页面，消费用户可以一边听歌，一边欣赏根据瓶身歌词创作的 Flash 动画。尽管这个过程只有短短数秒，但是新奇与贴心的体验常常抓住消费用户猎奇的心理，让消费用户忍不住继续购买不同的“歌词瓶”探索更多的新奇体验。

通过“让歌词瓶唱歌”的方法使歌词表达的感情更加充沛，这是可口可乐做的创新性改变。不仅如此，消费用户还可以通过一键分享，将歌曲分享到微信朋友圈中。这种设置二维码的做法为此次营销活动带来了更多的社交性，使很多微信用户不知不觉地参与到了主动传播的环节中。

与可口可乐相关的各种活动妙趣横生，包括各式各样的可乐瓶、能感知消费用户的自动贩卖机及花样迭出的公交站台，总能直击消费用户的需求，到达消费用户心灵深处，为消费用户带来喜悦或感动。可口可乐的营销披着广告的外衣，总是波澜不惊地影响广大消费用户，或许这就是可口可乐受到很多消费用户喜爱的原因。

可口可乐成功的根本原因在于充分挖掘了消费用户的心理需求，与品牌理念相结合，在 O2O 时代，大胆地讲述了一个“歌词瓶”的好故事。更重要的是，可口可乐不是自己单方面讲故事，而是通过微博、微信等社会化媒体与消费用户一起创造品牌的故事。

6.3.2 可口可乐给其他企业的启示

过去，企业习惯了自演自唱，不需要消费用户的参与。但现在，如果不考虑消费用户的参与感，那么企业的末日就到了。参与感是粉丝经济的核心，是 O2O 的标准配置之一。O2O 时代的营销更像是一场粉丝乐于参与的狂欢舞会。企业要想赢得战争，就要放低姿态，倾听粉丝的想法，在产品还没有交到粉丝手上之前，就开始邀请粉丝参与到企业的产品创造中来。可口可乐给其他企业的启示有以下（见图 6–2）两个方面。

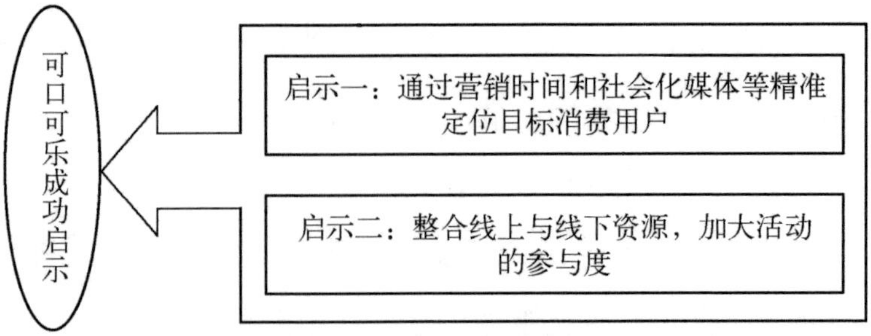

图 6–2 可口可乐成功启示

1. 通过营销时间和社会化媒体等精准定位目标消费用户

音乐是一种表达情感的语言，可以代表一种心情、代表一段回忆。在现实生活中，中国人受传统文化的影响，情感表达非常含蓄内敛，而“歌词瓶”的出现给了人们一种表达情感的方式，通过一瓶印有歌词的可口可乐将自己想说的话用音乐唱出来。

可口可乐开展营销活动时，正好赶上校园毕业季，通过社会化媒体倾听洞察到了同学们此时的情感需求：在大学几年的时间里，同学们朝夕相处，一起创造了很多难忘的回忆。毕业临别之际，同学们都即将告别校园生活，内心充斥的各种复杂情绪反倒难以直接表达出来。可口可乐正是抓住了毕业季同学们这一心理需求，通过“歌词瓶”迎合了同学们在这一特殊阶段的情感需求。

2. 整合线上线下资源，加大活动的参与度

可口可乐针对毕业季同学们的营销活动首先借力社交媒体，选取了与同学们关系密切的人人网作为主平台。人人网以“强关系”和“同窗情”为主题，为可口可乐的前期营销宣传制造了情感氛围，充分发挥了社交优势。

首先，人人网通过炒作与毕业季有关的内容，引爆了有关毕业季话题的关注和讨论热度。其次，人人网发起了“畅享毕业季，为青春留言”的活动，邀请相关好友为自己留下毕业感言，并将所有好友的留言自动生成电子版毕业留言册。该活动开始一周之后，人人网收到了超过 22 万条的毕业留言，有一些人人网用户还将自己的电子相册同步分享给好友并邀请好友参与互动。活动进行得非常顺利，在一周内互动数量超过了 60 万。

在人人网开展活动的同时，可口可乐在线下校园内也开展了一系列的活动。首先，可口可乐在北京、上海、广州三大城市中选择了三所网络活动热度最高的大学，在校园内设置了“实体超大留言墙”，并在现场为同

学们定制专属的“歌词瓶”。同学们积极参与了这项活动，使活动获得了高度关注。其次，可口可乐赞助了各个城市高校累计达100多场的毕业晚会，与同学们近距离接触，最大程度地影响了同学们。

在毕业季，同学们通过可口可乐“歌词瓶”向同学、朋友、恋人或恩师分享自己的情感。对同学们来说，“歌词瓶”就是传情达意的珍贵载体。可口可乐针对同学们的营销活动实现了品牌露出，吸引了更多新的消费用户。可口可乐“歌词瓶”的营销活动为目标消费用户提供了发泄情感的平台和载体，使消费用户与可口可乐之间有了更加密切的情感联系。“歌词瓶”的独特意义彰显了可口可乐“快乐”与“分享”的品牌精神。

6.4 微博大V的影响力

便利性和易传播性使得微博成为各大企业进行营销渠道选择中的时尚宠儿。企业进行微博营销时，仅依靠自己的微博影响力是不够的，所以大部分企业会借助某些微博大V进行微博营销。

大V是指在新浪、腾讯或网易等微博平台上经过了实名认证且获得超高粉丝量和网络影响力的微博用户。大量粉丝时刻关注着他们的动态，一旦他们发一条微博，就会得到粉丝的响应，包括转发、评论等。

在微博的世界里，大V通常具有上百万甚至上千万的粉丝。他们更新一个动态，很多粉丝会毫不犹豫地认同并将这些动态转发给自己的粉丝，形成巨大的影响力。企业通过大V传播营销信息的效果远远好于在电视及其他媒体平台上打广告的效果。企业只需要和大V沟通好，就可以获得理想的营销效益。

6.4.1　《百万亚瑟王》的微博营销

2013 年 7 月，盛大代理的《百万亚瑟王》日本手游充分利用微博等社会化媒体进行营销，成为利用大 V 营销的典型案例。在明星大 V 的影响力下，《百万亚瑟王》抢先占据了微博舆论的主阵地，赚足了大众的眼球，收获了良好的口碑，取得了傲人的成绩。

盛大强势推出《百万亚瑟王》手游的目的在于通过上线公测的信息及“女神都在玩，宅男必入”的话题，实现大量游戏用户知晓并下载《百万亚瑟王》手游。微博的客户总监赵雪表示：“意见领袖舆论影响力的塑造和形成，以及明星的事件“告知”，是这次微博营销取得成功的关键所在。”明星大 V 的社会影响力、舆论引导力、粉丝购买力及人脉辐射力是普通微博账号无法比拟的。

2013 年 7 月 18 日，为了让游戏玩家知晓《百万亚瑟王》，盛大通过官方微博进行首发，实现了告知大众的目的。盛大在官方微博上发布了两位漫画家植入亚瑟王卡牌游戏角色的萌宠系列作品，并通过段子手的转发和评论引导大众对游戏进行关注。

18 日下午，五位明星大 V 发布了《百万亚瑟王》游戏邀请码，包括赵奕欢、唐嫣、谢娜、波多野结衣和刘忻，邀请自己的粉丝与他们一起来玩这个游戏，呈现出“女神都在玩”的局面，引发了广大宅男们的关注。粉丝的快速扩散使得《百万亚瑟王》的知名度大大提高，实现了第一波下载高潮。

19 日，盛大继续追加了明星大 V 的投放，以谢娜为基础，邀请“快乐家族”全体成员进行游戏发布。“快乐家族”的集体亮相使得原本“女神都在玩”的话题升级为“明星都在玩”。

20 日晚上，盛大通过草根大 V 和热门大 V 的信息发布进一步实现了营销信息扩散，从而制造了“大家都在玩”的热门话题。在草根大 V 和热门大 V 的选择上，盛大选择了宅男、著名游戏玩家等垂直账号，直接驱动了目标受众进行下载。

在此次微博营销活动中，明星大 V 的营销文案实在可圈可点。比如，何炅微博发布的文案内容如下：“那谁，给我一个百万亚瑟王的邀请码 b6e3，然后说你可能年纪大了不适合玩是几个意思……”微博文案与明星本身的特点相结合，有效地吸引了粉丝的关注、议论和互动。在传播策略上，盛大通过明星大 V 进行内容消息发布，然后启动草根大 V 进行二转和三转，大范围地扩大了影响力。

6.4.2 从《百万亚瑟王》看微博大 V 参与下的微博营销特性

根据盛大公布的官方数据，本次微博营销覆盖的人数高达 7 亿，品牌信息获得 8 万次以上的转发、3 万次以上的评论。《扩散性百万亚瑟王》的公众微博账号在两天内实现了 7 万粉丝的增长。在这场以明星大 V 为主角的营销盛宴中可以发现，明星的强势影响力可以使品牌在短时间内获得超高人气和销量。对于 O2O 时代陷入瓶颈的各大企业来说，借助名人大 V 的影响力进行营销推广是一个不错的选择。微博大 V 参与下的微博营销具有以下（见图 6-3）特性。

1. 粉丝关注数量庞大

企业之所以在微博营销时选择微博大 V 推广自己的产品，看重的就是隐藏在大 V 知名度下庞大的微博粉丝关注数量。微博大 V 参与下的微博

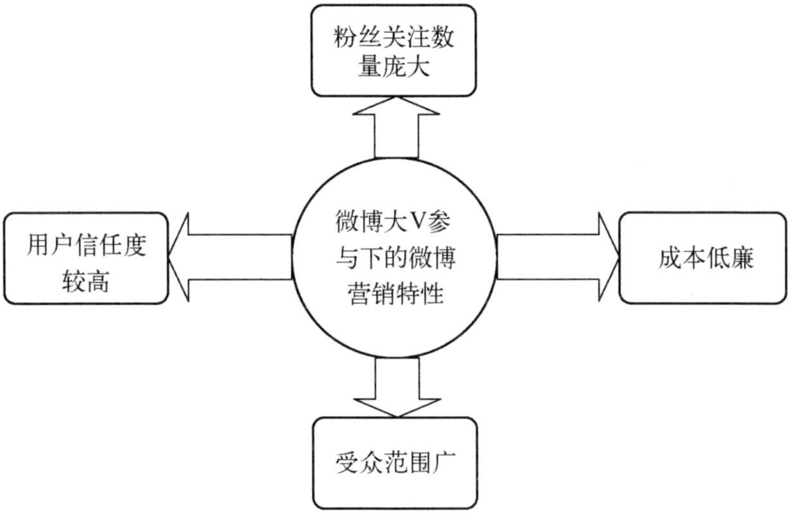

图 6-3 微博大 V 参与下的微博营销特性

营销最主要的特性也在于此。衡量微博用户影响力的大小主要有三个指标，分别是粉丝关注数量、消息被转发的次数及被@ 的次数。在微博营销中，这三项指标依然是衡量微博大 V 营销效果的三项指标。

在这三项指标中，微博粉丝关注数量是最核心的要素。与其他营销方式相比，微博营销的纽带就是粉丝。在微博营销的传播关系中，粉丝既是信息的接受者，又是信息的发布者。一旦粉丝参与到了微博营销活动中，粉丝就成了产品的潜在消费用户。

因此，微博粉丝关注数量直接影响转发、评论的次数，间接影响了微博营销的效果。微博大 V 少则几百万多则几千万的粉丝关注数量可以达到最大限度地转发量和@ 次数，为企业的微博营销活动提供了强有力的保障，为产品带来了更多的潜在消费用户。

2. 用户信任度较高

传统意义上的口碑营销主要来自小范围内的亲朋好友，而现在越来越多的用户更愿意相信互联网上陌生网友的评价。一般来说，一旦某人的微博得到了用户的信任，并受到广泛的关注，那么某人的动态信息就会成为用户锁定的信息来源，就会成为影响用户态度的意见领袖。

对于微博大V的粉丝来说，大V的一言一行、所作所为都值得重视，大V的意见和观点比亲朋好友的说服力还要大。对于其他关注大V的用户来说，对大V推荐的产品更具有偏向性，而这种偏向性完全可以转化为实质的购买欲。微博大V的言行所带来的影响力是无法估量的，利用用户的信任进行产品推广将大大增强微博营销效果。

3. 受众范围广

微博的沟通交流是通过关注与被关注的形式来维持的。微博允许用户可以关注任何一个人，也允许用户被任何一个人关注。在微博上，任何人都可能看到某一个用户发布的信息。因为微博具有转发功能，所以一条微博发出就会被所有关注的用户看到，经过这些微博用户及这些用户的关注用户等一层层互动性转发，就能在短时间内获得巨大的转发量。

微博信息一传十、十传百的扩散速度使得微博营销的传播范围和接受范围得到大幅度提升。对于微博大V来说，由于其自身的关注用户数量巨大，他们参与下的微博营销不仅能够使信息传播的速度和范围呈几何数级增加，而且还能有效地增强微博热度和搜索力度，甚至使营销活动成为焦点话题。微博大V参与下的微博营销可以在短时间内获得最大信息的接收量，轻松覆盖全球范围内的潜在用户群。

4. 成本低廉

知名编剧石康曾经在微博自曝大部分名人的微博都是付费微博，包括自己的微博。更早之前也有媒体爆料，一般团队运作的微博大V报价为1万元到10万元不等。“微博女王”姚晨的一条微博广告价值6～8万元。杨幂的微博报价则更高。

传统广告的宣传费用大都上千万元，微博营销的费用则相对较低。微博营销不需要复杂的行政审批程序，也省下了付给广告播出平台的大笔开支，在人力、物力及时间成本上都是非常合算的。而且，微博营销还以较低的价格收获了微博大V背后的粉丝关注数量。与传统的广告相比，这些关注的人群更加直接，为实现潜在消费用户的挖掘及产品销售量的转化提供了有利保障。

6.5 名创优品：紧抓痛点＋极致体验

叶国富有10年的百货连锁店运营经验，是哎呀呀品牌的创始人，主打小饰品。2013年，叶国富结识了日本青年设计师三宅顺也，两人在日本联手创立了名创优品（MINISO）。三宅顺也负责产品的设计及名创优品日本公司的运营。叶国富负责供应链整合及名创优品中国公司的运营。

6.5.1 名创优品的微信公众号运营

2015年上半年刚过去，名创优品便在互联网粉丝经济巨大的风口投下了一枚重磅消息。名创优品自主运营的官方微信公众号粉丝数量突破了800万，成为零售业社会化媒体营销的一大奇迹。

名创优品官方微信公众号的粉丝数量增长见证了名创优品成为快时尚零售品牌标杆的历程，也给自媒体运营打上了一剂强心针。

名创优品之所以能够吸引如此之多的粉丝，其自身的品牌魅力是核心和关键。名创优品奉行“简约、自然、富质感”的生活哲学，主张“自然、自在、回归本质”的品牌理念。

名创优品能够迅速打开知名度的原因在于以设计和服务为核心的“轻休闲”商业模式，得到了消费用户的喜爱。

名创优品非常重视参与感，将其视为粉丝和品牌的情感纽带。事实就是如此，粉丝对于品牌塑造过程参与得越多，情感依赖就会越强，最终与品牌无法分开。名创优品产品的设计、开发、营销和运营等环节都有消费用户的参与，正是因为名创优品加入了消费用户的价值观，才能够为消费用户提供真正的“优质、创意、低价”产品及快乐舒心的极致消费体验。消费用户倾向于为情感价值认同买单，名创优品正是抓住了这一痛点从而迅速积累了一大批忠诚的粉丝。

商界流传着一句话人人皆知，“三流的企业做功能，二流的企业做品牌，一流的企业做灵魂”。粉丝经济就是企业的灵魂。在移动社交时代，粉丝已经从营销活动中的被动接受者变为掌握主导权的主动参与者。粉丝不仅是市场的消费主体，也是引领市场潮流的意见领袖。名创优品深谙此道，充分挖掘粉丝的力量，并重新定义了企业、产品与消费用户之间的沟通模式，形成了以微信为载体的粉丝经济生态链。

在这个粉丝经济的营销闭环中，名创优品不仅要利用微信，更要将其利用好。在名创优品刚开始开通微信公众号的时候，就明确了做消费用户朋友社交媒介平台的定位。名创优品从粉丝的需求入手，通过研究粉丝的语言风格挖掘粉丝的痛点和注意力，并结合当下热点话题打造内容，利用微信媒介与粉丝做深度互动。

在微信平台上，名创优品提供了极致的服务体验，通过与粉丝的深度互动带动了活跃流量，并没有一味地推送广告信息。叶国富表示：“有话题，有互动，才能通过圈子效应，达成口碑传播，因为内容有趣，会紧接着在大众层面持续发酵，粉丝对这个平台乃至品牌的黏性也就产生了。”

名创优品为粉丝策划的生活类图文内容达到了60%的阅读率，20%的转发率，远远高于其他品牌的传播力度。

6.5.2 名创优品给其他企业的启示

名创优品以挖掘粉丝经济价值为目的而打响了一场持久战。目前，名创优品的微信公众号仍以每天5万的粉丝速度在增长，让零售业的粉丝经济从虚拟走向了现实。其800万微信粉丝的能量成功地引爆了品牌，缩短了将品牌打造成明星品牌的时间，是互联网时代最成功的营销案例之一。名创优品的经营之道给其他企业的启示可以总结为以下（见图6-4）几点。

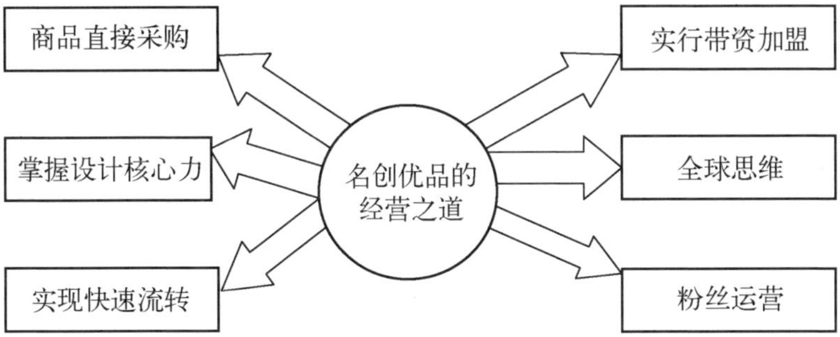

图6-4　名创优品的经营之道

1. 商品直接采购

一家名创优品的实体店大约有3000种产品，大部分都是通过向800多家中国工厂直接订制采购来的，在价格上具有绝对性的优势。这些工厂有将近80%都在珠三角和长三角地区，几乎全部为外销企业。

2. 掌握设计核心力

名创优品的产品除了食品以外，都采用具有知识产权的名创优品品牌，控制了商品的设计核心力，由此掌握了产品的定价权。

3. 实现快速流转

普通百货商店的产品流转时间为三四个月，而名创优品只需要 21 天。叶国富投入巨额资金开发了名创优品的专属供应链管理体系，对所有产品的流传速度进行大数据管理，在很大程度上提高了资金流转和销售效率。

4. 实行带资加盟

名创优品采用投资加盟的模式，由投资人选取店铺进行装修，名创优品进行统一的配货销售管理，投资人通过参与营业额分成获取回报。名创优品通过这种模式大大提高了实体店的扩张速度。

5. 全球思维

名创优品由日本设计师三宅顺也和中国创业家叶国富联合创办，这就为名创优品在运营过程中采用的全球思维奠定了基础。名创优品在全球输出日本设计，无缝对接全球采购战略。目前，名创优品在中国市场销售的产品中有 20% 来自国外采购。与此同时，名创优品的店面布局也开始转向国际化发展，从香港、东京、新加坡和迪拜等城市开始辐射全球。

6. 粉丝运营

名创优品非常懂得利用粉丝经济，通过“扫描微信号即可免费获得购物袋”的办法积累了大量的粉丝，成为一个超级大号，从而为互动营销创造了可能性。名创优品并没有开创性的举动，但是却一一切中了消费用户的痛点，在坚决和高效的执行之下，为消费用户带来了极致的消费体验。名创优品为寒冷的零售业之冬送来了一股暖风。

第7章

IP思维：无界限跟随

IP（Intellectual Property）的意思是知识产权。在影视文化产业，IP被定义为一部影视作品具有独创性卖点。影视文化产业的范围不大，但是具有巨大的影响力。IP思维就是指将影视产品的影响力转化为生产力，再转化为各种衍生品，最后转化为公司效益的思维。一个真正优质的IP可以转化出无数的衍生品，是一种无界限、无时限的持续性回报，而不仅仅是一次性的版权交易。利用IP思维可以聚集到大量的粉丝，为以后的粉丝运营与推广提供可靠的基础。

7.1 超级 IP 的衍生品

IP 的范围非常广阔，包括文学作品、漫画、电影、游戏或者一个概念、一个网络热词等。超级 IP 是指那些具有超高人气，具有后续衍生为其他电影、电视剧、游戏、动漫、周边创意等各种文化产品的巨大潜力的 IP。

随着好莱坞大片《复仇者联盟 2：奥创纪元》的热映，作为由电影衍生出的复仇者联盟版扫地机器人等相关产品也五花八门，受到消费用户的追捧。我国是除美国以外世界上最大的经济实体，消费市场不容小觑。随着近年来 IP 思维的火爆，我国衍生品市场具有很大的开发潜力。超级 IP 的衍生品市场成为国内电影文化行业新的发展空间。

7.1.1 《盗墓笔记》的超级 IP 生态

2015 年 9 月，有媒体报道了《盗墓笔记》网络剧将出电影版的消息。更有微博大 V 爆料电影版的三位主演已经敲定，预计 10 月开机。南派三叔亲自担任电影版《盗墓笔记》的编剧，吴邪将由小鲜肉鹿晗饰演，小哥张起灵将由新晋偶像井柏然饰演，阿宁将由《左耳》中叛逆少女黎吧啦的饰演者马思纯饰演。这番主演阵容与“李易峰 + 杨洋 + 唐嫣”的网络剧版相比丝毫未显弱势。《盗墓笔记》的粉丝对此充满了期待。

《盗墓笔记》网络剧总监制叶方堂介绍说，南派投资正在运作的《盗墓笔记》电影版，乐视也参与其中，而《盗墓笔记》的官方手游则是联合了小米并正在开发运营中。南派将通过与乐视、小米的互相融合实现共赢，之后的合作将不断拓宽范围。

南派投资的建立是以《盗墓笔记》这一超级 IP 的粉丝经济为基础的，目前已经发展成为国内唯一拥有超级 IP 生态系统的文化公司，也是唯一一家同时获得乐视、小米投资的公司。南派投资因此拥有了雄厚的资本基础，更是获得了这两家战略投资人强大的互联网资源后盾。两家巨头企业是国内互联网生态系统的佼佼者，南派投资公司的 IP 生态理念与其不谋而合。

每个单一 IP 都有潜力发展成为一片 IP 生态森林。就像一颗种子，一开始发芽，长出树干，树越长越高，最终产生更多的种子，重新生根发芽，长出很多很多的大树。不停重复这个过程，IP 就会从最初单一的故事，变成一片 IP 生态森林。

以《盗墓笔记》的超级 IP 为例，《盗墓笔记》是一颗主要树干，之后的《老九门》《藏海花》《沙海》等都是由其催生出的超级 IP，不仅拥有《盗墓笔记》所有的能量，而且又产生了自己独特的衍生品，其衍生品内容如图 7-1 所示。

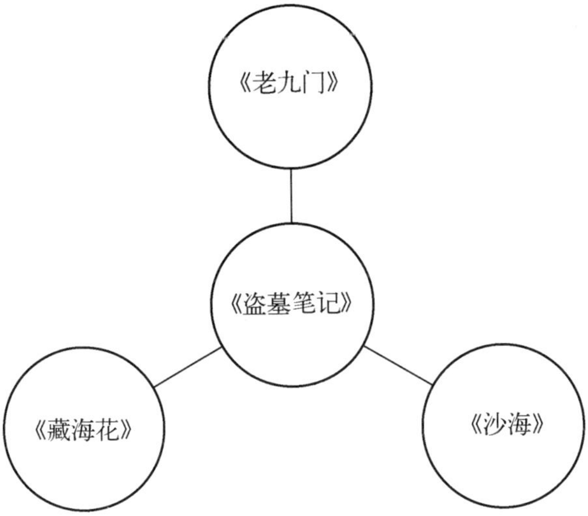

图 7-1 盗墓笔记的衍生品

超级 IP《盗墓笔记》的能量是巨大的，听起来甚至有些不可思议。“盗墓笔记大计划”系列电影票房、版权销售、游戏收入、广告、衍生品等预估的市场价值超过 200 亿元。《盗墓笔记》还创造了一系列超级数据。其中，据不完全统计，网络播放量已逼近 10 亿次，相关话题在微博上持续占据着热门话题榜。

7.1.2 超级 IP 生态的效应

对于国外影视文化产业来说，IP 思维并不是一个新概念。在日本成熟的 ACG（Animation、Comic、Game 的缩写，即动画、漫画、游戏）产业链下，一部具有超高人气的漫画会被改编成动画或游戏，随后会进入影视领域；在美国，漫威、迪士尼都是开发超级 IP 的行家。漫威创造了钢铁侠、蜘蛛侠、绿巨人、美国队长等几十个超级 IP，根据这些超级 IP 改编而来的电影、游戏及下游衍生品数不胜数。

从整个 IP 生态闭环来看，IP 思维大大缩短了文学作品改编成电影的周期，影视公司的眼光开始变得超前。IP 思维带来了更加明显的变化，以前的电视剧在播出之前无法预测观众的欢迎热度，如今的电视剧是根据观众的偏好来进行内容选择的。《盗墓笔记》在筹拍阶段征求了粉丝的意见，为粉丝偏爱的人物增加了戏份。

超级 IP 依靠周边衍生品和产业链的开发实现了利益最大化。阅文集团副总裁罗立表示，“在网络文学的泛娱乐运作模式下，IP 的价值在不断被刷新，网络文学的版权拓展机制的诞生和成熟，打开了一个更大的空间。超级 IP 开发的“天花板”到底在哪里，还没有人能给出答案。”

另外，IP 的加速转化促使影视作品开始影响文学作品。比如，蒋胜男的长篇历史小说《芈月传》被改编为电视剧，这部由孙俪主演的电视剧未播先红，被称为《甄嬛传》后又一部历史女性巨制。受电视剧《芈月传》超级 IP 的影响，《芈月传》小说原作的知名度也大大提升。

在受众方面，由于 IP 生态产业链的闭环，很多小说的读者、影视剧的观众、各类游戏的玩家正在发生快速融合。很多影视剧观众看到了电视剧或者电影后开始寻找原著小说阅读，甚至开始玩同名游戏；有些游戏玩家玩了游戏之后会寻找同名电视剧或者小说阅读；而很多小说读者读完小说以后会开始关注由小说改编而来的电视机或同名游戏。

小说读者、影视剧观众、各类游戏玩家这三类受众的交叉融合放大了超级 IP 的生态效应，这就是近年来挖掘超级 IP 价值受到追捧的重要原因。在变幻莫测的市场经济下，IP 的涌现充满了竞争与不确定性，及时正确地对超级 IP 进行衍生品开发，深度挖掘其价值，提高边际效益是非常重要的。

7.2 粉丝红利无场景限制

移动互联网时代，粉丝经济已经不再局限于娱乐产业，而是以一种完全不同于以往的形式占据了时代主流。移动互联网下粉丝经济平台的构造，让粉丝的联系更加紧密，实现了真正意义上的粉丝变现。业内人士预测，粉丝经济将是未来十年甚至二十年移动互联网领域的精彩绝唱。

7.2.1 TFBOYS 与腾讯视频的崛起

TFBOYS 是近年来随着移动互联网的火爆而崛起的一个艺人组合，是娱乐界名副其实的黑马。TFBOYS 的爆红并没有遵循传统经纪公司的操作模式，开始的时候只是不断地将翻唱的视频发布出来，并以此积累了大量的粉丝。这个组合成员都是 00 后。他们的走红之路可谓是由粉丝一手包办的。

如果说 TFBOYS 的爆红是由于粉丝经济的效应造成的，那么腾讯视频的巨额盈利也是因为 TFBOYS 深度挖掘了粉丝经济的价值。腾讯定制了一档明星与粉丝进行互动的弹幕综艺节目——《带你去看 TA》。

当时，神剧《古剑奇谭》可谓是一个超级 IP，其剧组主创成员李易峰、杨幂、陈伟霆、马天宇等人气飙升。腾讯邀请了《古剑奇谭》的剧组主创成员参与录制了《带你去看 TA》。其弹幕互动数据表现惊人，最高峰时一小时的弹幕数突破了 5 万条。

腾讯视频更是首创了明星演唱会在线互动高清直播方式，在李易峰举办个人演唱会的过程中，粉丝可在线点播歌曲、为李易峰送花、发送弹幕等。李易峰个人演唱会的互动粉丝数量达到 219 万，新浪微博话题的阅读数突破 4 亿。

腾讯不仅纵向挖掘了粉丝互动的价值，而且利用粉丝经济横向拓展了产品端。腾讯邀请张歆艺、戚薇、唐嫣、陈伟霆等新晋明星作为腾讯视频的推广大使，个性化定制了腾讯视频明星主题及皮肤，拉动了大量明星粉丝成为腾讯视频的用户，也增强了粉丝与腾讯视频的黏性。

腾讯视频依靠"精品内容 + 粉丝经济"的策略成为名副其实的视频内容提供商巨头。根据艾瑞公布的数据显示，腾讯视频自 2015 年开始连续 7 周日均覆盖用户数最多，成为唯一每日超过 5000 万人使用移动视频的客户端，稳居移动视频行业第一。

如今，粉丝非常热衷于利用各种互联网社交媒体平台为自己的偶像做宣传。通过微博、微信、QQ、贴吧等社交媒体平台，粉丝参与到了与偶像相关的信息制造和传播中，不仅可以增加偶像的曝光度，更加强了内容的可传播性。腾讯视频就是利用这种方法使得综艺节目《TF 少年 GO》的每一季都非常火爆，第三季点击量就轻松过亿。时下最流行娱乐产业营销模式如图 7-2 所示。

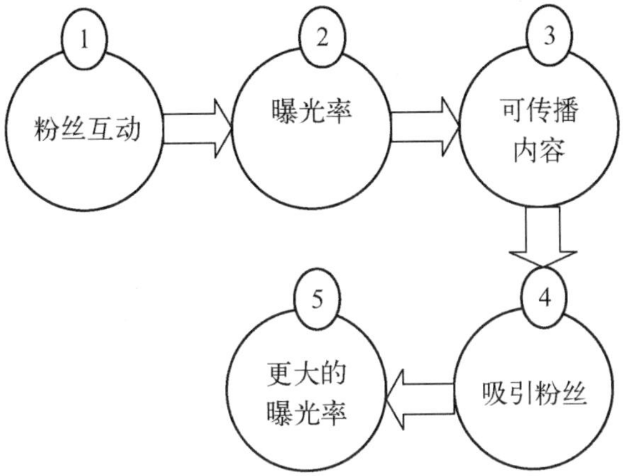

图 7-2　娱乐产业营销模式

在娱乐产业，粉丝经济已经发展成为一种全新的营销模式。在移动互联网时代，粉丝可以充分利用各种移动社交媒体平台，随时随地与明星生活产生紧密联系。一个明星的走红就相当于一个品牌的塑造，粉丝对明星的支持力度决定了这个品牌是否可以成为一个大牌。

粉丝出于对明星的崇拜，就会在视频网站、微博、微信等空间刷屏，大大提升了自己偶像的知名度。这种暴力刷屏的现象简单而直接地说明了粉丝经济的力量。不仅在娱乐产业，苹果、小米、三星等诸多手机厂商都看到了粉丝经济的巨大潜力。小米的成功和自媒体的热潮使得粉丝经济在中国成为一个大众热词。

美国著名杂志《连线》创始主编凯文·凯利（Kevin Kelly）曾提出“一千个铁杆粉丝”的理论。他认为，“任何一个从事艺术创作的人，只要拥有 1000 名铁杆粉丝，也就是拥有那些无条件支持你、买你全部产品的人，你就能够很好地生存下去。”

自媒体实现粉丝变现的首创是前媒体人罗振宇创立的罗辑思维。罗辑思维就是“一千个铁杆粉丝”理论的成功鉴定实践者。2013 年 8 月，罗振宇创立的微信公众号推出微信会员收费制度，在不到 6 个小时的时间里，5500 名会员名额一抢而空，创收 160 万元，开创了自媒体运营的一个神话。

利用粉丝经济实现粉丝变现是各大企业及营销人员多年来奋斗的方向。粉丝对于品牌的影响力越来越大。各大企业和营销人员应当了解粉丝的潜在需求，定制满足粉丝个性化需求的产品，让粉丝参与品牌的塑造，直到粉丝自愿为品牌买单，就能实现粉丝变现。移动互联网未来十年的价值实现机会就在于此。

粉丝经济为移动互联网下的各大企业带来了一批年轻的消费用户，而如何挖掘粉丝经济的潜能是最大的挑战。年轻活跃的消费用户具备一定的消费能力，愿意为内容和价值观买单，愿意为兴趣转发，热衷于真正符合他们特性和需求的创意广告。在蓬勃发展的移动互联网领域，对于个人、企业乃至整个行业来说，如何全面挖掘粉丝经济的强大能量，是在未来从激烈的竞争中脱颖而出的突破口。

7.2.2 腾讯挖掘粉丝经济价值的启示

企业应当充分认可粉丝的地位，并实行以粉丝为中心的营销策略。只要企业能够满足粉丝的需求，并不断发掘粉丝的潜在需求，同时利用粉丝的行为及其影响，就能够抓住粉丝经济市场，并不断拓展市场。企业对粉丝经济的挖掘应当从以下（见图 7–3）两方面做起。

1. 开发明星衍生产品，完善粉丝产业链

国外娱乐产业，包括欧美和日韩等国家，明星直接产品（如唱片、

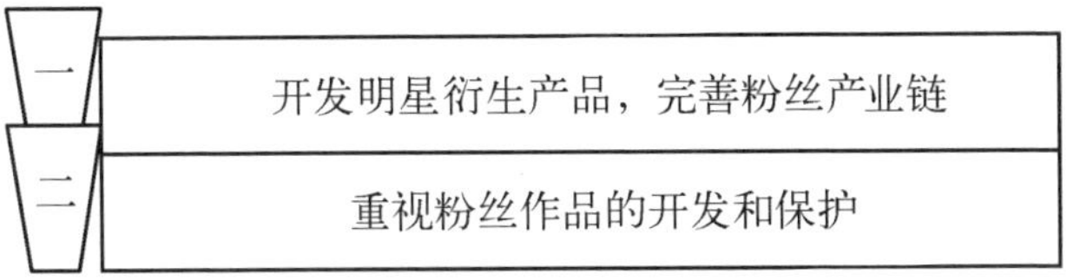

图 7-3 企业挖掘粉丝经济的做法

DVD、影视剧等音像产品）的收益远远低于明星衍生品（包括服装、玩具、演唱会周边产品等）的收益。在欧美，一个明星就是一个庞大的产业链，以明星为中心可以开发出服装、饰品、玩具、图书等诸多与明星相关的产品市场。

据统计，一个印制有贝克汉姆头像的 T 恤衫每年可以销售 2 亿多件，销售额达到 11 亿美元；2003 年，美国 NBA 30 支球队的明星周边产品的销售额已经达到了 33 亿美元，包括球衣、球鞋、队徽、队标、纪念品等。

在国内，明星产业的市场还处于初步发展阶段，与中国消费市场的成熟度不相吻合。中国的粉丝数量是巨大的，明星产业市场的潜力也非常大，但是明星产业市场却缺少开发。2004 年，超级女声等系列选秀活动首次激发了中国粉丝的巨大潜能。然而，一些由明星代言的零售产品质量非常差，产品单一，因此无法主导市场。

在粉丝经济的发展趋势下，企业应当打破传统的单一营销模式，采取复式横向的营销模式。未来，将服装、玩具、饰品、动漫、书刊、影像等融为一体的差异化产品供应战略将为企业带来巨大的发展空间，有利于企业开发创意产品，进军影视、歌坛、体育、文化等领域。

2. 重视粉丝作品的开发和保护

在互联网论坛、微博等社交媒体平台上随处可见各种粉丝的创意作品，包括翻拍视频、PS 照片、文学创作、为偶像创作的歌曲等。有一些粉丝喜欢将自己欣赏的原创内容改写、续写，并将自己的成果发布在网络上供大家欣赏。这些富有创意的粉丝被称为“粉飞客（fan－fic）”。

在粉丝作品中，有一些由游戏、漫画、小说、影视等作品中甚至现实里已知的人物、设定衍生出来的作品受到粉丝的热烈追捧。这种类型数量庞大、内容丰富的衍生作品被称为“同人志”。企业应当重视并保护粉丝作品的知识产权，还可以对此加以利用。

7.3 《花千骨》与同名手机游戏的联系

手机游戏由于巨大的盈利空间顺理成章地成为了资本市场的新宠儿。一些新成立的游戏公司总是将目光瞄准已经大获成功的游戏。在游戏市场中，由三四款手机游戏厂商运营同一个知名 IP 是非常普遍的现象。当然，其中往往只有一个厂商是经过授权的。《花千骨》是当下非常热门的电视剧，造就了一个超级 IP。

天象互动和爱奇艺通过授权开发了《花千骨正版》手游产品。2015 年 7 月 1 日，该款游戏在 iOS 商店上线。《花千骨正版》手游在一天之内就登顶免费榜，三天之内在苹果商店的畅销榜排名第 5，而 7 月 5 日更是占据收入榜第 4 的位置。《花千骨正版》游戏在第一个月就获得 2 亿元的盈利。

《花千骨》电视剧制作方的最终收入为 2. 29 亿元，其收益被同名手游上线一个月内就追上了，足以证明游戏市场的盈利空间巨大。随着电视剧《花千骨》虐心结局的上演，《花千骨正版》手游的下载量也屡创新高。为何《花千骨正版》手游如此火爆呢？

7.3.1　解《花千骨正版》游戏火爆之谜

《花千骨》电视剧自开播以来口碑非常好，收视率也取得了傲人的成绩。其破3的超高收视率创下了中国周播剧的最高收视纪录。《花千骨》的网络播放量也创下165亿次的最高播放记录。与此同时，随剧上线的《花千骨正版》手游完全是凭借超级IP获得了超高的关注度，并且人气持续暴涨。

《花千骨正版》在未上线之前，就被贴上了“亿万小说迷追捧”“虐心仙侠剧大作”等标签，网络游戏下载量排名前三，更加吸引了游戏玩家的关注和追捧。《花千骨》原著小说作者亲自担任了《花千骨正版》手游剧情的监制，在游戏中高度还原了小说男女主角之间唯美虐心的故事，吸引了大量女性玩家享受与小说剧情一致的“虐心”体验。

女性玩家更倾向于受电视剧和游戏排行榜影响而下载《花千骨正版》手游。游戏初期采用了韩式风格，包括各种建筑刻画、光效运用等都非常形象生动。同时，游戏画面的色彩掌控水平很高，通过水彩与水墨之间的完美搭配，构建出了一个具有传统中国风色彩的仙侠世界。游戏的颜值使得广大女性玩家得到了满足。

女性消费用户本身具有忠诚度更高、包容性更强的特点，在游戏上也是如此。女性玩家更新《花千骨正版》手游的频率是男性玩家的2.5倍，正是因为女性消费用户对游戏的大力支持，《花千骨正版》手游才收获了2亿元的月流水。女性玩家是非常感性的，一旦选择了，就不容易再离开，这一点为《花千骨正版》手游带来了很多机会。

即使是同一款游戏的玩家们，其个性需求也各不相同，他们普遍追求在装扮上的不同。根据市场调研数据来看，一半以上的游戏付费用户都曾经在装扮上有过花费，其次是购买交流类和闯关类道具。《花千骨正版》手游的成功，一方面是由于电视剧积累下来的超高人气，另一方面则离不开游戏中精美的人物装扮、各式各样的玩法及优质的交互性体验。

游戏人物的装饰、服装、道具都满足了游戏玩家的个性化需求，玩家可以自由选择人物的装扮风格。多人副本是提供强大交互性体验的典型代表，通过多人组团的方式可以挑战更高难度的副本，为普通玩家提供了一条抱大腿的途径。尽管电视剧已完结，但不少女性用户依然选择继续留在《花千骨正版》手游里，感受小骨与师父的虐恋。很多女性玩家通过玩《花千骨正版》手游的方式回味电视剧中的经典场景及台词，从而留住那份感动。

7.3.2 从《花千骨正版》看充分调动 IP 资源

《花千骨正版》手游的曝光率之所以能够有效借助电视剧的超高人气，主要得益于充分调动了网络文学的 IP 资源。电视剧主要通过影视、综艺、社交平台话题三大传播方式进行交叉宣传，而在游戏方面，则是通过电视剧主演同步代言、明星在游戏中与玩家互动等方式辅助宣传。下面通过《花千骨正版》手游的成功打造，看同名手游充分调动 IP 资源的具体做法，如图 7-4 所示。

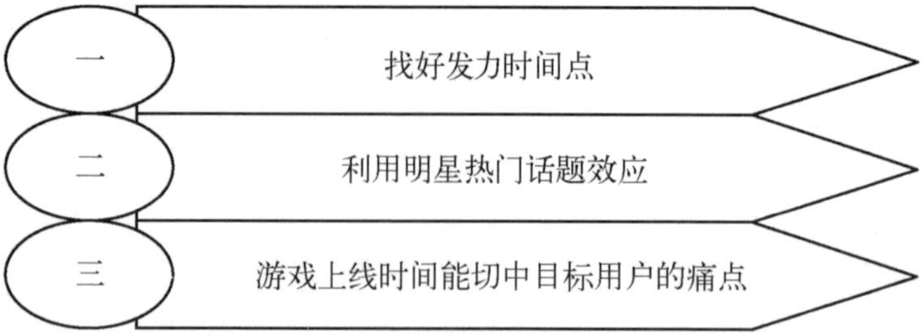

图 7-4　游戏充分调动 IP 资源的具体做法

1. 找好发力时间点

当网络文学 IP 资源综合发力之时，同名游戏就可以间接获得玩家的关注度。《花千骨正版》手游将爱奇艺视频作为发行合作伙伴，在爱奇艺上的宣传与电视剧的预热到开播节奏相互协调。

《花千骨正版》手游 2015 年 6 月 4 日开始公测，《花千骨》电视剧在 6 月 9 号正式开播，两者的时间搭配得非常合理。《花千骨》电视剧开播当晚就斩获全国网和城市网双网收视第一。电视剧首播百度指数高达 119 万，同档期非常火爆的电视剧《古剑奇谭》的首播百度指数是 65.8 万。在电视剧首播的第二天，《花千骨正版》手游的百度指数达到了公测以来的最高点，搜索词及官网下载量的上升指数均超过 1000%。

2. 利用明星热门话题效应

《花千骨》电视剧情不断制造出明星微博热门话题，创造了登顶微博话题总榜及实时热搜榜榜首的热议高峰。自电视剧开播以来，《花千骨》主演赵丽颖包子特技等微博热门话题吸引了大众眼球，糖宝灵虫、怪兽乱入、杀阡陌等更多话题使得《花千骨》持续火热。剧中魔幻的特效场景被网友们称为“五块钱特效”“性价比仙侠剧”等。

《花千骨正版》手游利用明星热门话题效应得到了公众的持续关注。当《花千骨》电视剧播完第四集而没有更新造成百度指数开始下滑的时候，《花千骨正版》手游的百度指数也开始下滑。出于对剧中人物的喜爱，玩家更加期待手游里面相同角色的样子，尤其是糖宝灵虫化为人形的样子。与其他游戏讨论话题不同的是，《花千骨正版》玩家对游戏内容的讨论是紧紧围绕着电视剧情展开的。

3. 游戏上线时间能切中目标用户的痛点

《花千骨正版》手游之所以选择在暑期上线，就是瞄准了 95 后这个目标群体。95 后游戏玩家偏爱游戏的创新玩法，具有较强的游戏互动需求。

以往明星代言手游都是通过出席手游发布会、拍摄游戏广告等方式来代言的。近年来，明星参与到游戏中与玩家互动的宣传效果越来越明显。陈赫代言《少年三国志》时，公布自己的游戏账号就得到了玩家的极大关注。《花千骨正版》代言人赵丽颖也参与到了游戏中，通过这种方式邀约玩家为游戏做宣传。

《花千骨正版》手游中唯美的仙幻装扮与95后游戏玩家的消费观念是相符的。腾讯发布的一项“关于95后游戏玩家的游戏行为报告”中指出，“95后对于手机游戏的要求为：注重个性、创新玩法、加强互动。他们对游戏分数的竞争没有太大兴趣。也就是说，他们对那些重度游戏付费获取高排名的玩法并不感冒。”

95后的游戏玩家并不热衷于买装备，他们在网络游戏中花钱购买的是装饰品，从而使人物变得更好看。暑假上线的《花千骨正版》切中了95后游戏玩家的这一痛点。

新兴IP的生态系统整合能力已经初步展现了自己的独特魅力，在手游遍地的情况下，快速、大众化的网络文学IP诞生源如何助力手游的关键在于清晰地掌握游戏玩家的需求定位。

7.4 IP跨界融合思维

IP火爆的实质不是某一细分行业的火爆，而是整个文化产业的火爆。文化产业是一个行业集合。IP火爆证明了文化产业跨界融合的重要性。影视IP化的跨界融合是以文化产业跨界融合为基础的，共包含三个层面：

IP优质资源系列化，是核心IP的纵向延伸；IP优质资源品牌化，是核心IP的横向拓展；泛IP来源与跨界融合，是核心IP的反向发展。

7.4.1　IP优质资源系列化

由同一IP衍化成各种续集电影将成为国内电影制作的一种常态。好莱坞在IP电影系列化方面的成就是非常突出的。好莱坞打造了很多影响力持久的优质IP：以米老鼠等卡通人物为中心发展而来的影视帝国迪士尼，以及通过改编电影而闻名世界的“超级英雄集中营”漫威等都是佼佼者。据统计，在2014年全球票房最高的10部电影中，有7部来自系列电影续集，包括《变形金刚4》《霍比特人3》《美国队长2》等。

迪士尼借助电影IP优质资源的系列化以17亿美元的利润在美国电影公司排名中占据第一的位置。IP优质资源系列化的前提是优质IP，而网络文学便是优质IP的主要来源。网络文学内容与二八原理相符，大约20%的网络文学优质内容资源占有80%的利润，而优质IP则是20%里面的极少部分。

《裸婚时代》《甄嬛传》《步步惊心》等前几年人气超高的电视剧其实都是改编自盛大文学旗下各网站的原著小说。而《盗墓笔记》《鬼吹灯》《三体》等拥有大量粉丝的图书作品也将陆续翻拍成系列电影。在粉丝热切的目光下，这些作品将逐渐呈现在大众眼前。

腾讯文学总监杨晨表示：“腾讯文学旗下第一批4个适合影视改编的优质IP分别是玄幻小说《择天记》、科幻小说《星河贵族》、都市小说《重生之别惹豪门千金》和古代言情小说《凤鸣宫阙》。”可以预想，假如《三体》优质IP的打造与运营符合大众预期，那么系列产品的效益足可以支撑起一个影视上市公司。

IP 优质资源系列化的运营管理不在于当下的利润回报，而是通过长期的 IP 资源积累和制作推出质量兼具的优秀作品，从而持续维护核心 IP，形成口碑效应。迪士尼的做法值得国内文化影视产业借鉴。它们在过去半个世纪的时间里不断尝试、探索，将动画电影从儿童娱乐打造成了主流电影形态。由此可见，IP 优质资源的系列化是受众情感的代入过程。当 IP 优质资源积累了足够多的粉丝和忠诚度时，接下来的市场精准营销就必定能取得成功。

未来，以网络文学为原点，以 IP 优质资源为中心，实现影视、动漫、游戏等领域跨界融合的创新商业模式，将成为各大企业发展的重要课题。由此可见，文化产业是一个漫长的系统经营过程，具体表现为 IP 优质资源的系列化。

7.4.2　IP 优质资源品牌化

IP 优质资源品牌化是 IP 优质资源系列化的第二步。发展以核心 IP 为中心的产业链是企业的发展目标和必然趋势。一个好莱坞影片的整体收入只有 30% 来自票房，而其余的 70% 都来自产业链各个环节上的各种收入。在国内，一部电影的收入主要就是票房收入，所以国内市场应当将眼光拓宽，进行产业链延伸。

产业链延伸首先要整合优质 IP 的内容，包括电影、综艺节目、手游、动漫等多种形式的综合。只有提升了消费用户对于核心 IP 的认知度和好感度，才能在此基础上进行衍生品的开发及主题公园的建设。这两种方式可以使得优质 IP 获得长期可持续的综合效用。湖南广播电视台台长吕焕斌说过：“广电媒体的核心资产是 IP，内容越强大，IP 就越强大，可开发的价值就越高。”

IP优质资源系列化之后，不一定可以完美达到品牌化的层次。IP优质资源的品牌化不仅需要一个有识别度的核心IP，更需要文化产业跨界的系统运营能力。从IP系列化到IP品牌化，是量变到质变的过程，其背后支撑是粉丝的价值观和认同感。IP品牌化是以文化产业内容为王的一种体现，最大程度地彰显了内容的价值。一个具有标志性的内容是IP品牌化的基础和关键。

例如，《狼图腾》的IP品牌化运营，与《狼图腾》的小说或真人电影没有必然的关系。作品的价值与作品的形象是两个不同意义上的层次。如果将《狼图腾》做成动画电影，那么需要从零开始创作，小说与真人电影对动画电影没有实质性帮助。聚思传媒创始人李庆认为："元素是需要形象的，形象是带有价值观的、带有文化元素的，它有自己的倾向性。这个形象除了外观以外，是有内容、有故事的，有内容群作为基础。《狼图腾》番外篇这种做法显然不具备。"

因此，IP优质资源的运营者不但要突破文字与影像之间的界限，还要潜心研究核心IP的粉丝对该IP资源的使用偏好，精准分析核心IP的粉丝群，找到价值观与形象元素的无缝对接，最大限度地将关注度转化为购买力，是企业实现IP品牌化亟待解决的一大难题。

IP品牌化可以延展的领域非常宽广。主题公园是IP品牌化的最好体现形式，可以与实体地产相结合，实现旅游市场的开发。美国迪士尼乐园和好莱坞环球影城是IP品牌化拓展主题公园的典型代表，吸引着全球数以万计的游客及电影爱好者。

华谊兄弟也将深度挖掘自己的影视IP资源，拓展实景娱乐及互联网娱乐产品的产业链。华谊兄弟的董事长王中军表示，"一部成功的华谊影视作品，应该能够吸引观众成为围绕该影视IP所建设的旅游小镇的游客，并成为以该IP改编的游戏产品的玩家。"目前，华谊兄弟已经在江苏等地启动了旅游小镇计划。华谊兄弟为自己制定的目标是到 2016 年年底建成 20 个小镇，分别建在北京、海南、成都等地。

此外，腾讯也将眼光放在了主题公园的建造上。腾讯的“泛娱乐”战略正在从核心向外延逐步展开，逐步延伸到主题公园业务上，打造文化 IP 的 O2O 模式。万达集团也计划投资 2000 亿元在国内建设 10 多个电影主题公园，并依托电影院线、房地产、电影制作等拓展电影主题公园。

核心 IP 衍生品的最大挑战是版权问题。国内知识产权的保护制度不够完善，这就造成一个 IP 火起来之后，常见的周边产品大多来自零星的盗版公司。盗版产品的猖獗挤压了正版产品的生存空间，企业对衍生品行业的耐心与信心越来越少，最终造成惨淡的局面。

7.4.3 泛 IP 来源与跨界融合

优质 IP 的来源可以是一首歌、一个创意、一个形象设计等，“大文化、泛娱乐”将成为 IP 的主要来源。IP 优质资源火爆的原因是基于热门和知名度，再辅以优质内容。

从综艺节目为原点出发，进行 IP 系列化开发的典型代表是《爸爸去哪儿》。其同名电影《爸爸去哪儿》在 2014 年贺岁档取得 6 亿元票房的傲人成绩。同时，《爸爸去哪儿》现象级影片带火了“综艺电影”这一概念，掀起了户外真人秀节目翻拍电影的热潮。随后，2015 年 1 月 30 日上映的《奔跑吧，兄弟》综艺电影取得了超过 4 亿元的票房成绩，再次印证了综艺电影市场的巨大潜力。

腾讯一直都在通过游戏挖掘 IP 优质资源，进行产业链拓展。腾讯副总裁程武表示：“IP 是腾讯泛娱乐战略的核心所在”。2014 年 9 月 17 日，腾讯成立了以优质 IP 为核心的影视业务平台“腾讯电影 +”，标志着腾讯

IP 产业链的布局将会更加完善。

美国暴雪公司是世界上最成功的游戏厂商。它从一个单纯的游戏开发商，成长为一个集游戏、音乐、电影、嘉年华为一体的综合性娱乐公司，是泛娱乐游戏文化的典型代表。2016 年 3 月，该公司以“魔兽”为主题的电影在美国公映。

由一首歌曲改编为一部电影是基于 IP 品牌化基础而衍生出来的电影再创作，近两年来已有很多成功案例。《同桌的你》是由音乐改编为电影的首次实践，电影票房达到了 4.5 亿元，掀起了由音乐改编为电影的热潮。著名主持人何炅的第一支单曲《栀子花开》已经被拍成电影，并收获将近 4 亿元的票房，成绩远超过何炅预期 1 亿元的票房。据悉，《睡在我上铺的兄弟》、筷子兄弟的《小苹果》也将拍成电影。

7.5 为什么说微信是 QQ 的衍生品

微信最初与手机 QQ 并没有太大的区别，导入的关系链全部是手机 QQ 关系，被视为 QQ 的衍生品并不为过。手机 QQ 最初诞生的时候直接继承了 QQ 数亿的用户群体。在过去的几年时间，手机 QQ 由腾讯移动互联网事业群掌管，曾因为团队多次的错误战略而经历了坎坷的道路。而微信诞生在人才富集、高度放权的广州研发中心团队，凭借着出色的产品设计与团队运营形成后来者居上的架势。

微信通过融合人们真实的手机通信关系链和长期积累的互联网关系链形成了更加丰富、实名化的关系链，从而与 QQ 区别开来。QQ 的最大问题是组织架构问题，QQ、QQ 空间、手机 QQ 在三个不同的事业部，将几个产品无缝连接在一起很困难，腾讯已经通过调整组织架构并解决了上述问题。现如今，手机 QQ 已经交由腾讯社交网络事业群掌管，并逐步走向正途。手机 QQ 以庞大的 QQ 产业体系作为后盾，具有很多微信所不具备的优势。

在微信快速成长的几年里，凭借着创新性的功能来吸引新用户，实现用户数量的增长，包括语音功能、摇一摇、LBS 定位、开放及公共平台等。与此同时，微信的成长速度在不断加快，自诞生到突破 1 亿的用户量用了 14 个月，之后突破 2 亿的用户量只用了 6 个月，突破 3 亿的用户量更是仅用了 4 个月。然而在经历了高增长的速度之后，微信的注册用户数量增长速度已经开始放缓。

在微信发展放缓的情况下，手机 QQ 通过大规模变革应用功能成为微信的竞争对手。手机 QQ 经过重新设计应用架构，取消头像的在线显示功能，更加贴合了移动互联网的新特性，在产品形态、功能方面向微信靠拢，加剧了即时消息领域的竞争。与作为衍生品的微信相比，手机 QQ 具有以下（见图 7–5）几方面的优势。

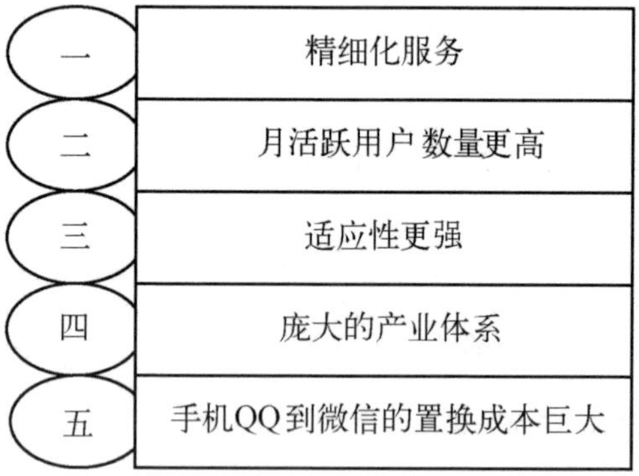

图 7–5　手机 QQ 的优势

1. 精细化服务

微信的功能比较多，这就造成了一个后果——增加用户的使用成本。

到目前为止，微信通过集成各种功能打造了一个即时消息、社交和兴趣网络及开放平台的聚合产品，通过多种功能吸引了大量用户，也因此变得越来越臃肿。

尽管微信的用户基数庞大，但是不同细分用户群的功能需求是不同的。偏爱微信的用户可能无条件地支持微信的每一个功能，但是大多数用户只是利用微信的即时消息发送功能。因此，对于个体用户来说，一些自己不需要的功能占用了太多的微信界面，干扰了自己的正常使用。

比如，某微信用户收到一条微信消息，以为是微信好友发送过来的，自己应当尽快回复，但在打开微信界面时，却发现是第三方订阅号发送来的文章，于是灰溜溜地将微信界面关闭。事实上，这种情况降低了微信的工作效率，增加了用户的使用成本。微信包括非常多的功能，往往不能将单个功能做到极致。以朋友圈为例，简单的功能与 QQ 空间留言板、音乐、日志、时光轴等多样化功能相比明显趋于弱势。

与其不同的是，手机 QQ 产品组合做到了精细化服务，通过“手机 QQ + QQ 空间 + 朋友网 + 腾讯微博”的产品组合方式将用户的个性化需求按照同步通信、异步通信、真实社交、兴趣网络进行细化区分，为用户提供了极致的功能与服务体验。对于钟爱某一个功能的用户来说，手机 QQ 更具有吸引力。

2. 月活跃用户数量更高

据腾讯 2014 年财报数据显示，手机 QQ 月活跃用户数量将近 6 亿，微信月活跃用户数量则低于 5 亿。活跃用户数量与用户之间的真实关联有直接联系。对于单个用户来说，活跃好友数量多的应用将受到偏爱。手机 QQ 借此发展壮大，而微信还不能撼动手机 QQ 月活跃度第一的位置。

另外，微信用户主要集中在大城市，而二、三线城市及偏远乡镇地区的用户主要使用的都是手机 QQ。随着手机 QQ 功能的强化，微信产品功能的优势将被缩小，那么用户就无需花费大量成本从手机 QQ 迁移到微信。

3. 适应性更强

广泛的终端组合使得手机 QQ 具有强大的适应性，而微信则相差较多。QQ 支持各类终端，包括 PC、iPad、android、iPhone 等。由于各个终端都具有非常可观的用户量，因此 QQ 用户可以在任意终端之间自由发送接受信息。而到目前为止，微信用户主要来自于智能手机终端，即使在 PC 端推出了网页微信，但由于其苛刻的使用方式只获得了很少的用户量。而在 iPad 领域，用户对微信的使用也不尽如人意，这极大地限制了微信的适用范围。

4. 庞大的产业体系

手机 QQ 所具备的庞大产业体系是其先天优势。在 PC 端，QQ 已经与腾讯其他几十种业务形态紧密相连，包括 QQ 空间、QQ 邮箱、腾讯微博、朋友网、QQ 音乐、QQ 游戏、腾讯视频等，而且被第三方网站广泛接入的 QQ 登录服务受到了广大用户的欢迎。腾讯这些种类多样的业务既彼此联系，又彼此补充，形成了一个庞大的产业体系。

微信也在逐步打造自己的产业体系，尽管远远不如 QQ 的产业体系庞大。微信与腾讯网合作推出了新闻推送服务，打通了与腾讯微博私信的通道，并与 QQ 邮箱连接从而获得收发邮件的功能。微信的产业体系依然局限于移动即时消息范围之内，在产业体系扩展的道路上还有很长的路要走。

5. 手机 QQ 到微信的置换成本巨大

QQ、手机 QQ 等产品诞生时间比微信早了将近 10 年，具有用户积累的基础。QQ 用户如果要转移到微信，不仅要重新构建社交关系链，而且面临着 QQ 空间、微云等大量内容积淀无法转移的问题。因此，手机 QQ

的先天性优势将威胁到微信的持续高速增长，甚至扑灭微信成长为互联网第一社交应用的势头。微信与手机 QQ 的发展方向正在偏离，不会产生竞争失败方将消失的结果。对于腾讯来说，微信依然有非常重要的价值，主要集中在以下几个方面：

（1）手机 QQ 倾向于国内市场，而微信将成为腾讯进攻海外市场的工具，争取成为全球即时消息应用的霸主。

（2）微信是腾讯的第二防御产品。在 PC 互联网时代，虽然 QQ 处于垄断地位，但阿里旺旺等产品依然对腾讯构成了巨大的威胁。在移动互联网时代，腾讯独占即时消息类应用第一第二的位置，将更加巩固腾讯在移动互联网时代的霸主地位。

（3）高端用户对腾讯具有很大的价值，而微信恰好解决了腾讯 QQ 无法覆盖高端用户的难题。

（4）微信将代表手机 QQ 进行积极的、尝试性的创新。

手机 QQ 及 QQ 衍生品微信开始向两个方向发展，手机 QQ 主要针对于低端用户群体，而微信则助力腾讯守住高端用户群并代表着腾讯征战海外。它们都在真正意义上取代了短信。

第三篇

如何打造自己的粉丝红利 IP

第 8 章

粉丝定位：小而美 PK 大而全

截止到 2016 年初，陈坤的微博拥有将近 8000 万的微博第一粉丝量，而人气偶像鹿晗只有 1212 万的粉丝量。单从粉丝量来讲，陈坤的粉丝力量明显更大。

2012 年 9 月 10 日，鹿晗通过一条微博获得 1316 万多条的评论，创造了单条微博获得最多评论的吉尼斯世界纪录，而且每天的热搜话题无不围绕着鹿晗、李易峰、TFBOYS 等近两年爆红的人物打转。为什么流量与粉丝规模没有成正比？这与最近流行起来的小而美的粉丝社交有极大的关系。

8.1 为什么我不建议你选择大而全

近几年，微博的新媒体生态圈已经发展成熟。一大批微博大V在微博这个平台上化身为意见领袖，集结了自己的粉丝团队，更是通过做微商、发广告、推热门等方式赢得一大笔财富。

淘宝上的卖家竞争也非常激烈。第一批卖家都取得了不错的成绩，生存压力比较小。而之后进驻的一大批卖家想要生存下去就非常困难了，一些赔钱经营的店主也不在少数。

平台性竞争也演绎了互联网发展热潮的潮起与潮落。从最初的淘宝与拍拍之战，到新浪微博、腾讯微博、网易微博之争，再到后来的团购、海淘等，眼看各类互联网产品兴起又衰落，都希望趁着互联网的发展热潮，占领互联网市场最大的份额。

然而形势基本已经稳定，拥有更多资源整合的巨头依然是巨头。抢占先机的企业已经成为名副其实的老大。《罗辑思维》的主持人罗振宇曾经说过，“竞争的胜败并不取决于产品的优劣——我们再来回看中国现在的互联网竞争，你就会发现，某一个层次的脑的进化已经完成了，它就是基础设施，这一层再也没有机会空间了。不是说你的产品不够好，而是你来迟了。”

与沉淀下来的互联网相比，移动端的变化非常快，每天上线的移动互联网产品可谓是无所不有。传统互联网产业都在往移动互联网领域渗透，用户的增长量带来的就是市场激烈的竞争，即使是百度、阿里巴巴、腾讯三大互联网巨头也被打了个措手不及。各种新兴产品的出现就是移动互联网兴起的最好证明，虽然有些产品最终失败或者被收购，但是移动端呈现出了更多的发展机会。

8.1.1 失败的大而全的行业门户网站

在移动互联网高速发展的情况下，各种微信公众号的出现向人们生动地诠释了“碎片化”的微触点。大量的自媒体在小而美的领域中获取了小而美的粉丝，并经营得风生水起。众多网购平台也逐渐开始往细分领域开辟疆土，不再追求大而全，而是重视某个细分领域上小而美的粉丝人群，从最初的女性化妆品平台乐蜂、聚美优品，到现在细分同类市场的专注日淘 app 波罗蜜等。

起初大而全的互联网企业开始向细分市场领域或纵深化方向发展，对小而美粉丝人群需求的深度挖掘使得它们在更短的时间里达到同类产品的几何数级的增长。因此，企业只要关注小而美特定人群的需要，即使缺少基础设施的搭建，依然能够从不断专注和细化中获得生存的空间。移动互联网下的企业只需要做一件事情：舍弃大而全的粉丝人群，强化自己小而美的粉丝优势。

在这个自媒体崛起的时代，每个人都有着独特的生活方式，都可以经营一个自媒体平台，建立小而美的粉丝群。李启铭（化名）是一个 60 后的创业者，对历史名著颇有研究，不管是身体素质，还是个人能力都非常优秀。

1989 年，李启铭大学毕业，在当了四年的大学体育教师之后，开始与朋友一起下海经商。他们以 4000 元的资金建立了一家体育用品公司，后来在全国发展了几十家连锁店，资产达到 700 万元。1997 年，全国经济都非常颓废，受整个大环境的影响加上连锁店难以管理，李启铭的事业开始走下坡路，两年后，他们的公司倒闭了。

2002 年，已经将近 40 的李启铭放弃了传统行业的经营，在一个计算机学校学习了两个月之后，开始在网络公司打工，并私下里做起了自己的网站。他的网站完全是由自己一个人完成的，做到三个月的时候已经初具规模。从内容上来看，他的网站非常大气，就像是十几个人合作完成的一样。

然而事情的发展并不顺利，2004 年的夏天，李启铭的网站依然还是那个样子。网站每天的主要流量都是他的朋友帮助在各个导航网站登录后引来的流量，少得可怜，而且他的网站从来没有赢利过。这一年多来，李启铭几乎每天工作 18 个小时，即便累得连胳膊都抬不起来他也在坚持工作。

事实上，以一个人的精力来做一个大气的网站是非常困难的，就算投入几十万元的资金，再找几个专业人士一起来运作，成功的可能性也不大。李启铭想过改变网站的经营策略，但是改变策略意味着放弃现在做出来的很多栏目和内容，这些都是他这一年多来付出的心血，放弃谈何容易。

又过去了半年，在这半年里，李启铭依然是充满激情地做着这个网站，并且经过一些推广策略，已经使得网站每天的流量达到了上万，可是网站依然没有为李启铭带来效益。李启铭的行业门户网站经过了两年多的运营没有获得效益，其根本原因就是李启铭盲目地追求大而全，反而无法获得为他带来效益的粉丝人群。

与李启铭情况类似的案例有很多，很多经营 B2B 商务网站的人都失败了。有的经过长时间的努力却没有回报，最终选择了放弃；有的投入了大量的资金获得了网站流量，却赚不到钱，不得不以非常低的价格卖掉；还有的投入了大量资金，获得了不错的网站流量，但仍然在赔钱经营。

8.1.2　小而美的好处

对于一个人或一个小团队来说，盲目地追求大而全是非常危险的。因为有限的时间与精力根本无法保证大而全的质量。而在大而全的框架中，有一些优质的思路与创意完全可以做到让竞争对手难以超越，吸引一批小而美的粉丝人群。

李启铭明白了自己的失败之处后，暂时放弃了自己的网站，用全部的精力做了一个具有个性特征的图片栏目。经过 SEO 策略的推广，李启铭的栏目在半年之内就达到了每天三万 IP，十几万 PV 的流量。之后，李启铭通过做一些广告联盟的广告，获取了可观的广告费收入。

随后，李启铭又花了一个星期的时间做了一个小而美的体育用品商城，经过一段时间的推广，获取了一批小而美的粉丝人群，并得到了让他意想不到的赚钱机会。最后，他又与朋友合作开了几家实体店。在小而美的粉丝支持下，网店与实体店的生意都非常好。

企业专注于小而美的粉丝有以下两点好处：

（1）在细分市场，企业只要比竞争对手多付出一点儿，就可以在小而美的领域做到最顶尖。在小领域的最顶尖，企业可以轻易地留住客流，黏住小而美的粉丝人群，并利用这些粉丝赚钱。小而美的粉丝人群是企业最精准的目标用户，只要抓住了他们的心，将企业做好做大就只是时间的问题。

（2）企业在大而全的市场中有可能只是为竞争对手做嫁衣，而专注于小而美的粉丝则可以把一个细分市场理解透彻。大多数企业之所以会选择大而全是希望快速赚钱，但是盲目地追求大而全反而会给企业带来损失。

所以，小而精的粉丝才能快速实现变现，大而全的粉丝带来的高额利润则只存在于企业的理想中。

8.2 个性鲜明的定位

企业若想抓住粉丝经济带来的机遇获得回报，就必须给自己的粉丝一个准确的定位，以圈住粉丝。主打陌生人社交的陌陌在上线之后，用户活跃度火速增长到千万级，在 QQ、微信、米聊等各大社交软件之下，依然焕发着顽强的生命力。

陌陌成功的根本原因就是对受众粉丝的差异化进行定位。就像歌曲《只爱陌生人》中描述的一样，陌陌关注那些“深居在钢筋水泥中的都市人”，致力于让他们在陌生人的世界中找到自己的存在感。陌陌对用户进行了深度剖析和细分，锁定了自己的目标粉丝人群，而品牌定位也由此而来。

个性鲜明的定位可以让粉丝在这个社会中找到难以觅寻的存在感，不管是小米的发烧友，还是陌陌的陌生人交友，都展现了互联网时代企业对粉丝独特的定位方式。个性鲜明的粉丝定位追溯到了消费用户的情感和心理需求，从而容易抓住粉丝的心，塑造独特的品牌。

8.2.1 耐克“年轻的中年人”粉丝

广场舞形成了中国的一种独特社会文化，并在世界范围内传播。这种活动表现了中国大龄妇女们对年轻、时尚的情感诉求。广场舞就是她们实现自己“年轻态”价值的典型场景。

这些跳广场舞的人看起来与三四十岁的人差不多，感觉都比实际年龄年轻十岁以上，展示了人生的另一种状态。她们都有着健康的饮食和生活习惯，喜爱运动、保养。最重要的是，她们保持了年轻的心态。

耐克洞悉了消费用户的心理需求，开始关注并培养起“年轻的中年人”粉丝群体。

李先生是一家物流公司的总经理，虽然他人已经步入中年，但是看起来像三十多岁的样子。他非常喜欢健身，每天都会去健身房锻炼一个小时。耐克的销售员为李先生选择了一件红色 T 恤，又为他搭配了白色运动外套和深蓝色运动裤，镜子里的他更显年轻，由来时西装革履的成熟男士变成了年轻充满活力的英俊小伙儿。李先生没有问价格，直接让销售员把衣服装起来买走了。在各大商场，这种场景已经屡见不鲜。

“年轻的中年人”粉丝人群已经成为耐克非常重要的用户来源。耐克的目标用户群也由原来的 20 几岁的年轻人向中年人延伸，已经有 60% 以上的用户都超过了 35 岁，40 岁的年纪却喜欢 25 岁的穿衣风格，如今的中年人也开始做起了“小鲜肉”。他们非常愿意去尝试鲜艳的颜色、时髦的款式。在中年人中，他们是消费的领导者，经常可以影响并且带动身边许多同年龄、同阶层的人，最终形成“年轻的中年人”这样一个粉丝人群。

“年轻的中年人”粉丝人群拥有不输于年轻人的消费能力，不管选择年轻品牌还是成熟品牌，他们的目的是让自己显得年轻有活力。由于这个群体的存在，因此很多服装品牌都开始将目标用户群由原来的年轻人变为拥有年轻心态的中年人。他们让产品的年龄界限越来越模糊。

如今的年轻品牌已经与“年轻的中年人”粉丝人群找到了共同的价值观。以前，人们普遍认为，像耐克、阿迪达斯等运动品牌都是为年轻人而生的，中年人就算要尝试，也只是在运动时穿一下。如今，中年人的心态趋向于年轻化，为了做中年人中的“小鲜肉”，在同年龄、同阶层中凸显自己的活力与激情，中年人也开始热衷于这些年轻的运动品牌。

“年轻的中年人”粉丝人群的潜力是巨大的。一些年轻的运动品牌通过推出一些即使在办公室也能穿着的特别休闲款来满足这一消费用户群体的需要，逐渐扩大了目标用户群的年龄跨度，实现了销量的快速增长。

比如，35－45岁的“年轻的中年人”粉丝人群给知名品牌耐克和阿迪达斯贡献了60%的销量，在其他普通品牌中的销量贡献也占到了四成以上。这些年轻的中年人有着稳定而丰厚的收入，购买力非常强大，有时他们不仅给自己买衣服，还会顺便给自己已经成为高中生的儿子买上几件。

在目前的市场环境中，我们真正缺乏的是“有温度”的品牌，能够洞悉这些人性诉求并加以引领。很多产品如果能够从年龄细分的“年轻人”粉丝定位，转变为以价值主张细分的“年轻态”粉丝定位，将对其品牌产生巨大的效益。

8.2.2 从耐克看粉丝个性定位的方法

粉丝的个性定位与品牌的个性定位相符，是品牌建设的核心价值所在，是构成品牌影响力的重要组成部分。因此，塑造品牌个性，找到粉丝的个性定位是企业品牌营销人员的重要任务。个性鲜明的粉丝定位大部分取决于对粉丝情感需求的满足，而不是来自逻辑思维。因为个性鲜明的粉丝定位决定了粉丝对品牌的感觉及品牌对粉丝的吸引力，所以企业应当重视起来。个性鲜明的粉丝定位来自于与品牌有关的所有方面，下面主要讲以下（见图8-1）3个方面。

1. 从产品入手定位粉丝的个性

产品是粉丝行为的最重要载体。企业产品的发展随着企业知名度的提

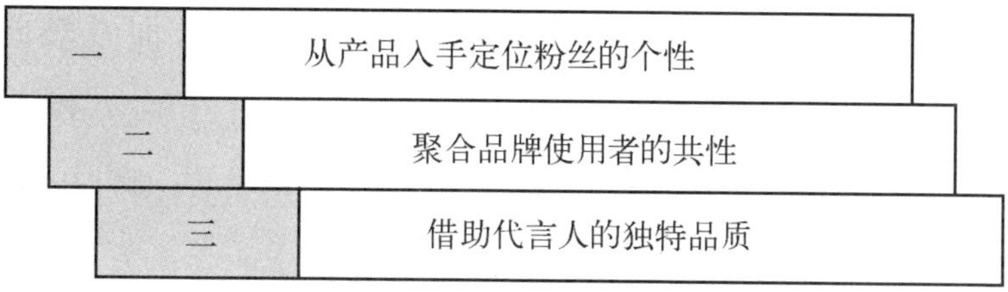

图 8-1　粉丝个性定位的方法

升而逐渐广为人知，并形成了自身鲜明的个性。粉丝对企业的忠诚度在很大程度上都取决于企业提供的产品与服务。大部分粉丝对产品的钟爱代表着一种价值观认同，因此产品的个性与粉丝的个性是相符的。

英特尔的 CPU 产品推陈出新的速度非常快，一直引领着行业的发展。该公司产品的创新品质形成了英特尔粉丝的最重要个性，大部分注重创新的电脑用户对英特尔的 CPU 产品情有独钟，造就了英特尔巨大的品牌价值。

各大企业也可以围绕着自家产品的独特优势，打造粉丝认可的鲜明个性。

2. 聚合品牌使用者的共性

通常，使用某一品牌的消费用户具有相似的背景。久而久之，这群消费用户共有的个性就变成一种品牌价值，形成该品牌粉丝稳定的个性。摩托罗拉是中国手机市场的开拓者。当时购买摩托罗拉手机的用户多为成功的商务人士，因此商务人士成为摩托罗拉的主要消费用户。

随着时间的推移，商务人士共同的行为特征凝聚在一起，形成了摩托罗拉粉丝成功、自信、注重效率的鲜明个性。

各大企业可以通过精准描述自己的消费用户，提炼出其中的共性，作为个性鲜明的粉丝定位，从而引起粉丝的共鸣。

3. 借助代言人的独特品质

借助品牌代言人的独特品质也可以定位粉丝个性。透过这种方式，品牌代言人的独特品质可以传递给粉丝。耐克公司在这方面做得非常出色。耐克不间断地寻找代言人，包括史蒂夫·普里方丹（Steve Prefontaine）、迈克尔·乔丹（Michael Jordan）、查尔斯·巴克利（Charles Barkley）等。耐克一直让著名的运动员作为自己的品牌代言人。

耐克将这些运动员的个性诠释为“just do it”，也是耐克对品牌粉丝的鲜明个性定位，吸引了众多的青少年粉丝。

各大企业在营销过程中也都聘请了明星代言人，应当充分挖掘明星代言人身上的独特品质，从而联想粉丝的鲜明个性定位，形成与其他品牌粉丝个性的明显区隔。

8.3 两类人之一：兴趣性粉丝

90后与00后是第一代互联网的原著居民，在互联网社区下，粉丝经济诞生了。兴趣性粉丝是指那些因为兴趣而忠实于某个企业或团体的粉丝。比如，TFBOYS的粉丝因为喜欢听TFBOYS唱的歌或者喜欢王俊凯本人而成为TFBOYS的兴趣性粉丝。兴趣性粉丝社交具有以下三个关键点：强情感需求、高参与感及自组织。

8.3.1 百度贴吧的兴趣性粉丝

2015年9月8日，百度召开了百度世界大会。百度副总裁陆复斌作出以“欢迎加入贴吧粉丝时代”为主题的全网粉丝势力报告，提出了“粉丝力”新概念。百度贴吧游戏业务是国内最大的游戏粉丝组织。其负责人阎研在现场分享了挖掘“粉丝力”的相关经验。

百度游戏类贴吧的粉丝数量与活跃度一直领先于其他各类贴吧，粉丝类别从游戏覆盖到了周边。每一位游戏爱好者都能在百度游戏类贴吧中找到自己的兴趣组织。贴吧粉丝的自组织性、不同粉丝组织之间的集群性及原创内容的互动性已经成为游戏粉丝组织发展的沃土。游戏类贴吧通过一步步繁衍，发展成了“最大的游戏粉丝组织”。

目前，百度游戏类贴吧的日活跃用户达到了 1300 万，陆复斌在论坛上提出的“粉丝力”在游戏类贴吧庞大的用户基础及良好的用户黏性上得到了更直观的体现。众所周知，在游戏行业中的用户都是兴趣性粉丝，粉丝的数量意味着流量和收益。

在全民皆粉的时代，贴吧用户不仅仅是贴吧的使用者，而是因为兴趣一致、口味相同而聚合在一起的粉丝组织，兴趣性粉丝与贴吧之间的黏性非常强。游戏粉丝是理性的兴趣性粉丝。他们包容游戏的错误与不足，甚至会主动指出其中的漏洞，帮助改善。许多游戏粉丝在玩一款游戏时，会通过贴吧分享自己的游戏心得、经验，指导自己所在的粉丝组织成员共同进步。这对于游戏运营商来说，形成了有效的二次传播。

游戏产业分为研发、发行和渠道三个环节。发行方是游戏产业中的连接环节，作用巨大。游戏发行方最重视的就是在广大的游戏用户中挖掘潜在的目标粉丝人群。游戏类贴吧的兴趣性粉丝组织标签可以帮助游戏发行方精准定位潜在的游戏用户，从而进行深度运营，将“潜在粉丝”转化成游戏用户，然后成为游戏的忠实粉丝，最终形成游戏用户闭环。

用户在百度搜索某一款游戏时，相关游戏吧的入口位就会出现在醒目位置。这为游戏类贴吧带来了大量的新增流量。对于游戏 IP 产品，如魔兽世界、海贼王、三国等题材，游戏类贴吧中的忠实游戏粉丝对相关 IP

产品有很高的接受度。而无 IP 的游戏产品也可以通过贴吧粉丝组织画像，包括用户关注的吧、经常逛的吧、有过发言的吧等 13 个维度精准定位到仙侠类题材粉丝、武大类题材粉丝等聚集最多的吧，增大游戏产品信息对潜在用户的覆盖率。

游戏类贴吧对游戏粉丝的深度运营非常到位，具有很大的优势。贴吧利用粉丝的热情及忠诚度，结合良性竞争与用户关系，大大提升了粉丝对游戏的热情，进而让粉丝升级为游戏的真爱粉。贴吧中的游戏粉丝对自身兴趣的忠诚度非常高，不同的兴趣性粉丝组织还会进行对抗、竞争，粉丝组织排名、粉丝数量及盖楼的高度会引发游戏粉丝火爆的热情。

如今，百度贴吧将粉丝作为未来的着力点，提出了”粉丝力”新概念。贴吧通过对游戏粉丝的深度运营将进一步激发游戏粉丝的热情。贴吧对兴趣性粉丝的价值挖掘使得游戏厂商利用贴吧进行粉丝运营时如虎添翼。由于贴吧粉丝的组织形成了良好的互动氛围，并形成了以兴趣聚合为导向的粉丝组织文化，因此游戏类贴吧用户的商业价值将达到历史最高峰。

8.3.2 从百度贴吧看维护兴趣性粉丝的方法

对于企业来说，维护兴趣性粉丝对于营销推广具有重要的意义。尤其是对于具有庞大的兴趣性粉丝数量的企业来说，这些粉丝可以带来巨大的营销价值。百度贴吧通过对兴趣性粉丝的深度运营吸引着各大游戏开发、运营商与其合作，这些庞大的粉丝组织为贴吧创造了巨大的效益。那么，如何维护好兴趣性粉丝呢？其做法如图 8-2 所示。

1. 坚持原创内容

在高速发展的互联网时代，信息数据成爆炸式增长。同质化的内容已

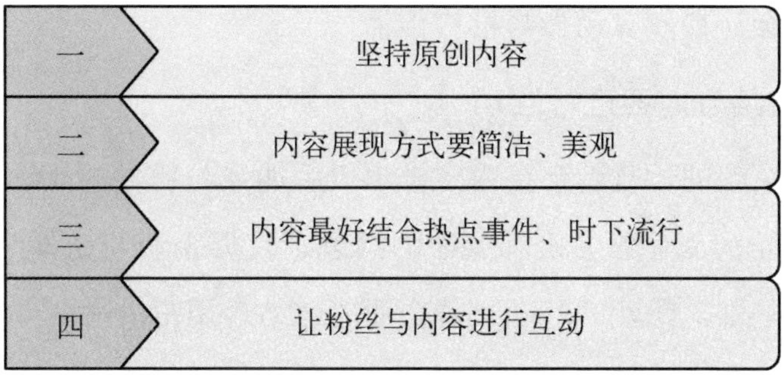

图 8-2　维护好兴趣性粉丝的做法

经不能吸引粉丝的注意力，即便文笔不好、内容浅显的原创内容依然能得到粉丝的尊重与追捧。原创内容是具有意义的，而从网上复制粘贴过来的千篇一律的内容是没有什么价值的。原创内容只要以粉丝的口味为标准，就一定能加强粉丝的黏性。

要想做到内容原创，首先要多看一些优质内容，借鉴优质内容的创作方法；然后要多想，思考优质内容的来源及写作过程中的优点与缺点；最后要观察生活中的每一个细节，深刻地理解生活。优质内容的产生来自先模仿、后创新，这样的内容就是原创，还有可能超越被模仿者。

2. 内容展现方式要简洁、美观

简洁、美观的内容展现方式可以博取粉丝的好感。内容定型以后，利用一些排版工具将内容进行排版处理，然后传播给粉丝，可以通过美观度获取粉丝的注意力，从而有效地维护粉丝。

3. 内容最好结合热点事件、时下流行

将原创内容与人们讨论的话题结合可在很大程度上提高内容的被提及率。企业对新事物的把握能力决定了内容的新鲜度。比如，在一个热点事件刚火起来的时候，企业立即对热点事件进行包装并推出来一篇原创内容，就能给粉丝以高效、走在社会前沿的感觉。优质的内容不仅可以维护好粉丝，还会让粉丝自动参与推广传播。

4. 让粉丝与内容进行互动

一个有灵魂的运营者会在内容推出以后加强与粉丝的互动。企业要重视粉丝的回复，及时解决粉丝反馈的问题，拉近企业与粉丝之间的距离。优质的内容是维护粉丝的基础，若企业能够结合用户的喜好偶尔举办一些活动，赠送一些小礼品，那就能够带来更多新粉丝的关注。

企业可以多提供一些探讨性的内容，让粉丝思考、讨论问题的答案，然后将粉丝互动通过平台发布出去。这种方法既可以增加内容的可读性，又提高了粉丝的曝光度，让粉丝有成就感。站在粉丝的角度思考问题，紧紧抓住粉丝的兴趣，粉丝就会愿意与你共同成长。

8.4 两类人之二：需求性粉丝

阿里巴巴在美国纽约上市后，马云一跃成为中国内地的首富。“阿里巴巴70%的买家是女性，55%的卖家是女性，这就是阿里巴巴最宝贵的资源。阿里巴巴在纽约成功上市，最需要感谢的人就是女性”。马云的话迅速传播开来，网友们纷纷调侃。有句话是这样说的：马云成功的背后是千千万万的败家娘们。马云自己也表示：电商者，得女人者得天下！

对阿里巴巴来说，大部分女性买家都是阿里巴巴的需求性粉丝。需求性粉丝是指那些因为需求得到持续性满足而忠实于某个企业或团体的粉丝。随着女性地位的上升与经济能力的独立，越来越多的电商开始重视起女性需求性粉丝。现代女性倾向于独立与自主，有着旺盛的消费需求与消费能力，这将加速形成一个新的经济增长点。这个新的经济增长点给商家带来了无限机遇，同时也提出了更大的挑战。

8.4.1 聚美优品、唯品会的女性粉丝

在中国，说起女性消费用户的购物天堂，大家都会想到聚美优品、唯品会等，天猫、京东等都要往后靠一靠。2012 年，一段“我是陈欧，我为自己代言”的陈欧体广告语火遍了整个中国，而唯品会“一家专门做特卖的网站”也赚足了大众的眼球。

唯品会与聚美优品先后在美国纽约上市，唯品会在前，聚美优品在后，注定要在同一舞台上演一场竞争的好戏。这就涉及一个非常重要的市场——海外代购。两者在海外代购方面的竞争正在进行中。2015 年 1 月，陈欧在公司内部文件中大放豪言：今年的市场重点放在海外跨境电商上，一切以扩大规模为目标。我们要争取当日发货，两日内收货。在物流和税收上可以增加 10 亿元的补贴，大举进军海外代购市场，必须抓住女性粉丝的心！

据互联网统计数据表明，女性在网上最爱购买的商品是服饰和化妆品，分别占 89% 和 83% 。而聚美优品和唯品会主要做的就是这两种品类的业务。唯品会在收购乐峰之后，开始进军化妆品行业，而聚美优品也开始涉足服装。两家网站互相侵蚀主品类，战争似乎一触即发。随着海外代购市场的逐步升温及女性消费用户带来的新的经济增长点的形成，双方将会在更多的品类中展开竞争。

在“她经济”时代，聚美优品和唯品会之间的王者之争就是一场抢夺女性粉丝的竞争！聚美优品加大海外代购的成本投入，以换取女性粉丝的口碑；唯品会通过并购来加速自身的成长。它们将如何俘获“她”的心呢？大家拭目以待。

在针对女性需求性粉丝的互联网营销中，聚美优品与唯品会都从以下（见图8–3）4个方面入手，轻松抓住了女性粉丝的心。

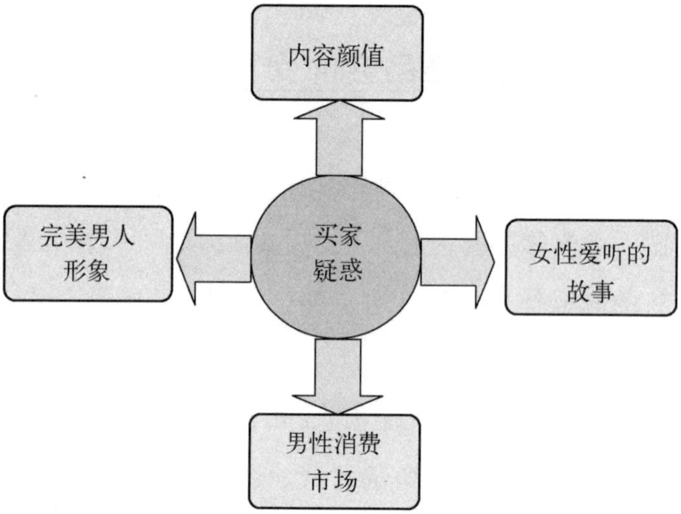

图8–3　吸引女性粉丝的4个方面

1. 内容颜值

互联网营销应当注重提高内容的颜值，丰富内容的多样性。互联网营销因为不能像传统的实体店营销一样，让消费用户亲身体验产品的功能，所以在图片和形式上多下功夫就显得很重要。女性大都是注重视觉体验的生物，通过图片社交、美图应用的火爆略见一斑。因此，互联网营销必须提高内容的颜值，增加产品的“逼格”。

2. 完美男人形象

女性粉丝都喜欢个性鲜明的完美男人形象。好男人有很多，但是个性鲜明的好男人却是市场上的稀缺资源，如陈欧个人形象的塑造。所谓“男人不坏，女人不爱”，实际上就是性格鲜明的男人，让女人欲罢不能。

3. 女性爱听的故事

以女性为中心的叙述点是当前暖男、绿茶婊、心机婊及《像大白一样去爱你》等热门现象和故事的共同特点。从女性角度出发的故事最容易感动女性，要么是几位女生互相斗争的故事，要么是女生逆袭、嫁给高富帅到达人生巅峰的故事，还有就是一群女生声讨渣男为闺蜜报仇的故事。把女性视为上帝，将她们捧在手心里呵护，一旦使她们在情感上产生共鸣，那么营销宣传的目的就容易达到了。

4. 男性消费市场

“她经济”推动男性市场消费。“她经济”虽然主要是针对女性消费用户来说的，但是通过一定的思维转换，男性市场也会受到很大的影响。男性与女性的关系很密切，男性既是小女孩的父亲，又是女人的老公，还是妇女的儿子。互联网营销从女性角度下手很容易俘虏男性的心。《李健，你抬高的不止是理工男的行情，还有衣品》一文被很多女性疯狂转发，最后促进了男性衣着的消费市场。

8.4.2 互联网企业吸引需求性粉丝的方法

在移动互联网营销的大趋势下，各大互联网企业为了抢占先机，纷纷使出浑身解数吸引需求性粉丝注册它们的 APP、关注它们的公众号。美团、百度糯米、大众点评等都这样做过，为了吸引更多的用户，大打价格战，甚至通过免费订单吸引了很多需求性粉丝。很多需求性粉丝同时关注了这三家，在货比三家之后，最终选择那个最新奇、最优惠的一家。

这几家团购公司都是大型互联网企业，它们对于粉丝的获取有自己的见解和玩法。尽管赚钱的方式有很多，但是对它们来说，烧钱是吸引大量需求性粉丝的最好办法。这些大公司背后的充足资金给了它们“任性”的基础。对于大多数中小企业来说，该如何吸引更多的需求性粉丝呢？其做法如图 8-4 所示。

一	需求性粉丝喜欢甜头
二	提供差异化的产品与服务
三	提供优质的用户体验
四	提高粉丝的活跃度
五	企业联合

图 8-4　吸引需求性粉丝的做法

1. 需求性粉丝喜欢甜头

需求性粉丝是由于需求被持续满足才成为了粉丝，所以适当的优惠活动可以抓住粉丝的心。俗话说“舍不得孩子，套不着狼”，要想让用户关注，并成为具有忠诚度的粉丝，就必须让粉丝尝到甜头。很多商家通过诱惑性的活动让用户把目光聚集到了自己的身上，一些聪明的商家不仅通过活动获取比平时更多的利润，还会收获一批需求性粉丝。

2. 提供差异化的产品与服务

众口难调的道理大家都懂，没有任何一件产品可以得到所有人的认可。在产品同质化现象严重的市场里，一个与众不同的品牌一定能够俘获一批忠诚的需求性粉丝。商家在打造产品和服务时，一定要注意差异化的定位，打造出自己的专属品牌。

3. 提供优质的用户体验

优质的用户体验可以为品牌加分。如今的消费用户对价格和质量的要求普遍降低了，相反的是，他们更加重视精神上的富足，需求性粉丝更是如此。如果需求性粉丝有一次消费体验很不愉快，那么他就会对你的品牌进行“差评”处理，黏性也会越来越低，甚至可能将你“打入冷宫”。

4. 提高粉丝的活跃度

需求性粉丝的忠实程度与活跃度有直接关系。很多商家对粉丝活跃度没有概念，就可能导致一批需求性粉丝流失了。具有一定活跃度的粉丝对商家都是有黏性的，他们都是商家营销的精准目标受众。

现在市面上还有一种很火的微信三级佣金分销系统，可以帮助不懂如何拉拢粉丝的商家，也算是商家的一大帮手，不仅可以为商家进驻新粉丝，还能为粉丝带来利益，增加粉丝的活跃度，这让不少商家减少了粉丝的流失。

5. 企业联合

58 同城与赶集网、滴滴打车与快滴打车的合并都证明了竞争对手之间与其争得你死我活，还不如相互联合，资源共享。互联网时代一个非常重要的企业发展思维就是互利共生思维。企业一旦将心思大量花费在争夺粉丝上，就不能专心地发展自己的业务。企业联合可以将彼此的需求性粉丝合并，大量地引进目标消费群体。

需求性粉丝的目的非常单纯，只要能够满足自己的消费需求就够了。企业只要晓之以理、动之以情，就能让需求性粉丝忠诚于自己。无论哪一个行业，切实为粉丝利益着想，坚持自己的初衷，就一定能抓住粉丝的心。

8.5 删掉那些“道不同”的人

互联网时代的粉丝成为一种宝贵的资源。粉丝越多，创造的效益就越大。只要善于利用粉丝资源，就能够取得让人羡慕的成就。很多人对粉丝的概念根本不清楚，甚至发生了误解。好友不一定是粉丝，将自己的好友视为粉丝的想法是错误的。粉丝是那些认识你、认可你并支持你的那些人。很多微信好友之间互相都不认识，就不能称其为粉丝。

8.5.1 推特定期清除僵尸粉

一些微商每天盲目吆喝着自己的粉丝有多么多，并大量添加附近的人为好友，然后将好友统称为自己的粉丝。他们只要在群里发个红包，让别人加自己为好友，就获得了很多新的好友，殊不知这些好友并不是自己的粉丝。事实上，有些用户连好友都称不上，只是让好友数量显得多一些。当他们卖某一款产品的时候，这些好友丝毫没有作用，只有极少一部分人会真正购买他们的产品。

粉丝的数量并不在于多，而是在于精。一个拥有 200 名粉丝的微信号比一个拥有 5000 名好友的微信号价值大得多。因为在 5000 名好友中，真正能够在关键时候发挥作用的不到 100 名，而拥有 200 名粉丝的微信号可以得到大部分粉丝的支持。在互联网社交媒体平台上，有一些微商通过发送干货获取人气或增加粉丝，或通过各种非正常手段获取“粉丝”数量。其实，庞大的粉丝数量只是一个假象而已。那些“道不同”的人，并不能发挥任何作用。

某意大利安全研究组织根据社交媒体平台上的粉丝数量变化发现了可判断粉丝真实程度的方法。它们列出了一个粉丝数量发生巨大变化的账户名单，包括全球著名品牌百事可乐、奔驰、路易·威登及政治、娱乐界名人俄罗斯前总统德米特里·梅德韦杰夫、美国说唱艺术家吹牛老爹肖恩·康姆斯（Sean Combs）等。

以吹牛老爹为例，他的推特账号“@ iamdiddy”在 2012 年 6 月一个月的时间里增长了大概 20 万个关注，平均每天增加 3000 名粉丝。然而在

2013 年 3 月，该账号又突然掉了将近 40 万个关注，平均每天掉粉 6000 多名。据意大利安全研究员凯利分析，这些粉丝的突然出现与莫名消失是因为推特管理员会定期清理“僵尸粉”。推特管理员对那些低质量的僵尸粉丝毫没有手下留情。

此外，在社交媒体平台上，一些企业账号的粉丝数量极其不稳定。其原因更多是因为公司定期举办有奖竞赛或者抽奖活动时吸引的大批粉丝，而活动一旦结束，粉丝又取消了关注。在这种情况下，粉丝增长或减少的速度都是在一定的范围内的，是合情合理的。

在 2011 年 11 月的一天里，百事可乐的推特账号激增了 7 万多名粉丝，并因此超过了可口可乐。对此，百事可乐官方声称，“数字的增长是因为促销活动。百事赞助了选秀节目《X factor》，我们推特账号上都是真粉丝，而不是假账户或是僵尸粉。”

然而凯利表示，宣传活动的效果再好，也不可能在一天内获得 7 万名粉丝，“无论是通过传统媒体的广告宣传，还是大手笔的促销活动，一天内增加这么多的粉丝是不合理的。这个理由不能解释粉丝数量的异常曲线变化。”

8.5.2　吸引精准粉丝的做法

对于企业来说，获得粉丝资源越来越困难，那么企业与营销人士到底怎样才能吸引精准粉丝呢？下面将介绍一些常用的方法，如图 8-5 所示。

1. 混微信群

微信群是一个可以集聚众多陌生人的地方。很多微信用户被拉到一些微信群里面之后，首先就是发广告，或者询问微信群是干什么用的，然后再发广告。一进微信群就开始发广告的用户常常会被移出群聊。大家都不

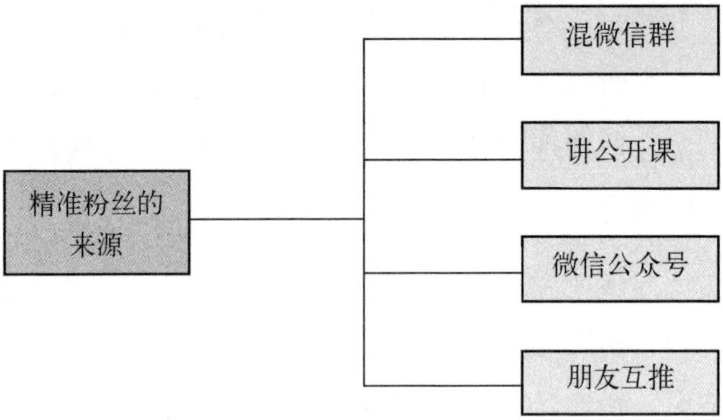

图 8-5　吸引精准粉丝的常用方法

喜欢被推销，尤其是一上来就发广告的那种。所以，千万不要在微信群里发广告，不仅起不到任何作用，还会被别人视作没素质的表现。

如果你不知道所在群是干什么的，就需要用心观察，等观察清楚后再发言。如果你发现这是一个公开课群，那么就应该等别人讲完公开课后再发言。发言之前应当清楚自己的定位，如你的产品是护肤品，那么你就应当将自己包装成一个护肤达人，懂得大量的护肤知识，并且你需要修改自己的群昵称，让别人知道你是一个护肤达人。

通过在群里分享一些关于护肤方面的知识或者帮助一些存在肌肤问题的群成员，可以将你的专业知识展示出来，为群成员提供有价值的信息。当你真真实实地帮助到群成员的时候，就会有很多群成员主动加你为好友，向你咨询护肤方面的问题。这样一来，你就会吸引到一部分的精准粉丝。

2. 讲公开课

讲公开课是吸引精准粉丝的最有效方法。丰富的知识储备是讲公开课的前提。精准粉丝的获取要求你所讲的公开课内容与产品相对应。比如，你经营的是一家女性瘦身美体会所，就可以讲一些关于减肥瘦身方面的知识，这样你吸引来的粉丝都是想学习瘦身美体知识，或者本身存在肥胖困扰的粉丝。

公开课可以在微信群、QQ 群里讲，也可以在腾讯课堂、搜狐自媒体视频、百度视频、优酷视频等平台去录制自己的公开课内容，并且上传上去，留下自己的联系方式即可。

3. 微信公众号

很多企业没有微信公众号。在移动互联网时代，微信公众号对企业与微商来说是非常重要的，可以在微信公众号里面发布与产品相关的文章，然后转发到朋友圈及微信群里去。这样可以吸引更多的用户点击查看文章，一些认同文章价值的用户就会关注微信公众号，甚至还会转发认同的文章，有助于企业实现更广泛的传播，增加曝光率。

4. 朋友互推

朋友互推是非常简单粗暴的方法，但是很多人出于面子不敢迈出第一步。事实上，朋友互推的方法既有效，又简单可行，因为不仅你需要精准粉丝，你的朋友也需要。朋友互推的前提是好友跟自己销售的产品没有冲突。

当朋友愿意与你合作的时候，你需要为自己编辑一个好的文案，而不是随便丢出一个二维码，这样加回来的粉丝并不精准。一个高大上的文案可以展示出你的专业水准，容易获取他人的信任。比如，“这个是我的闺蜜，从事线下实体美容院工作十年，美容护肤经验极其丰富，是名副其实的护肤达人。有护肤问题的人，无论男女，都可以找她。大家可以扫描二维码加她为好友，暗号为‘XX 推荐’。”

第 9 章

价值传递：有启发、有颠覆

如果一个品牌可以向受众传递有启发、有颠覆的信息，那么这个品牌一定具有一批忠实的粉丝。这就解释了为什么很多粉丝将品牌价值视为自身价值的现象。果粉通过使用苹果产品证明了自己的高品味；米粉通过使用小米手机证明自己是手机发烧友。用户都是重视品牌价值的，一旦用户接收并认同品牌传递的有启发、有颠覆的信息，他们就会成为品牌的粉丝，将品牌价值附加于自身，并将其推广开来。

9.1 “有趣、有料”关键词延伸解读

流氓兔在网络上曾红极一时。它是由韩国动画新秀金在仁为儿童教育节目设计的。流氓兔以其相貌猥琐、行为龌龊、思想简单、诡计多端、爱耍流氓、只占便宜不吃亏的卡通兔形象成了反偶像明星。流氓兔代表着一个充满缺点、活该被欺负的弱者，挑战了人们的价值观念，反映了人们对现实生活的不满及付出努力摆脱制度限制却遭受挫折的现状。

流氓兔的形象一经问世，关于它的 Flash 动画就出现在各大 BBS 论坛、Flash 站点和门户网站上。网民们还通过聊天工具、电子邮件等方式私底下进行传播，使流氓兔迅速火了起来。由流氓兔衍生出的产品已经超过 1000 多种，成为营销史上最成功的经典案例之一。“流氓兔”的营销案例证明了有趣、有料的内容永远不会缺少粉丝。

9.1.1 “第 21 张照片”引爆朋友圈

在互联网营销的大背景下，内容是最重要的，也是最困难的。只有有料、有趣的内容才能够吸引粉丝。传统的营销方式是通过电视、广播、报纸等媒体渠道不断提醒消费用户品牌的存在，而互联网时代的营销则是通过新媒体的普及、关键字的优化等工具，为消费用户提供具有吸引力的内容，要想在五花八门的营销内容中脱颖而出是很困难的，是需要巧妙的方法的。

首先，营销人员可以通过创作一些既有深度又有趣味的轻博客来积累一定的粉丝数量。一篇具有高质量内容的轻博客如果能够引起粉丝的追捧和广泛传播，那么营销就初步成功了。除了文章，很多有趣味性的视频也能在网上达到惊人的传播效果。与文字图片相比，视频的叙事能力更加丰富，更加适用于这个视觉化的时代。

受众都喜欢有料的信息内容，营销内容如果包含有价值的资讯，就能够吸引到更多的粉丝。每个网络用户都愿意关注有料的信息内容，各种资讯网站与一些提高生活品质的论坛都是互联网用户打发业余时间经常去的地方。

有趣、有料的内容具有天生的优势，粉丝不需要任何回报就愿意为企业提供免费的广告宣传。在市场上，如果一些企业发布的信息都是赤裸的广告内容时，那么另一些企业经过加工的具有很大吸引力的产品信息就会自然而然地受到粉丝的追捧。广告信息通过“穿上美丽外衣”，可以突破消费用户的戒备心理，将他们从受众转变成了积极的传播者。下面看看“第 21 张照片”是如何引发营销风暴的。

如今，不会玩微信的人已经落伍了。微信朋友圈中曾经有“晒出你相册中的第 21 张照片”这样一个游戏，非常火爆，好友纷纷晒照片，转发评论好不热闹。为什么晒的照片是第 21 张呢？第 19 张、第 20 张不可以吗？众多网友都对此产生疑问，于是纷纷参与游戏，等待答案的揭晓。或许，正是这种内容的驱动力使得众多网友纷纷加入宣传的大军中，造成病毒式传播的效果。

从微信朋友圈这样一个真实亲密的空间中走红的游戏，看似是掀不起风浪的小事件，但紧接着事件不断发酵，晒第 21 张照片的游戏传染到了微博、BBS、贴吧等社会化媒体平台中。网友在疑惑中纷纷跟风娱乐，大晒隐私，全民形成晒照片的风潮。

在游戏的传播过程中，“第 21 张照片”的故事流传出来。据说，一个名为莫里斯·泰勒（Maurice Taylor）的美国拆弹专家在阿富汗战争中失去了四肢，然而他的女友丹尼尔从始至终对他不离不弃，并用 21 张照片呈现了他们的爱情故事。

这样一个充满正能量的爱情故事在社会化媒体平台中广泛蔓延开来，势不可挡，各大媒体也纷纷加入到事件的报道中来，网友们原来的疑惑瞬间瓦解，并继续对事件进行自发传播。强大的正能量吸引了越来越多的网友参与，晒出第 21 张照片成为向英雄致敬并延续他们爱情故事的最好表现！

如今，广大的互联网用户成为企业营销的重要资源，而“第 21 张照片”的故事正是充分利用了这种资源，如病毒一般悄无声息地蔓延，最后使得众人皆知，当然其中有吸引力的内容是关键。“第 21 张照片”的故事内容没有任何商业信息，没有植入广告，很多网友都没有将其当作商业营销活动来看待。

然而，事出有因，任何一个现象的火爆都可以找到背后的隐含因素。此事件正是在雅安地震之后开始传播的，传播动机我们可以猜测一二。由此可见，正能量的内容对受众是极具吸引力的。在市场营销手段泛滥的情况下，正能量的营销内容显得多么宝贵。它就如同“益生菌”一般，是消费用户需要的并愿意传递的。

9.1.2　做到“有趣、有料”的方法

“第 21 张照片”作为一个成功的营销案例，且不论是谁发起的活动，将声势做得如此之大，是营销策划人员需要思考学习的。有趣、有料的内容在营销过程中起着关键的作用，那么如何策划具有有吸引力的营销内容

呢？如图 9-1 所示。

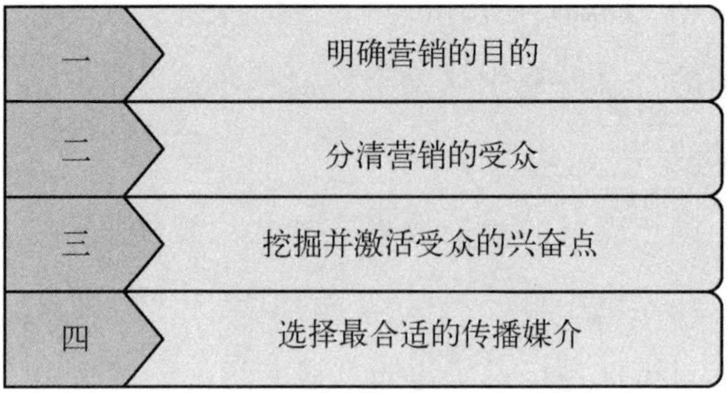

图 9-1　策划有吸引力营销内容的方法

1. 明确营销的目的

要想策划出有趣、有料的营销内容，营销人员首先要确立营销的目的。企业进行内容营销的目的无外乎有三个：一是提升企业品牌的知名度；二是提高产品的销量；三是提升网站流量或会员注册量。只有明确了营销的目的，才能设置出相应有趣、有料的内容。

2. 分清营销的受众

互联网营销的一大特点就是覆盖的人群广泛。因此，营销人员必须确定自己的受众是谁，以及受众是否在营销内容影响的范围内。营销人员需要进行人群细分，找到最有价值的受众，分析目标受众的特征和共性，并据此设置出对其具有吸引力的内容。

3. 挖掘并激活受众的兴奋点

确定目标受众后，就要分析出他们的兴奋点。90 后和 70 后的兴奋点差异非常大，忆苦思甜的往事对于 70 后来说可以引起共鸣，取得理想的效果，但对 90 后来说就不太有效。所以，研究目标受众的兴奋点是创意内容营销的真正开始。一旦确定了他们的兴奋点，就要分析激活兴趣点的方法，通过有吸引力的营销内容将目标受众的兴奋点激活，使他们为之疯狂，为之留恋。

4. 选择最合适的传播媒介

营销人员明确了营销的目的、确定了目标受众、挖掘了目标受众的兴趣点、并找到了创意以后，接下来就要考虑营销内容需要通过什么样的途径传播才能将兴奋点引爆。在营销手段极其丰富的网络上，QQ、MSN、微博、微信、BBS、SNS 等让人目不暇接，然而营销内容与目标受众最恰当的接触点可能只有一个或者两个，营销人员必须准确把握，因为一旦选定了接触点，那么营销事件就要在那里引爆，只有恰到好处，营销效果才会得以放大。

在各类营销方式纷纷登场的市场竞争中，营销人员如果为营销设置了一个有趣、有料的营销内容，就有可能创造出属于自己企业“第 21 张照片”的正能量，并因此积累大量的粉丝。

9.2 走心的 ivvi

2015 年 9 月 10 日，明星恋爱真人秀节目《如果爱》的明星嘉宾空降武汉高校校园。范世錡、钟丽缇、张伦硕等明星都出席了本次活动，更有赞助方 ivvi 时尚手机的副总裁张光强与大学生进行了亲密互动。张光强在传播 ivvi 品牌理念的同时，鼓励大学生们要用互联网的思维思考生活。张光强认为，“手机不仅仅是简单的智能通信工具，更是蕴含情感连接的生活必需品。”

引人注意的是，张光强在见面会上发布了 ivvi 全新品牌 slogan。谈到新品牌的含义时，张光强说："slogan 就是'用爱连接世界'的深入阐释。ivvi 时尚手机以'连接'为核心，两个'i'象征每个人作为个体独立存在，两个'v'如同一座桥梁，不仅连接了两个人，也连接了整个世界。ivvi 将以亲情、友情、爱情的情感连接为依托，让手机真正成为人与人之间沟通的桥梁，主张以真情连接爱、传递爱，用爱连接世界。"

《如果爱》节目中的 6 位明星嘉宾都对 ivvi 手机的外观及性能表示了认可，主持人撒贝宁更是阐述了"'ivvi'的谐音是'依偎'，爱情本身就是一个可以担当和依靠的肩膀"，这与 ivvi"年轻，时尚，真情"的品牌价值诉求不谋而合。

在见面会抽奖环节中，ivvi 时尚手机联合湖北卫视将 6 位明星嘉宾使用的 6 台手机以抽奖的形式送给节目的广大粉丝。嘉宾们用实际行动将爱传递给粉丝，用关于爱的正能量温暖了所有 ivvi 的用户。

9.2.1 ivvi 传递爱与正能量

ivvi 是酷派打造的全新时尚手机品牌，聚焦中高端智能手机市场，以充满爱的时尚消费品作为品牌定位，以年轻时尚群体为目标用户。在如今情感缺失的时代，社会需要更多的暖流、用爱的正能量来为心灵补充慰藉，以缓解人与人之间的信任危机、交流危机及情感危机。作为一个具有社会责任感的企业，ivvi 在创始之初便深刻思考了社会现状，希望能够通过一款走心的手机品牌来传达企业的理念和思想，向社会传递爱的正能量。

张光强表示，"ivvi 是一群走心的人打造出来的走心手机。"一款极致的产品是在创始人的理念及深度挖掘消费用户需求的基础上用匠心打磨而成的。ivvi 已经不是一部单纯的手机，它融入了很多人的心血和情怀。

创始团队在研究了年轻人的心理之后，发现了年轻人对于专门加强人际关系手机品牌的强烈需求，于是 ivvi 产生了。创始团队的初衷是通过情感触动年轻人的心理，让他们在使用 ivvi 的产品时产生自然而然的亲切感。ivvi 不仅展现了极致的性能颜值，更传递了满满的正能量和积极的价值观。

自 2014 年 11 月成立到现在，ivvi 发布的产品已经不在少数，包括 ivvi K1、ivvi S6、ivvi 新 K1、ivvi K1mini 等。在竞争激烈的手机市场中，ivvi 手机坚持从心出发，从消费用户出发，将时尚作为一种有态度的生活方式，在产品的设计中考虑了目标用户群的年龄、生活习惯、兴趣偏好等，抓住了消费用户的痛点。Ivvi 可以通过软、硬件结合让年轻人更加紧密地连接在一起。

另外，创始团队还设计了一对情侣公仔形象作为 ivvi 的品牌吉祥物，名字分别叫做“依依”和“偎偎”。这对情侣公仔造型时尚可爱，非常惹人喜爱。精美的玩偶背后还有一段动人的爱情故事，将 ivvi 的品牌内涵进行了深刻诠释。一对玩偶的加入使得 ivvi 品牌更添趣味和人性，是与粉丝进行深度心灵沟通的具体体现。

9.2.2　ivvi 品牌的成功之处

ivvi 传递的品牌价值观对爱的定义是非比寻常的：长久地依偎在一起是难能可贵的，而固守心中的爱、单方面为爱守候、“爱不释手”更能传递出珍贵无比的信念。ivvi 是一个极致走心的品牌，无论外界如何，ivvi 依然坚持自我，不断为年轻消费用户打造与心灵深度对话的时尚手机。ivvi 的成功之处有以下（见图 9-2）三点。

1. 特殊的渠道模式

OSO 模式（通过服务将线上、线下连接起来的模式）与渠道密不可

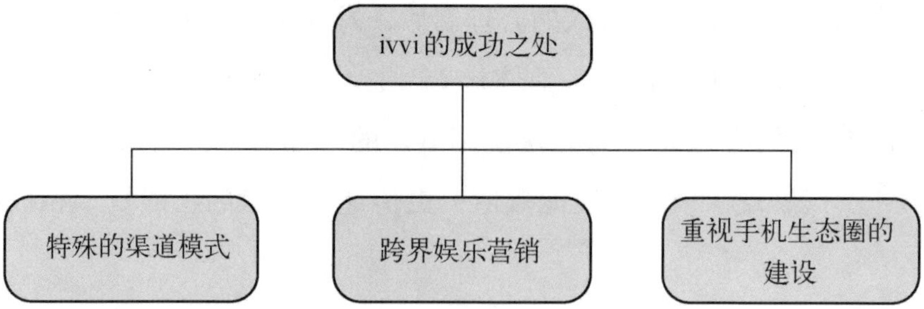

图 9-2　ivvi 的成功之处

分。ivvi 始终践行这种具有生态植入的商业模式。张光强表示："一二级渠道公司只经营 ivvi 品牌，ivvi 在各地只选择仅经营 ivvi 品牌的渠道公司合作，这些渠道公司也有 ivvi 正式员工，而这就是 ivvi 独有的'厂商一体'销售模式，厂商渠道交叉持股，共同用户运营管理，这在业界当中处于领先地位。"

互联网时代依然是以渠道为王的时代。ivvi 践行 OSO 模式最坚实的基础就是密集而多样的销售渠道。2014 年，ivvi 在全国覆盖的销售点超过 12000 家，拥有 6000 名品牌顾问，销量持续增长，不到一年就卖出 300 万部；2015 年底，ivvi 门店销售点超多 15000 家；2016 年将突破 20000 家，遍布中国各个城市的主要商圈。据赛诺的调研数据显示，ivvi 在中国新锐时尚手机品牌排名位于前 20，正在向一流时尚手机品牌的目标迈进。

2. 跨界娱乐营销

在营销模式上，ivvi 整合线上线下资源，实现了线上线下的营销共振，并率先开启了跨界娱乐营销新模式。ivvi 自品牌成立以来，一直致力于通过差异化产品与差异化的营销方式来区隔于竞争对手，通过沟通增强粉丝的黏性。2015 年 11 月，ivvi 邀请当红小花旦赵丽颖作为品牌代言人，正式开启娱乐营销，结合腾讯、乐视开展了广告片角色竞选及产品征名活动等，并获得广泛的参与度，真正做到了以用户为中心产生内容。

2015 年 11 月 20 日，ivvi 在南昌举行新品发布会，采用了 293 栋大型灯光秀，创下了吉尼斯世界记录，传递了品牌正能量。此外，ivvi 还发布了具有长远意义的“用爱连接品牌合伙人 1339 计划”。曾在 2015 年 7 月，ivvi“1339 计划”下首个创业项目——ivvi 咖啡厅正式成立。

随着超级 IP 大剧《芈月传》的热播，粉丝在闪屏、FM、音乐歌单、QQ 空间等地方均发现了 ivvi 元素。ivvi 对娱乐热点的关注体现了 ivvi 对年轻时尚人群的精准营销和定位。ivvi 通过多领域跨界合作的形式建立了与用户沟通的情感桥梁，向粉丝传递了 ivvi 品牌的价值，并逐渐成为年轻人的新朋友。

3. 重视手机生态圈的建设

随着智能手机行业的高度成熟，手机硬件同质化的现象越来越严重。手机厂商必须通过品牌、产品与服务方面的差异化来寻找新的利润增长点。智能手机行业未来的发展趋势就是手机生态圈的建设。

ivvi 自诞生以来就非常重视生态圈的建设。ivvi 产品是生态圈中的一环。这个生态圈以用户为中心，融合了 ivvi 商城、开发平台、电商平台、视频搜索等，是一个包含着平台、内容、应用、终端的完整系统，并奉行“精品 + 内容 + 服务”的宗旨，不断深化推进。

在不到一年的时间里，ivvi 生态圈已经发展了超过 300 万名的目标互联网用户，并保持高速增长。ivvi 生态圈为用户提供视频内容、免费电话、生活服务等各个领域的个性定制。乐视是 ivvi 的合作方，在 ivvi 近期发布的小骨 pro 手机中，用户购买的每一部手机都设置了一年的乐视 VIP 服务，可以在乐视视频平台观看海量影视内容。

据悉，ivvi 还将与腾讯展开战略性的合作，预装多款腾讯产品，可为用户提供一年的免费通话、免费打车等多元化生态服务。对用户而言，ivvi 手机将不仅仅只是打电话、发短信那么简单，而是浓缩了生活的方方面面。此外，ivvi 手机还将为用户提供现金福利礼包等。

ivvi 优秀的产品设计、功能、品质让粉丝享受到了极致的用户体验，向粉丝传递的品牌正能量实现了用户与品牌的共同成长。这是 ivvi 能够在短期内取得成功的最大秘密。

9.3 罗永浩的情怀传递

2015 年 8 月 25 日，锤子科技正式发布了坚果手机。很多人认为，坚果手机的发布是锤子科技创始人罗永浩“从理想到商业的转型”。其实不然，自从非技术出身的罗永浩向大众宣布做手机开始，他就已经成为了一个商人。

在罗永浩工匠情怀的首款产品 Smartisan T1 发布之时，罗永浩就因为蹩脚的商业理念受到了众人的嘲笑，而此次坚果手机的发布则体现出了更加成熟的商业理念。这意味着罗永浩已经想好了如何用情怀进行适当的商业变现。无论如何，坚果手机是罗永浩成功逆袭的一大机遇。

9.3.1 罗永浩的情怀变现

2015 年 8 月 21 日晚，京东意外泄密锤子科技新品坚果手机 U1，这让坚果手机的发布会少了一些期待，但罗永浩相声式的演讲号召力仍然巨大。在发布会当天，朋友圈、微博被坚果手机发布会的消息刷屏，7 个视频网站提供了发布会同步直播，现场观众达到 8000 名，发布会获得 100 万元的门票收入……事实上，罗永浩是手机行业得到如此礼遇的唯一一人。

在此之前，罗永浩与他的锤子科技遭受到了一连串的危机，在手机系统酝酿了半年之久，好不容易要正式发布的时候，情怀手机遭遇到降价危机、天猫商城的销售陷入刷单漩涡……

罗永浩将坚果手机的粉丝定位于年轻人并没有很大的优势，因为锤子科技的主要销售武器是罗永浩的个人魅力和情怀，而现在的年轻人与这种优势并未匹配。因为大部分年轻人知道罗永浩这个人的时候，他已经是锤子科技的创始人了，年轻人不了解罗永浩过往的辉煌，对罗永浩没有任何感受，就像张学友的年轻人粉丝一定不如 TFBOYS 的年轻人粉丝多一样，不过罗永浩认为这不是太大的问题。

罗永浩有一种特殊的能力让人莫名其妙地对这个人新生崇拜。他擅长洗脑，具有极高的执行力，逻辑能力也异于常人。这些让他征服了一大批忠实粉丝。尽管很多人既没有上过他的英语课，也没有听过他创立的牛博网，更不知道他曾经做过的砸冰箱之类的逸闻趣事，但还是被他征服了。

有业内人士评价罗永浩的坚果手机，“锤子终于向现实低下了头，所谓的情怀，只不过是对价格的苟且。”此次，坚果手机的定价低于 1000 元，与之前 Smartisan T1 的 2500 元相比，罗永浩没有表现出个人对手机赋予的品牌溢价。然而罗永浩的决定是对的，一个既有品牌价值，又价格亲民的产品所造成的杀伤力，远远超过一味地追求单品利润的产品。毕竟，手机不是奢侈品，而大多数快消品比奢侈品的利润空间还要大。

罗永浩此次就是将情怀传递给了粉丝。他通过情怀传递吸引了更多的粉丝关注、购买坚果手机。价格亲民是罗永浩情怀的加分项，更多的人因为价格实惠而喜欢罗永浩，从而关注他的情怀。坚守单品价格的情怀属于服务小众的减分项，一方面对情怀的消费会让罗永浩陷入品牌贬值，另一方面通过价格形成的品牌壁垒只能维护小众的优越感，却封堵了更为广阔的空间。

罗永浩终于成功了，截止到发布会第二天晚上 12 点，无论是锤子科技官方网站，还是京东商城，备货量充足的坚果手机已经被抢购一空。如今的罗永浩已经有了非常重要的改变，他开始学会妥协。从前的他拒绝预装，如今的他开始与触宝、全能名片王、大象公会合作；从前的他对同行极尽嘲讽，如今的他刻意保持不去攻击友商。罗永浩的妥协是从理想完美主义到现实完美主义的终极转变。

罗永浩的改变是一个充满智慧的伟大转变。坚果手机对安卓系统和软件细节进行了各种“锤子式”优化，保留了锤子的传统，但没有做出特别大的突破。坚果手机发布会最大的亮点在于罗永浩对坚果手机的包装。罗永浩一再宣称锤子科技是一家“披着硬件厂商的软件公司”，是一个“互联网企业”。罗永浩对坚果手机的描述扬长避短，让情怀实实在在地落地，不仅卸掉了自己的枷锁，也让自己的公司驶入了正常轨道。

9.3.2 罗永浩的成功之处

“我其实欠大家一个成功”，罗永浩在发布会上反复重复这句话。这不仅是对粉丝的承诺，更是对自己的一种暗示。罗永浩能否成功，情怀能否最终变现，都将由坚果手机来决定。罗永浩依托情怀营销有以下（见图 9-3）四点值得同行学习。

1. 让情怀依托文化进行营销

物质文明和精神文明的结合与积淀产生了今天的文化。文化对于引发人们对情怀的认同有重要作用。随着人们生活水平的提高，消费用户在购买产品时不再仅限于满足物质生活的需求，而是更加注重精神生活的享受。功能多、满足基本需求的产品已经不能得到消费用户的青睐，有档次和品位的产品才能受到消费用户的欢迎。这就要求在产品营销策划过程

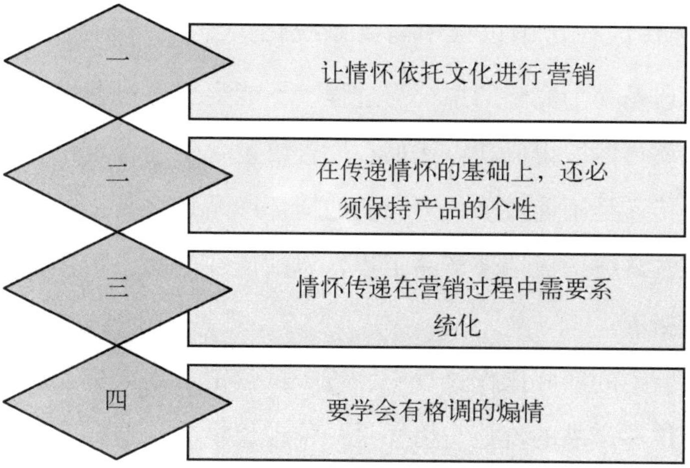

图 9–3　罗永浩值得同行学习之处

中，要给产品赋予精神内涵和文化底蕴，这样才能凸显产品的情怀，吸引大量的消费用户。

全球范围内的经济竞争实质上是一种文化竞争。而文化竞争是通过牵动消费用户的情怀认同来达到目的的。通过节日文化打开情怀营销之门，是企业常用的一种营销方式，可以满足消费用户的精神需求，对企业来说，可谓是屡试不爽。

2. 在传递情怀的基础上，还必须保持产品的个性

产品的物质属性需要满足消费用户的生理需求，精神属性需要满足消费用户的精神需求，所以产品营销就必须在这双重属性上下功夫，向消费用户传递情怀，使他们有情感寄托，产生共鸣，然后变为品牌粉丝。然而，情怀是具有共性的，在传递情怀的基础上还必须体现产品诉求上的个性。

产品一两个亮眼细节可以让消费用户形成口碑传播。在锤子发布会上，粉丝都记住了“全球最快智能抓拍”的坚果手机优势，只要按住坚果手机左右侧的按键，然后对准拍摄对象，松手即可成功拍照，将情感的共性与产品的个性进行有机地结合与协调，就能使情感营销获得成功。

3. 情怀传递在营销过程中需要系统化

情怀传递是一个完整的系统与过程，不能妄想通过营销某一个环节中的情怀传递就可以取得成功。比如，广告语包含了情怀定位，而促销活动却没有情怀传递是不能成功的。成功的情怀产品是将营销的每一个环节均以情怀定位，最终构成情怀产品工程，包括情怀产品、情怀包装、情怀广告、情怀价格等。

在产品营销的实际操作过程中，每一位营销策划人员在产品或服务的营销过程中传递产品的价值与情怀是一种理想境界。这样一来，产品或服务就具有了生命，变得拟人化，富有情怀的产品或服务总是能够引起消费用户的共鸣。罗永浩在发布会上只讲观点不讲逻辑凸显了自己的情怀。“我不为输赢，只是认真。”一句没有任何逻辑的话，好像别人做手机都是为了输赢而不认真似的。罗永浩的情怀在坚果手机发布会从头到尾的PPT 上显示得淋漓尽致。

4. 要学会有格调的煽情

企业营销人员要学会通过有格调的煽情传递情怀。对罗永浩来说，坚果手机发布会的结束仅仅是营销的开始。在发布会结束之后，罗永浩发布一条名为“我爱这个世界”的长微博。在微博中，罗永浩称要将锤子手机发布会的门票收入捐给 OpenSSL 基金会，也就是参与发布会的每一个人都为整个互联网世界的安全作出了重要贡献。

作为罗永浩的粉丝，顿时就拥有了满满的成就感。情怀在营销中的作用非常特殊，对粉丝具有强大的行为号召力，所有在民族、家乡、信仰、安全等情怀牵引下的企业营销行为都得到了无数粉丝的丰厚回报。

9.4 预测制胜：5 年之后的事，放在今天说

凯文·凯利（Kevin Kelly）是美国《连线》（*Wired*）杂志的创始主编，也曾担任《全球概览》杂志（*The Whole Earth Catalog*）的编辑和出版人，粉丝亲切地将他称为“KK”。1984 年，第一届黑客大会（Hackers Conference）就是由他发起的。《纽约时报》《经济学人》《时代》《科学》等重量级媒体和杂志都曾刊登过他的文章。凯文·凯利被人们视为互联网文化的观察者和预言家，也有人称他为“游侠”。

9.4.1 凯文·凯利的预言

1994 年，凯文·凯利的著作《失控》出版，对互联网发展的未来作出预测，时下兴起的电子商务、互联网 + 、大数据产业、粉丝经济由此得以证明。

凯文·凯利是 21 世纪最具有影响力的互联网预言家，李开复、马化腾、傅盛等创客大咖都将其奉为座上宾。

在凯文·凯利开始写作时，世界上很少有人知道万维网。书中的内容深奥难懂：“机器，正在生物化；而生物，正在工程化。”在《失控》一书中，他准确预见了 Web2.0 时代的到来，预见了互联网发展的去中心化

趋势，甚至准确预见了维基百科、Facebook 的诞生。凯文·凯利 20 年前提出的概念在如今看来都是炙手可热的话题，也因为《失控》获得了一大批粉丝。

凯文·凯利的作品涉猎范围很广，包括生物学、社会学、传播学和计算机学等专业知识。电影《黑客帝国》的导演安迪·沃卓斯基（Andy Wachowski）将凯文·凯利的作品列为演员必读；苹果公司创始人乔布斯是凯文·凯利的忠实粉丝。乔布斯在演讲中经常说到的一句话“Stay Hungry, Stay Foolish（求知若渴，虚心若愚）”就出自《连线》杂志中凯文·凯利的文章，尽管凯文·凯利并不喜欢乔布斯。

20 多年来，凯文·凯利创办的刊物影响并培育了一大批富有激情的技术青年，对于科技界的影响力就好比 19 世纪 60 年代由《滚石》杂志掀起的青年摇滚风潮。然而，凯文·凯利平时并不喜欢用手机，也很少上网，这位预言家居然没有一部智能手机。

2014 年 6 月，凯文·凯利亲临浙商大会现场，围绕“颠覆式技术”做了精彩的主题演讲。首先，他提出一个与大会主题“移动互联网”看似毫无关联的问题，“如果在 200 年前开一家轮船公司，你会选择大规模、航程长而稳定性好的帆船，还是选择小规模、航程短而稳定性差的蒸汽船?”一个问题生动地表达了“颠覆式技术”的演讲主题。

紧接着，凯文·凯利回答了自己的问题，正确答案是应该选择蒸汽船。他解释说，因为蒸汽船拥有一个伟大的特点——能够逆流而上。这种打破人类认知、具有颠覆性的技术让蒸汽船取代了帆船，成为主流技术。所有看不起蒸汽船的公司都因为这项颠覆性的技术而走向没落，被掩埋在历史洪河里。

凯文·凯利每一次来到中国都会吸引众多粉丝的目光，在演讲开始前 1 个多小时，浙商大会会场内的 1000 多个座位座无虚席。正如凯文·凯利在《失控》一书中所说的那样，他善于从自然社会的变化规律里思索科学技术的发展轨迹。

在此次演讲中，凯文·凯利展示了他独特的观察角度和思考过程，梳理了船舶、汽车、打印等技术的发展过程，并列举本田颠覆通用、微软颠覆 IBM、谷歌颠覆微软等案例，证明了他演讲的论点——颠覆性的科技都来自于边缘及外部。

9.4.2 凯文·凯利讲颠覆

为什么颠覆性的科技都来自于边缘及外部呢？因为颠覆性技术在初期总是以质量低、风险高、利润薄、不被市场认可的形象出现。没有一家大公司愿意冒着巨大的风险投入质量低、利润薄的市场，而缺少资金、市场等资源的创业公司却别无选择，只能在这样的领域里谋求生存。事实上，大公司可以通过设立内部创新机制来避免被颠覆，但大部分公司不会这样做。因为设立新机制的措施不仅会分散公司对既有业务的投入，还会争抢现有业务的市场。

在演讲中，凯文·凯利肯定地说："所以，颠覆性的技术不会来自产业本身，如火如荼的移动互联网和手机也是如此。颠覆手机的不会是手机本身，而是来自外部。"在两个小时的演讲中，凯文·凯利鲜明地提出了移动互联网将会孕育出具有颠覆性力量的技术，包括大数据、量化技术、3D 打印技术、人工智能、无处不在的屏幕、追踪设备、可穿戴设备及电子货币等。下面是凯文·凯利在演讲中对移动互联网颠覆技术作出的预测，其内容如图 9-4 所示。

1. "0"和"∞"（数学符号，无穷）是云技术中的两个重要符号

在互联网信息时代，随着云技术的成熟，云端数据呈几何数级增长，

一	“0”和“∞”(数学符号，无穷)是云技术中的两个重要符号
二	当你在注视的时候，你也在被注视
三	电子货币是一种沟通工具

图 9-4　凯文·凯利对移动互联网作出的预测

趋向于“∞”；同时，信息数据成本则不断下降，归于“0”。这意味着人们可以很容易地接入网络，满足需求，而接入权（access）比所有权（ownership）更有用、更重要。

2. 当你在注视的时候，你也在被注视

随着眼球追踪技术、声音控制技术、大脑计算机等技术的发展，人们的情绪、注意力等都是被捕捉的对象。虽然目前这些技术就像玩具一样被边缘化，但它们都将会成为颠覆性的力量。

3. 电子货币是一种沟通工具

凯文·凯利认为，比特币（BitCoin）具有标识的特性。这些特性的价值要远远超过它作为电子货币的价值。比特币及另外一些与支付宝类似的电子钱包，都可以被视作一种沟通工具。

关于中国互联网未来的发展，凯文·凯利认为，庞大的用户群是中国互联网发展的优势。在未来，中国在移动互联网领域的发展可能会超越美国，达到全球先进水平。中国具有深厚的制造业传统和背景，这为中国发展成为 3D 打印技术领域的全球领军者提供了很大的可能性。

“将来谁能颠覆谷歌？是 Facebook、Dropbox 还是腾讯、阿里巴巴？”凯文·凯利在演讲结束时说出最重要的一句话，“别相信任何我说的，你必须自己去发现，相信任何不可能都是可能的。因为属于 20 年后最伟大的产品还没有被发明呢！”凯文·凯利预见未来的三大方法：一是通过交流了解年轻人的想法和正在发生或即将发生的事情；二是通过大量科技类书刊了解科技行业中的新事物及给世界带来的改变；三是以外星人的角度来看地球。

9.5 TFBOYS 的地铁之旅

2015 年 7 月 6 日，TFBOYS“承包”了重庆轨道交通 1 号线沙坪坝站的站厅。在站厅内，TFBOYS 组合成员王源和王俊凯的照片占满了广告灯箱，他们唱过的歌曲名字被贴到了墙上。然而，花钱在该地铁站厅做广告的人并不是王源和王俊凯本人，而是四名女大学生。

9.5.1 四名女大学生用奖学金追星

投放广告的四名女大学生都是 TFBOYS 的粉丝，为了表达她们对偶像的拥护，让更多的人认识她们的偶像，她们采取了这种方式。站厅内的四个广告灯箱都是王源和王俊凯的照片。其中，两个灯箱张贴的是两人的合照，另外两个广告灯箱则分别是他们的独照。

很多年轻女孩和一些阿姨在广告灯箱那里进行了拍照合影。一些路过的市民也纷纷拿出手机拍照，甚至有 TFBOYS 的粉丝专门带着相机来这里拍照合影。除了这四个广告灯箱以外，站厅的外墙上也贴有大面积的墙贴，上面都是 TFBOYS 唱过的歌曲和部分歌词。

“站厅内共投放了 72 平方米的灯箱墙贴广告，这样大规模的偶像广告还是比较少见的。”广告公司相关负责人说。ElopingKarRoy（微博名）是投放广告 TFBOYS 的粉丝之一，她与另外三个一起投放广告的好友都是大四的学生。

ElopingKarRoy 介绍说，“广告以‘山城骄傲’为主题，目的是希望让更多的人认识王源和王俊凯这两个重庆男孩。之所以选择在这个时候来投放广告，是因为三年前的 7 月 15 日，这两个男孩首次亮相，合唱了一首《一个像夏天一个像秋天》。”

自从听到王源和王俊凯合唱的《一个像夏天一个像秋天》之后，ElopingKarRoy 就爱上了这两个男孩。她和朋友都非常希望通过这种方式表达自己对偶像的一份心意。她们购买了两周的广告投放时间，四个人均摊了广告费用。据广告公司称，在沙坪坝站厅投放两周这样的广告，总费用将近 13 万元。

ElopingKarRoy 和她的三个好友都是非常优秀的大学生，在大学期间都获得了奖学金，并在实习中积累了一定的资金。她们支付的广告费是实习工资、奖学金还有一部分压岁钱。几年来，她们都是用奖学金追星的。只要有时间，她们就会参加 TFBOYS 在全国各地举办的活动。站厅灯箱的四张照片全部是她们参加活动时拍摄的。在偶像的号召下，她们还用奖学金参与了免费午餐计划，为贫困山区的孩子们送去免费午餐。

心理咨询师张境倍认为，“从主流的标准来说，这四名女大学生的行为的确过了点。个人追星的行为主要是在青春期，像这样大手笔地花钱追星，是心智不成熟的表现。但是这种强烈的表达，说明她们有需要去证明自己的存在。我们在个人心理成长过程中需要一个榜样或者一个明星来作为自己理想化的人物。”事实上，很多粉丝对偶像的崇拜是因为他们在偶像身上看到了自己缺少的部分。所以，追星可以有助于个人追求完美。

9.5.2　TFBOYS 火爆之谜

TFBOYS 为什么这么火爆？除了大部分明星都具备的素质颜值和努力外，他们与其他被包装炒作的童星比起来，有哪些过人之处？TFBOYS 最能打动粉丝的是其平凡与真诚可爱的特点，向粉丝传递了一种积极乐观的正能量价值。

1. 平凡的出身

王俊凯的父亲是一名平凡的出租车司机，家住重庆郊区，因为一个偶然的机会被公司挖掘参加了公司集训。王源则是看到了公司免费的集训机会，用的手机都是几百元的老人机，从不跟人攀比。易烊千玺则是一个最有灵气、多才多艺的大男孩。他的父母都是普通的工薪阶层，家里买不起私家车，所以一直都是坐公交车上学。易烊千玺学习非常刻苦，有时候课程多就在公车上吃盒饭。

易烊千玺的多才多艺常常让粉丝震惊，“易烊千玺你到底还有啥不会的？”他的才艺包括拉丁舞、民族舞、现代舞、街舞、魔术、书法、钢琴、吉他、跆拳道等，而且每一样都可以登台表演。TFBOYS 所在的公司也非常平凡，甚至可以说穷得叮当响，具体表现在五毛钱的 MV 制作、简陋的妆容、简单的后期处理等。TFBOYS 大部分的服装、鞋子都是一些经济实力雄厚的粉丝资助的。

2. 用真诚可爱打动粉丝的内心

TFBOYS 在表演结束之后的鞠躬就像对折一样让粉丝非常感动。他们没有丝毫的明星架子，常常与工作人员打成一片。在外演出需要住酒店时，他们永远都是三人一间。记者曾经打趣队长王俊凯，如果被粉丝强吻怎么办，他说，“讲道理，讲不过就跑啊。”

阿姨粉丝对 TFBOYS 更像是一种宠爱，什么都想给他们。TFBOYS 传递的正能量让未成年粉丝看到了一片新世界，发现了在自己同龄人身上的奇迹。TFBOYS 的火爆更像是 00 后崛起的前奏，弥补了国内娱乐圈的未成年粉丝市场，是个非常好的开始。TFBOYS 传递出自信一样的力量给予了更多未成年粉丝和家长们新鲜的体验。

第10章

真情派对：信任与颜值有关

品牌源于关注，价值源于内涵。我们处在一个比拼颜值的时代。颜值并非单指人的容貌与外表，而是一种内外结合，包括外貌、实力、声誉、威望、气质等各个方面的综合形象。从某种意义上说，颜值几乎等于主观与客观条件的结合。颜值高就能吸引一批忠诚的粉丝，成功也不在话下。明星需要颜值，企业也是。

10.1 秀出你的范儿

很多微信用户都添加了各种各样的时尚公众号，每天接受的潮流推荐让人眼花缭乱。即便如此，很多用户依然找不到自己的个性利器。香港设计廊可以让顾客放开束缚，做自己的时尚主人。设计廊时尚、雅致、新颖的各类包包全部采用香港设计，不仅让用户感受到港味十足的创意设计及文化，更让用户享受到时尚买手的乐趣，把富有想象力兼具实用性的个性化包包淘回家。

Adamo 3D Bag Original 是采用环保橡胶生产的 3D 立体包，具有狗、猫、南瓜等不同形状，不仅体现了一种对时髦的追求，还是一种有范儿的个性演绎。而同样秉承环保理念的 Missco Girl，采用的是高品质的环保 PU，为用户打造了能够触得到的潮流。箭头手拿包、金属反光包等具有个性的设计风格让 Missco Girl 积累了大量的粉丝。Stephy 原创手绘包的每一款背后都有一个故事，为都市中打拼的女孩创造了一个绚烂的世界，让用户感到深深的暖意。

10.1.1 “很高兴遇见你餐厅”的文艺范儿

毋庸置疑，一个有范儿的颜值可以带来更多的消费额。业内人士表示，实体店装修是一个隐形的消费点，也是第一个吸引消费用户的卖点。很多商家开始注重实体店装修风格就是这个原因。尽管店面的装修风格各有不同，但相同的是都必须有范儿。这不，具有文艺范儿的韩寒餐厅最近火了一把。

2015 年初，韩寒开办的“很高兴遇见你餐厅”杭州店开始迎客。粉丝吃货们纷纷出动，通过实际行动支持自己的偶像。餐厅试营业的第一天就非常火爆，场面热闹得超乎想象。“很高兴遇见你餐厅”店内的装潢也随之曝光。

韩寒的“很高兴遇见你餐厅”杭州店开在了杭州西湖边多功能复合型城市综合体湖滨银泰 in77 里。古色古香的建筑延续了韩寒餐厅别具风味的文艺古韵。在试营业当天，餐厅在不到 3 个小时的时间里就坐满了人。很多买到座位排号的顾客要等五六个小时才能进入餐厅体验。

从餐厅的装潢来看，“很高兴遇见你餐厅”杭州店具有复古民楼的格调，就餐区的木质座椅和门窗还带有四合院的味道。餐厅里共有 200 个左右的餐位，布局显得比较宽敞。餐厅的菜式非常具有创意，主打中西混搭的菜式。菜式名字也颇具韩寒的味道，如“你没吃过我的豆腐”“阿根廷大虾遇上小辣椒”“纸牌屋猪肋骨”等。不仅如此，韩寒为餐厅请来的米其林星级厨师还会根据杭州地方口味陆续推出特色菜。

前往餐厅体验过的韩寒粉丝称：“菜单特别小清新，每道菜都配有一个手绘小图，画得贴切又可爱，很有让人把每道菜都点一遍的冲动，可以说创意新颖，在设计上动足了脑筋。”

此前，韩寒的“很高兴遇见你餐厅”在上海、南京等地也都开了店，通过小清新的文艺范儿成功地让支持自己文学作品的粉丝来餐厅消费，并转为自己的顾客粉丝。

韩寒餐厅文艺范儿的装修风格得到粉丝的一致好评，也为韩寒增加了人气。

从服装行业来看，2015 年，服装店装修的主要风格是时尚、品牌与大气。服装店的装修风格要与店面实际情况相结合，应该选择切合自己产品的装修风格。

针对儿童的服装店，在装修风格上要突出天真烂漫。如今，大部分家庭都是以孩子为重，孩子是一个家庭中重要的组成部分，各种各样的儿童服装店应运而生。很多服装店通过在小物柜和墙面上贴满卡通人物、摆放各种卡通的洋娃娃及小玩具等吸引儿童的注意力，从而吸引其家长前来。可以说，这种方法简单而有效。

针对时尚女性的服装店，在装修风格上应该给顾客唯美浪漫、梦幻般的感觉。一些服装店将粉色作为店里的主色调，因为粉色是大众女性都喜爱的颜色之一；还有一些服装店用紫色作为店里的主色调，因为紫色不仅可以给顾客浪漫的感觉，还可以制造一种想象空间；更有一些服装店用鲜亮的颜色来表达女性对时尚生活的追求。总之，女性服装店的装修风格要从女人的特色入手，从而吸引女性粉丝。

针对男性的服装店，在装修风格上可以采用开放式的空间，因为男性是一种坚韧、勇敢、硬气素质的代表。男士运动用品服装店应该突出运动元素；商务男士服装店应凸显商务风格。与女性相比，男性不爱幻想，不需要太多的色彩、装饰品，应当突出简约风格。

10.1.2 影响装修风格的元素

为服装店打造特有的风格是一项纷繁复杂的工作，从选材、设计到装修，每一样都不能含糊。在服装店的装修过程中，有一些元素必不可少。下面就看一下影响服装店装修风格的四种元素，如图 10-1 所示。

1. 具有魅力的色彩

人们的日常生活离不开色彩的点缀。可以说，色彩在生活中扮演着神

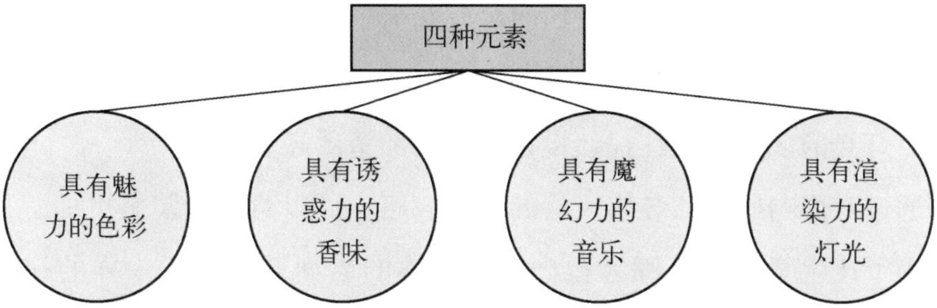

图 10-1 影响服装店装修风格的四种元素

奇的角色。色彩对于服装店的装修更是具有重要的意义。很多时候，女性顾客都会根据自己的色彩喜好来选择店家。服装店装修需要分析消费用户的心理，投其所好。

2. 具有诱惑力的香味

人类都是视觉动物，但是味觉、嗅觉等也是非常敏感的。如果一个服装卖场的空气清新怡人，那么顾客的心情也会变好，就更加容易成为这家卖场的忠实粉丝。在视觉营销起主导作用的市场环境下，重视味觉营销的商家一定会有意外收获。利用香味的诱惑力可以吸引一类嗅觉敏感的人群。当然，室内清新剂、香味剂的选择要在整体规划中加以考虑。

3. 具有魔幻力的音乐

音乐可以影响人的心情，不同的音乐可使人们产生不一样的心理感受。由于音乐具有极大的情绪感染力和情感传达功能，因此在服装店的装修中得到了关注。如果顾客听到一些比较惬意、舒适的音乐，就会对店家产生无形的好感。

4. 具有渲染力的灯光

适当的灯光照射可以增加事物的魅力。很多服装店的装修效果都是依靠灯光照射形成的，灯光照射下的衣服也显得更加有魅力。灯光的渲染会使产品以各种奇幻的姿态吸引大量的顾客。对于顾客而言，灯光发挥了引导性的作用。服装店内的灯光照明主要是为了凸显产品的色彩与质感，强调产品的特征。灯光是具有情感的，可以烘托出特别的气氛，诠释产品的内涵。灯光的多重功能往往让设计显得更加精致高贵。

通过对影响服装店装修风格的考量，店主可以对店面装修更加游刃有余。为了让生意红火、顾客盈门，快将你的店面营造出不一样的视觉效果，吸引顾客的眼球吧！

10.2 找出你的特色，笼络你的用户

在产品的营销过程中，同类产品之间的竞争不可避免。用户也总是将同类产品放在一起进行比较，有时候企业稍一疏忽就会让准用户被竞争对手抢走，尽管对手的产品并没有多大的优势。

在市场环境越来越偏向产品同质化的情况下，如何找到自己产品的特色，让自己的产品发挥优势，是每一个企业都必须解决的问题。通过对产品优劣势的分析，企业应将产品的优势放大，形成专属的特色，以此来笼络用户。竞争对手之间的产品差别可能很小，但是企业必须让最小的差别发挥出最大的作用。这对用户来说是至关重要的。

10.2.1 轻松活泼的 Mac 电脑获取忠实用户

苹果公司有一个“Mac 对 PC”的系列广告，将 Mac 电脑与 PC 电脑进行了对比，产生了明显的差异化，让消费用户发现了苹果 Mac 电脑的特

色。在个人电脑领域，苹果的 Mac 与微软的 Windows 视窗操作系统有明显的不同。苹果的 Mac 因为兼容性问题无法与微软抗衡。在个人和企业市场，PC 占据着统治地位。在“Mac 对 PC”的系列广告中，Mac 和 PC 有以下对话：

“你好，我是 Mac。”牛仔男孩 Mac 说。

“你好，我是 PC。”西装男 PC 说。

“我喜欢把生活变得有趣，如听音乐、拍照片、看电影。”轻松自然的 Mac 说。

“我也可以啊，如建电子表格、文档、还有时间表。”PC 严肃、紧张，却不甘示弱地反驳。

通过形象对比，Mac 塑造了轻松、自然、活泼的形象；PC 则刻板、老套、不善交流。这则广告告诉大众，Mac 不仅具备 PC 的各种实用功能，更重要的是 Mac 的创意与生活乐趣。“Mac 对 PC”的广告系列包含 66 个短片，每段 30 秒，并邀请贾斯汀·朗（Justin Long）扮演 Mac，邀请约翰·霍奇曼（John Hodgman）扮演 PC。Mac 的形象被饰演得轻快有活力，PC 的形象则偏向陈腐愚钝。

这一系列广告得到了大众的喜爱，让人觉得非常有意思，轻松好玩。Mac 的优势在对比中逐渐被越来越多的消费用户认可。他们愿意接触 Mac 电脑，体验它的优点和特色。最终 PC 用户有了迅猛的增长，开始购买并使用 Mac 电脑的用户也越来越多。他们甚至还利用业余时间学习 Mac 操作系统的各种复杂功能。这足以说明消费用户对 Mac 电脑的满意程度，也证明了苹果公司采用的差异化策略效果显著。

在苹果电脑销量迅速增长的情况下，微软高管被采访时说道，自己品牌形象的“陈腐”难以否认，但苹果公司如果没有进行这样的对比，那么电脑市场也许并不会像今天一样。当然，一个完整的销售过程不仅仅是硬件的销售，还有企业的软件销售。产品质量和产品价格都属于销售的硬件部分，而销售的环境氛围和企业的服务水平则是销售的软件。苹果公司通过硬件优势笼络了用户，而另外一些公司则通过软件优势也能笼络用户，提高用户的黏性。

企业的布置格局、会客厅或会议室的装修风格、员工的衣着与言谈举止都会影响用户的感觉。在用户到来之前，会客厅的现场环境与氛围可以根据用户的不同进行有针对性的临时布置，制造出用户喜欢的特色氛围，笼络用户的心。面对为自己量身打造的环境特色，用户会感受到企业的实力及服务的品位与高质。

泰国的东方饭店是一家世界性的大饭店，已拥有 100 多年的历史，历经这么多年，在与很多新兴大饭店的竞争中，从未被超越，几乎天天客满。想要入住的用户必须提前一个月预订，否则很难有空房间。这家饭店之所以如此火爆，是因为其特色的服务——饭店的每一位服务人员都要对用户给予最细致入微的关怀和重视。用户在这样舒适的、体贴的氛围里，宾至如归，舍不得离开。

饭店的住宿、餐饮、娱乐保证高品质，让用户倍感舒适和享受，服务员的细节服务更是丝毫不懈怠。比如，一位来自美国的史密斯先生到泰国出差，在这家饭店入住，早上出门打开房门的时候，有一位服务生便迎上来：“早上好，史密斯先生！”史密斯先生非常惊讶，一位服务员居然记得他的名字。原来饭店规定，楼层服务生在客人入住后，要把每个房间客人的名字记住。

史密斯先生乘电梯下楼时，又遇到另外一位服务生，这时服务生就会问：“史密斯先生，享用早餐吗？”史密斯先生来到餐厅，又有服务生问：“史密斯先生，还是原来的座位吗？”饭店的电脑里记录着史密斯先生每次用餐所坐的座位。菜上来后，如果史密斯先生需要问他们问题，则服务生每次开口之前都会先退后一步，防止口水溅到客人和饭菜。

史密斯先生离开三年之后，意外收到了饭店寄来的贺卡："亲爱的史密斯先生，祝您生日快乐！您有三年没来我们这里了，饭店里的所有人都想念您并祝您生日快乐。"这种特色的环境和服务，让用户享受到了最贴心的体验，不仅有种宾至如归的感觉，也得到了想要的重视和关怀。因此，凡是来过饭店的用户都会终生难忘，并愿意再次光顾。泰国东方饭店就是这样紧紧地笼络着用户的心。

10.2.2　从苹果、泰国东方饭店看笼络用户的方法

苹果、泰国东方饭店的营销模式都是非常成功的。企业要吸取其成功的经验，找到自己的特色，笼络自己的用户，才能在激烈的市场竞争中脱颖而出。那么，如何打造自己的特色，并以此来笼络用户呢？其技巧如图 10-2 所示。

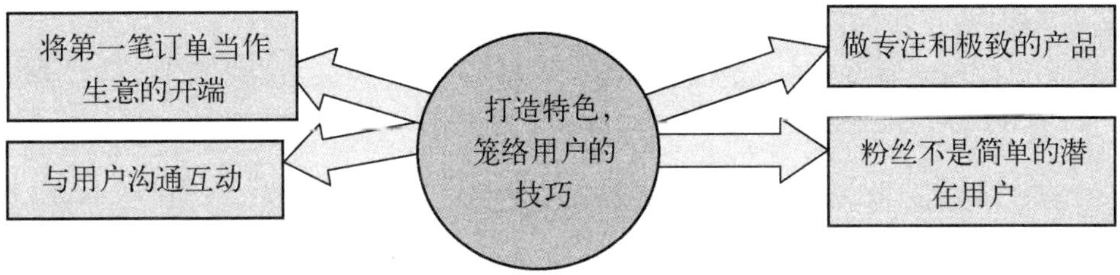

图 10-2　打造特色，笼络用户的技巧

1. 将第一笔订单当作生意的开端

要想将用户变成产品的粉丝，就必须坚信"今天让小利，明天挣大钱"的道理。企业的最终目的是吸引用户多次购买产品或者让更多的用户购买产品。这样，用户第一次的购买体验就变得非常重要。对企业来说，通过第一笔订单持平甚至轻微亏损留住一个用户是非常值得的。

粉丝的终身价值无疑是非常巨大的。很多企业获得的利益都来自生意的后端，来自用户的重复购买。如果第一笔订单让用户非常满意，那么他就有可能成为企业的粉丝，对企业产生信任感。这样，成为粉丝的消费用户迟早能为企业带来更多的利益。

2. 与用户沟通互动

企业需要与用户沟通互动，为用户提供有价值的信息。企业要想获取最大的销售利润，就必须将用户的关注化为实际的购买行为。而用户的行为总是受情感驱动的，企业应该在朋友的基础上，为用户提供有价值的信息，让用户对企业产生情感连接，从而在后端将这种情感化为实际行动支持企业。

比如，罗振宇的罗辑思维节目视频最近非常火爆，每天都会为粉丝免费分享语音和文章。罗振宇的语言风格非常亲切，可让粉丝感觉到他是将自己视为老朋友一样聊天，为粉丝提供有价值的信息。他还经常通过各种活动与粉丝互动，吸引了大量粉丝加入。粉丝由于对罗振宇本人及节目的喜欢和支持，在后端为其创造了巨大的效益。

3. 做专注和极致的产品

淘宝、京东等购物网站通过优化整合各个环节以低价赢取了大量的消费用户，因此，专注、极致及个性化的产品总是能够给消费用户带来惊喜，使他们成为粉丝。粉丝经济形成的基础不是对产品本身的硬性需求，而是一种价值认同和情感归属。粉丝很容易冲动消费，而且频次很高，并且常常不满足于同质化的产品，尽管价格很低。高性价比的产品是粉丝的最爱。

4. 粉丝不是简单的潜在用户

在粉丝经济下，用户的身份是多元化的。他们是你的用户，也可能是你的免费宣传员。很多粉丝因为一次满意的购物体验就会把你的产品在自己的朋友圈大肆宣传推广。用户在未来也有可能作为合作者参与到产品的设计和研发中来，甚至也能成为你的股东。只有重视粉丝这一群体，笼络这一群体，才能将企业做好做大。

10.3 颜值社区的颜值经济

马月是2001年新丝路全国模特大赛的十佳模特，也是星云梦公司的创始人兼CEO。2012年，马月创立了星云网（现改名为颜值）。这是他的第二次创业。在离开自己经营了6年的美空网后，80后的马月对创业仍充满热情。他自称："我应该是所有模特、演员里面最懂互联网的人，我现在要解决的一个问题是，如何把明星娱乐和互联网这两个东西结合得更好，并在星云网的产品体系下得到很好的实现。"

星云网的办公地点在北京三里屯12号公寓，在办公室的走廊里有一面照片墙，上面挂满了马月与各个领域精英、明星的合影，表现了马月的好人缘。在马月的办公室里，一块写字板非常显眼，上面都是密密麻麻的字迹，如果没有讲解，旁人无法看懂这些错落有致的数字和符号。曾经做过模特的马月身高190公分，拥有长腿、健硕的身材，用粉丝的话来说，"马月明明可以靠脸吃饭做模特，却偏偏要凭实力做创客"。

在创办星云网时，马月试图颠覆曾经的自己，彻底放弃野路子，做一个主打明星社交的垂直类互联网平台。顾名思义，星云网的含义是众星云集，灵感来自马月的一个梦。与当初美空网寓意的"更多机遇，时刻在线"相比，星云网不带有一丝香艳的诱惑。美空网到处都是艳丽的美女橱窗，而星云网则采用的是低调的整体视觉效果。当然，几个大眼美瞳瓜子脸的美女还是有的。

在星云网的明星橱窗里是黄晓明、Angelababy、徐铮、刘谦等大牌明星，而“明星粉丝见面会”的活动参与页面则在轮播焦点图里。星云网与美空网已经彻底不同了，马月将星云网视为他的自我颠覆：“这里会是明星和明星粉丝的聚集地。不同于微博、微信等产品的互动形式，星云网是一个以明星为主要用户的垂直娱乐圈社区平台。”

星云网的发展非常顺利。2011 年，星云网获得了 1000 万元的天使轮融资，投资人包括青稞创投的倪正东、海康威视公司大股东龚虹嘉及著名影星黄晓明。2014 年 7 月，星云网获得深创投（深圳市创新投资集团有限公司）4000 万元 A 轮投资。美空网创始之初融资非常困难。相比之下，星云网的融资就显得既容易又迅速。马月计划将 A 轮融资获得的 4000 万元用于“明星见面会”“明星点评”、明星社交软件“朋朋”等项目的运营和推广。

10.3.1 揭秘颜值社区

2015 年 5 月，星云网正式改名为颜值。此次更名不仅是改名字那么简单，更是一次转型。马月认为，颜值是一个新颖的词汇，可以形容各种人和物。颜值决定了一切物体的外观好看与否，但其背后却承载了更广阔的发展想象空间，与星云网不同。

事实上，颜值社区与星云网最大的不同就是其承载的颜值经济价值。如今，颜值概念非常火爆，足以证明大家都对颜值高的人群感兴趣。陌陌、QQ 附近的人聊天、见面、约会本质上都体现了颜值价值。

颜值社区的优势就是对颜值价值的挖掘。目前，星云网的用户数量达到 110 万，颜值社区会员数量达到 12 万，颜值会员包括明星、模特两部分。星云网的改名及转型顺应了社会普遍重视颜值价值的大趋势。就像当年新浪抓住了微博的发展势头一样，颜值也抓住了颜值经济的发展势头。

颜值社区与以前相比有三个变化：一是用户群定位，即由原来的只针对模特、明星群体，扩大至全领域颜值高的用户群；二是商业模式，即由原来的慢慢摸索到现在的直接进军电商，商业模式更加清晰；三是产品模式，即由原来的明星自娱自乐到明星与粉丝之间形成的互动氛围。

颜值社区与 QQ 一样具有一套为普通用户设计的由初级至高级的升级机制。用户可以给自己认为颜值高的男神、女神投票。随着投票次数的增多，用户的级数也会升高。评委级别是升级机制的最高级别，也就是一个颜值审美官，而不是微博养成的固定不变的粉丝角色。评委级别的用户在投票榜单投一票的价值可能比普通用户投 100 票的价值还要高。通过这种形式，粉丝和明星之间开始真正互动起来。

如果你的审美级别达到评委级别，那么一些高颜值明星就可能主动来寻找你。用户将有机会跟大牌明星见面，索要签名，甚至约会。对于高颜值明星来说，颜值排行榜单排名的高低直接关系到经纪公司、综艺节目、影视公司与他们之间合作机会的多少。当然，颜值排行榜不仅仅针对模特及明星，各个领域都有自己的颜值排行榜，只要颜值高就有机会上榜。

在颜值社区中，高级别用户可以满足对明星的需求，但是对一些级别低又想要与明星见面、索要签名、甚至约会的用户来说应该怎么办呢？除了升级，用户还可以购买明星在颜值社区销售的产品以满足自己的心愿。这些产品都是为明星量身打造的，印有其自身图案，如杯子、抱枕、被套等产品。这是马月试图打造的颜值社区的电商模式。为了使颜值社区形成超级互动的社区氛围，创作团队还会想方设法创造其他加强社区互动的产品功能。

颜值社区的新版本增加了评分、点赞功能。就像豆瓣的评分功能一样，作品好与不好不由官方决定，而是由用户自主选择。而点赞功能的设计则更加大胆创新，用户可以对自己喜欢的部位进行点赞，如喜欢女明星的嘴，就可以对嘴点赞，喜欢男明星的眼睛，就可以对眼睛点赞。随着用户点赞次数的增多，颜值社区将洞察用户的个人喜好，向其智能化推荐高颜值的明星。

10.3.2 颜值社区的启示

可以说，颜值社区打通了一条用户、颜值高明星与第三方（包括影视公司、经济公司、综艺节目）之间的价值链条。这条价值链条直接关系到颜值经济能否成功打造。一旦成功，颜值社区就会成为继陌陌之后，国内又一个新兴垂直社区黑马。颜值社区的发展空间巨大，目前只是一个开始。颜值社区的打造对其他企业的启示有以下（见图 10-3）三点。

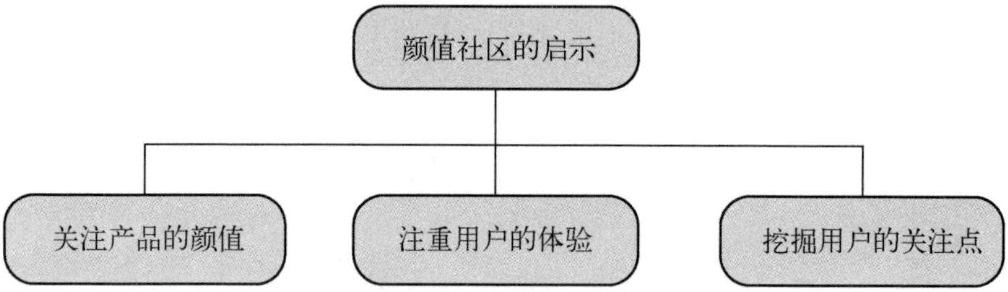

图 10-3　颜值社区的启示

1. 关注产品的颜值

从用户的偏好习惯来看，颜值是用户最关注的点。iPhone 6 发布时，用户普遍关注的就是造型好不好看，而不是又增添了哪些新功能。用户对市场上所有产品都是如此。纵览当下知名服装品牌推出的产品，多偏向简单大气，颜色也是选择当下用户最受欢迎的色调。产品的模块化设计体系、结构细节都要追求精致、美观，这样的产品才能得到用户的喜爱。

2. 注重用户的体验

注重颜值的用户并不是只看外在而不顾内在的。对于颜值高的产品，用户还要经过亲身体验才会对产品的优劣进行判断。用户既是产品的使用者也是传播者，如何让用户进行自发口碑传播是目前大部分企业营销推广的重点和难题。近年来，很多企业通过回馈老用户的方式开展了一系列的活动，如抽奖送手机、免费游三亚等，在与用户进行的活动中，通过与用户的沟通互动，可使用户基于接触点上的累积体验形成对企业或品牌的感知。

3. 挖掘用户的关注点

在竞争激烈的市场中，企业开发市场，赢得竞争的机会都是在用户认同的基础上的。只有了解用户真正关注什么，才能把握与用户的沟通机会，获得用户的认同。信息的传播是双向的，是一种互动交流。因此，企业首先要确保产品的质量，才具有与用户沟通的资本。

10.4 你的任性，粉丝的随性

“爪哇空气”是武汉咖啡店的标杆之一。方文是咖啡店的老板，曾经学过哲学与美术，做过设计与装修，最终却选择开了一家咖啡店。方文一直向往简单、自由的生活。19 岁之后，他就一直任性地生活着，内心真正喜欢的才会去做。

方文出生于一个干部家庭，高中毕业后，考上了中国人民大学政治经济理论专业。如果当初选择当公务员，那么他现在至少也是处级干部了。然而，方文骨子里就有任性的基因，刚刚读完大一，在没有提前与父母商量的情况下，就坚决辍学回家了。直到现在，方文依然不后悔当初的决定。尽管他喜欢哲学，但当时的他感到迷茫与混沌，看不到未来的方向，因为他的内心深处更加喜欢绘画与雕塑。

辍学回家后，方文开始研究美术。他并没有太多的经验，对美术的兴趣都来自平日里的胡乱涂鸦。1991 年，也就是辍学一年后，方文报考了中央美术学院的雕塑系，拿到了全国第七名的优秀成绩，让所有的人大吃一惊。当时中央美术学院的学费为每年 3000 元，方文不想向父母要，而自己又支付不起就选择了放弃。1992 年，方文又以专业第一名的成绩考入湖北美院，主修工业设计。

大学期间，方文为了养活自己，利用所有的业余时间做一些绘画、浮雕之类的工作，并且经常熬夜赶活，第二天依然要正常上课。这些经历为方文日后的创业打下了基础。方文是个追求完美的人，即便是做任何小的装修设计，也会保证个性十足。

方文凭借优异的成绩从大学毕业后，热爱自由的他选择了创业。起初，他主要接一些设计制作方面的活儿，包括室内装修设计、产品设计及商业设计等。方文总是尽力将自己的生意做到最好，无论大小。渐渐地，方文在设计行业小有名气，并开了自己的设计公司和工作室。

当了老板的方文依然坚持自己动手。有一次，他接到一个非常简单的活儿，装修餐厅吧台和厕所。为了让设计富有艺术感，方文决定将小颗粒的马赛克拼出创意图形，用来装修厕所。一个简单的活儿，方文独自奋战了一个多星期。方文随心所欲的个性设计受到了用户的欢迎，也赚取了人生的第一桶金。

方文原本应当在设计师的路上走下去，但让人意想不到的是，在设计公司初具规模时，方文又任性了一把，放弃了稳定的生活，决定去做与专业不相关的咖啡店。涉足一个完全陌生的领域，单单依靠兴趣是不行的，然而方文展现出了精明的生意头脑。方文的朋友圈里有很多喜欢喝咖啡的外国留学生，方文抓住了这群现成的稳定客源。

2006 年初，方文在武汉天津路开了自己的咖啡店，起名“爪哇空气”。凭借强大的朋友圈和出色的活动策划，方文的咖啡店渐渐火了起来。爪哇空气刚开张时，正是武汉酒吧、咖啡店发展的高潮时期。仅武汉天津路上就有十几家酒吧、咖啡店，生意都不错。半路出家的方文是如何在激烈的竞争中生存下来的呢?

方文社交广泛，曾梵志、何丽君夫妇等艺术家，程军、法国驻武汉参赞等政企界人士，以及众多的外国留学生都是他的朋友。2006 年 3 月 8 日妇女节那天，方文在自己的咖啡店里策划了一次主题 Party，邀请众多好友参加，从此爪哇空气一炮而红。此后的每个月，方文都会策划举办不同的活动，为爪哇空气聚拢人气。

与其他装修精致的咖啡店不一样，爪哇空气的专修非常原始质朴。店里的所有东西都是旧的，包括旧木板、旧泥巴墙，即便是买来的新桌椅，方文也会故意将它磨损为“旧桌椅”。朋友经常打趣方文是个“资深拾荒人”，“江汉路一些老房子拆迁时，他捡到不少废旧木板、门窗，甚至砖块，都用到了咖啡店的装修里”。

对许多爪哇空气的忠实粉丝来说，他们之所以爱上了爪哇空气，就是因为爪哇空气为粉丝创造了一种随意自然、返璞归真的舒适感。开咖啡店的头三年，爪哇空气的发展并不顺利，当生意开始好起来的时候，又遇到了挖过江隧道，当时很多店铺都关门了，而爪哇空气一直在坚持。

2010 年，方文听闻爪哇空气所在地即将被拆迁的传闻，于是在年底关了咖啡店，紧接着，与朋友一起凑了 400 万元，在临江饭店近 1000 平方米的场地里开了一个大型酒吧。然而，方文与合伙人的经营理念出现了分歧，酒吧生意也越来越糟，最后倒闭。方文因此亏了 200 万元。

2011 年底，方文回到了起点，再度出发，在天津路老地方重新经营起了爪哇空气咖啡店。在这个充满旧事物与回忆的咖啡店，逐渐聚集了武汉文艺圈的众多粉丝，并吸引了一大批文艺青年和外国游客。各式各样的木雕与陶罐都是方文从各地淘回来的宝贝，它们安静、不按章法地摆设在爪哇空气咖啡店里，好像空气中都弥漫着随性和自由的气息。

方文一直将快乐赚钱当作成功的不二法宝，每一位粉丝来到爪哇空气就像回家时一般轻松惬意就印证了这一点。每一位来过爪哇空气的粉丝，方文几乎都能叫出他们的名字，这也是爪哇空气能够吸引众多粉丝的原因之一。

咖啡店逐渐进入人们的日常生活中，加速了咖啡行业的蓬勃发展。然而，品牌众多，真正有特色的咖啡店却非常少，这一点值得咖啡店经营者自省。方文将自己的咖啡店进行了个性化的设计，通过自身的个性魅力与门店特色成功吸引了一批粉丝。这就给咖啡店经营者一个启示：为了提高咖啡店的市场竞争力，必须做出自己的门店特色。那么，咖啡店如何特色经营才能吸引粉丝呢？

咖啡店绽放出的独特魅力体现在细节上，如很多咖啡店都会在门口摆放特色餐点、特惠餐点告示牌吸引顾客。经营者应该为自己的咖啡店设计一个与众不同、个性十足的告示牌，让看到的顾客留下深刻的印象，给顾客以深刻的印象就是咖啡店的一大亮点。咖啡店里服务人员的装扮、店内装饰品的选择、器皿的摆放等都是经营者应当重视的细节。从细节入手，就能将你的咖啡店打造成独具特色的咖啡店。这些都取决于经营者的奇思妙想及是否真正用心。

10.5 颜色不高，却有味的“懂懂日记”

自媒体是近两年来非常火的概念。通过自媒体、建立个人品牌、探索适合自己的盈利模式、将粉丝变现已经成为许多自媒体人的目标。然而，做一位合格的自媒体人是非常困难的。首先，自媒体人必须长期坚持写作或制作音频、视频等，大部分人都因此而自动退却；其次，即使有些自媒体人长期坚持下来了，但总是因为找不到合适自己的盈利模式而不能将粉丝变现从而主动放弃。

一个没有粉丝支持的自媒体人将无法发展。一些常年坚持写文章的自媒体人，发表了几百篇的文章，但平均每篇的访问量连 1000 都不到，那么这种自娱自乐的自媒体人也无法有任何商业模式的发展。真正成功的自媒体人不仅要有高质量的文章内容，还要有很高的访问量，同时要有清晰明了的商业盈利模式。

10.5.1 董俊峰依靠懂懂日记年入几百万

小米的成功既不是通过自媒体盈利的开始，也不是结束。很多草根都是通过自媒体慢慢取得成功的。他们每个月的收入上万、上百万，甚至上千万元，如通过写 QQ 空间日志年赚几百万的自媒体人“懂懂”。“懂懂”原名董俊峰，通过在 QQ 空间发布日志吸引到无数的粉丝。销售 QQ 空间的回复权限及读者群权限是董俊峰的盈利模式。

事实上，刚进入懂懂日记的空间，大多数人的第一感觉就是太平凡了。董俊峰的空间没有任何装饰及装扮布置，甚至连头像都没有，非常流行的 QQ 空间认证也没有做，只是将整个空间当成了一个简单明了的日记空间。众所周知，一个自媒体人的文章如果每一篇都有几千的点击量已经非常不错了，而懂懂日记的点击量让人震惊。董俊峰所写每篇日志的点击量都超过了 1 万，并且处于持续增长中。其中，董俊峰在最近写下的日志在短短 3 个多小时内就有 1.68 万的阅读量。

很多自媒体人都曾经发表过让大众惊喜的文章，也获得了超高的点击量。大部分自媒体人基本上是一周更新一次，有的甚至是一个月更新一篇。他们每写一篇文章都需要精雕细刻。而董俊峰的懂懂日记每天都会更新，有的时候一天可以写几万字。

对董俊峰来说，自己所写的日记就是简单的日志，不是什么高大上的文章。懂懂日记所记录的事情都是董俊峰身边发生的故事及对网络上商业机会的评论等。董俊峰独特的见解及个性化的内容是吸引粉丝的关键。懂懂日记下面的评论并不多，不是粉丝不想评论，而是因为董俊峰通过销售评论权限而盈利。

懂懂日记是面向大众的，每一位 QQ 用户都可以阅读。但是所有想要对懂懂日记进行评论的用户都必须购买每年 1200 元的日记回复权限。懂懂日记的评论权限相当于每年 365 次的广告机会，所有关注董俊峰的粉丝都可以看到来自其他粉丝的评论及回复。

董俊峰将自己的盈利模式称为“付费阅读”。董俊峰为粉丝评论的内容设定了规矩，不能随心所欲地发表评论，这就是董俊峰的自信和霸气。加入董俊峰的读者群需要一万元的入群费，依靠这种简单的盈利模式，董俊峰单单凭借付费阅读每年就有几百万元的收入。

10.5.2　董俊峰的成功经验

董俊峰的懂懂日记中没有培训、没有营销，只有简单的生活经历。他不卑不亢，从不对粉丝阿谀奉承，也没有主动吆喝，但是依然有大量的粉丝为了获得评论权限而自主打钱给他。至今为止，懂懂日记已经积累的几万的忠实粉丝。同样是自媒体人，有大部分都在为了赚广告费而疯狂追求新潮，像董俊峰一样成功的自媒体人实在不多。下面是董俊峰的懂懂日记为何能吸引大量粉丝的原因，如图 10-4 所示。

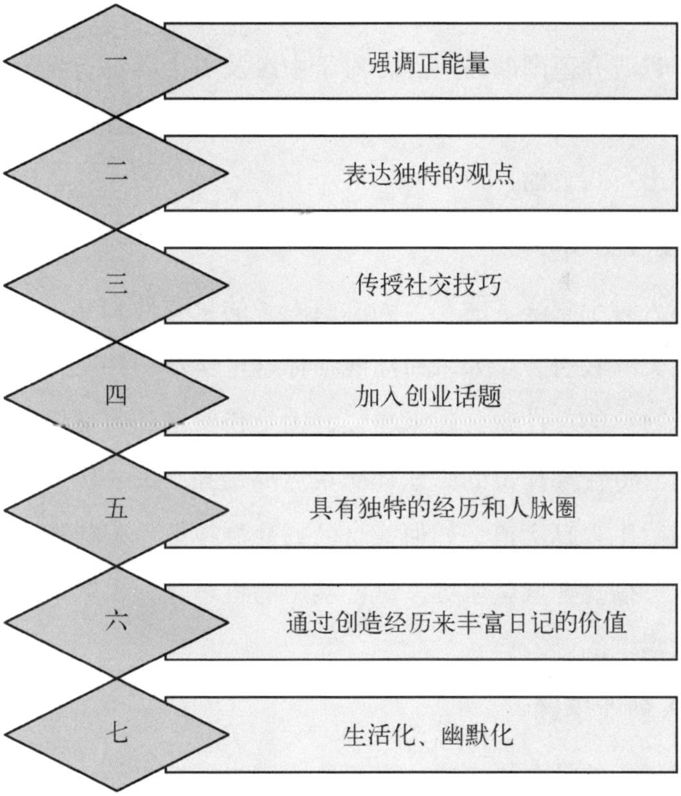

图 10-4　懂懂日记吸引大量粉丝的原因

1. 强调正能量

自媒体人应当向社会传递正能量。在懂懂日记里，董俊峰反复强调了这一点。自媒体人应当为社会提供具有积极意义的正面内容，尽量减少消极的负面内容。董俊峰曾经在一篇日记里提到，“家里来了两位不速之客，声称是做盗版光盘的，我顿时感觉心里很不舒服。”董俊峰的讲述表明了自己对待盗版光盘的批判态度，也就是向社会传递了正能量。从某种层面上来说，董俊峰正确评价人和事的态度对于粉丝具有正面影响。

2. 表达独特的观点

自媒体人所表达的看法应当都是经过自己深入研究的，观点正确与否不是事情的关键，关键之处是要有自己的思想和判断。董俊峰在懂懂日记中谈到自己对一些事物的看法，表达了自己的观点，但是从来不与别人争论。他的知识研究范围涉猎广泛，对于中医及养生等都有自己的看法，并且见解独到。董俊峰的付出不可否认，因为很多看法及观点没有功夫作为基础是说不出一二三的。

3. 传授社交技巧

自媒体人对于家庭、朋友、人脉及圈子的重要性和交往规则的解说对粉丝具有极大的吸引力。如果粉丝能在你这里学习一些对自身发展有用的知识，那么粉丝的黏性就会越来越强，因为粉丝已经将你的自媒体平台当作社会课堂。董俊峰提出的一些社交观点都是独有的。比如，如何孝敬父母、怎样与陌生人打交道、如何为自己贴社群标签、怎样通过付出计算收益、怎样区分谁是客谁买单等。这些实用的道理是大多数人不容易悟到并且还是非常渴求的。

4. 加入创业话题

在全民创业的社会氛围中，自媒体人应当顺应大趋势，适当加入一些社会热点话题，如可以适当加入创业、投资、理财、营销等大众普遍关注的话题。董俊峰在日记中的一些看似生活化的内容，很多都隐藏着一些策划、分析，这些都是董俊峰刻意加入的。董俊峰的粉丝中有很多都想要创业，因此融入的创业话题的内容就受到了欢迎。最重要的是，董俊峰所说的自己与身边人的故事都是真实发生的，比单纯讲理论要可信得多。

5. 具有独特的经历与人脉圈

自媒体人应该懂得利用自己的经历与人脉圈优势。董俊峰就深刻地意识到了自己经历的独特性及长年积累的与众不同的人脉圈。董俊峰曾经做过网络流量，具备聪明的头脑。董俊峰总是谦虚地说很多点子都是圈子里的朋友一起想出来的，而他只是进行了总结之后将其公布出来。董俊峰的智商与悟性肯定是高于普通人的。董俊峰有两个圈子：一个是线下的朋友圈；一个是线上的读者圈。两个圈子的形成与他的经历直接相关，都是他生活的一部分。

6. 通过创造经历来丰富日记的价值

自媒体人应当为了丰富自己的内容价值而创造一些新的经历与体验。董俊峰就把写日记当成了自己的事业、赖以生存的饭碗。为了能够让自己的日记为粉丝提供持续性的价值，他参与了拉萨行、边境游等，丰富自己的经历与日记内容。很多自媒体人做不到这一点，也模仿不了他的成功，因为像董俊峰一样将写日记当成事业的自媒体人是极少的。董俊峰有充足的时间打造具有价值的日记，而大多数人没有。

7. 生活化、幽默化

自媒体人应当创造生活化、幽默化的内容，给读者以轻松的享受。董俊峰的懂懂日记就通过生活化、幽默化的语言给了粉丝一种轻松的享受。董俊峰非常擅长用通俗的语言阐释深刻的道理。当然，他的优势与丰富的生活经历和持续、广泛的学习不无关系。自媒体人在创作的时候，首先要找到自己独特的优势。如果没有自己的绝活，你就只能是一个默默无闻的自媒体人，或者无法长久。

第 11 章

拒绝高仿：原创才有杀伤力

2015 年 7 月 26 日，国内首款互联网汽车的四门电动轿跑——游侠 X 在北京发布。发布会结束后，网友们进行了各种吐槽，认为这是一个企业吹牛皮的故事。据专业人士分析，“游侠 X”就是一台根据特斯拉 MODELS 改装而来的，是特斯拉的仿制品。此事件与特斯拉的火爆形成对比，国内众多汽车论坛、汽车媒体都对特斯拉的成功表示惊叹。

回归到粉丝的运营也是如此，没有粉丝愿意过多地观看粉丝经营者转发的视频或图片，因为粉丝希望自己的关注者是真实的。要想真实，只能通过原创来解决。

11.1 格调：拒绝抄袭

2015 年 9 月 14 日，中国大学原创音乐赛新闻发布会在北京举行。大赛邀请了创作才子许嵩、著名作词人林夕及歌手王铮亮作为明星嘉宾出席发布会。三人一起见证了赛事的启动仪式并对参赛的大学生们给予鼓励。

该赛事横跨中国北京、上海、广州、深圳等三十多个城市，不仅为大学生们提供了一个展示自我音乐才华的舞台，还鼓励大学生们展示原创作品，为华语乐坛注入新鲜血液。作为年轻创作歌手的代表，许嵩向参赛大学生们提出自己的建议："从心出发，歌为心声，写自己想写的，唱自己想唱的，抱着一颗简单的心去做音乐。"

许嵩是依靠原创成名的歌手，从他获得的奖项就可以窥探一二。2015 年 1 月 8 日，许嵩在上海获得中国华鼎奖颁发的华语年度最受欢迎原创歌手奖；2015 年 3 月 25 日，许嵩在深圳获得 QQ 音乐年度盛典颁发的年度创意专辑奖；2015 年 4 月 11 日，许嵩在北京获得第 3 届音悦 V 榜年度盛典颁发的年度创作歌手大奖；2015 年 4 月 23 日，许嵩在北京获得酷音乐亚洲盛典颁发的年度最佳原创歌手奖。这些奖项也代表着他对原创作品的执着。

2008 年盛夏，许嵩从安徽医科大学管理系毕业，开始了自己的音乐原创之路。2009 年 1 月 10 日，许嵩一个人作词、作曲、录音、混音完成的一张叫《自定义》的唱片。自此，许嵩开始有了自己的一批忠实歌迷。《自定义》卖得非常火，在许嵩的个人网站预售了几天便宣告断货。《自定义》还得到了圈内人士的认可，但由于缺乏唱片公司的推广传播，主流媒体根本不知道许嵩的存在。在这种情况下，许嵩依靠着小部分媒体人的推荐及歌迷的自发宣传让这张专辑的知名度开始扩散。

在许嵩的名气流传开之后，唱片公司老板们开始不断找许嵩谈合作、谈签约，其中不乏来过好几次的人。然而许嵩始终坚持原创，对前来谈合作的人提出由自己独立创作制作第二张专辑的要求。很显然，唱片公司不会对一个新人下这么大的赌注，于是许嵩依然自己战斗着。

2010 年 1 月 6 日，经过一年的时间，许嵩独立作词、作曲、制作的第二张专辑《寻雾启示》宣告完成。其中，《庐州月》《灰色头像》等作品凭借粉丝们的口碑宣传大获成功，仅《灰色头像》一首歌的彩铃下载量就超过了之前的所有作品。在《寻雾启示》发行后，搜狐、联想、华谊音乐纷纷邀请许嵩为旗下艺人量身打造作品，而且这些作品在艺术上也取得了较好的口碑。

2011 年 4 月，已经成为互联网音乐新一代创造型歌手标杆人物的许嵩正式与跨国音乐公司海蝶音乐签约。在签约海蝶后，许嵩推出第三张创作专辑《苏格拉没有底》。这张专辑在实体唱片日渐式微的数字音乐时代依然获得了超过 23 万张的实体碟销量，轰动全国媒体。

11.1.1 谁欺负了少年

2014 年 11 月 29 日，一篇名为《少年不可欺》的帖子被网友疯传，不少网友的朋友圈被这则帖子刷屏。

作者“NIKO EDWARDS”声称，视频网站利用了他们团队的创意、经历及拍摄成果。NIKO 在文章列出了各种证据证明视频网站的抄袭行为。

NIKO 在帖中控诉：“难道有了平台优势就可以肆意盗取别人的东西，然后略经修改，瞬间就变成自己的东西了吗?”

“GreenD & Niko Edwards”团队共有 6 人，都是未满 20 岁的少年。2014 年 7 月 22 日，团队产生了拍摄地球的想法，直到 9 月 3 日，团队才开始实行计划。他们在精心选择的城市地标上发射了热气球，但是第一次以失败告终。设备总重量太重、气球充气不足是第一次发射失败的原因，他们不得不将所有的设备遗弃，只剩相机和 GPS 之后，热气球成功升上高空。

“驱车 300 多公里，单日里程近 600 公里，只为寻找掉落的设备……不断转弯盘山省道，晕眩难耐，途中偶遇蘑菇状的粉色星空云，就着闪电的轰鸣声下起倾盆大雨，几欲击裂车身……”少年们追气球的旅程显得惊险刺激。

在耗尽汽油的情况下，团队结束了无果的追寻气球旅程。之后，NIKO 独自一人踏上追寻气球的旅程，做火车到广东省东北角的河源。在热心村民的帮助下，NIKO 最终在一片水稻梯田中找到了拍摄成果。他们通过这样一种行动实现了少年们儿时对天空的幻想。

事发后不久，网站方撤下了视频，最终造成了一些负面影响。

11.1.2　原创内容打造核心竞争力

一个又一个案例告诉大家，国内各行业对于版权内容的尊重做得远远不够。法律在保护原创内容方面的漏洞也为侵权者打开了方便之门。一些原创短视频、文学作品、图片等存在的各式各样的“参考”和抄袭屡见不鲜，严重打击了原创作者的创新积极性。

NIKO 不接受优酷的道歉，要付诸法律的行为给大家带来更多的是关于原创内容未来的反思。即便互联网及移动互联网的发展使得信息的获取渠道变得很广泛，但如果没有原创内容，那么再多的渠道都没有用。原创内容是一种核心竞争力，无论在哪个时代都有非常重要的作用。下面三点都体现了原创内容的重要性，如图 11–1 所示。

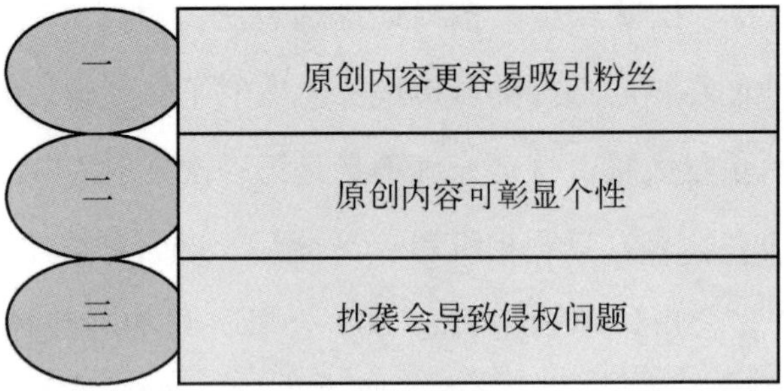

图 11–1　原创内容重要性的体现

1. 原创内容更容易吸引粉丝

在互联网时代，信息已经不能简单地称之为“泛滥”了。大家都遇到过这种情形：新浪微博内容太多，直接跳过浏览；视频播放中插播广告，因为反感而选择做其他的事情；购物过程中突然弹出调查问卷，但从不配合。大量的来自互联网的信息已经麻痹了人们的大脑神经，只有那些真正有价值、有思想的内容才能得到大众关注。无论是哪一行业的创作者，只有用心创作专属于自己的东西，才能实现价值，吸引到大众眼球。

2. 原创内容可彰显个性

原创的东西都是创作者花费心血来完成的，在创作期间融入了作者的情感。比如，作者的个人风格偏好都是作者专属的东西，他人是很难模仿的。原创内容不仅可以让受众记得你的作品，也会记得你这个人。

3. 抄袭会导致侵权问题

因为抄袭而导致侵权的问题很容易理解，也经常被人们忽视。侵权问题在我国很常见，却没有引起重视，这种现象非常难以理解。一旦某个团体或个人被投诉侵权，那么该团体或个人的信任度就会随之降低，名誉受到损失。抄袭是一件得不偿失的事情，拒绝抄袭、坚持原创是一种格调！

11.2 情感驱动，才有黏性

一个人现有的情绪会影响到对正在接触的另一个人的评价，这就是情感的作用。主体的情绪状态起着非常关键的作用，尤其是对于第一印象的形成。第一次见面时主体是喜是悲，对于双方关系的建立会产生不可思议的差异。交往双方的情绪是可以传染的。

美国认知心理学家唐纳德·诺曼（Donald Norman）认为，“产品必须具有好的功能，让消费用户易学易用，如果能给人愉悦的感觉就更好了。”一个产品如果能够满足消费用户的情感需求，给他们愉悦的审美体验，那么就实现了其根本价值。企业应该摆脱“功能控”说服思维，关注消费用户的情感化需求。

11.2.1 受欢迎的成双成对的小虾

消费用户之所以热衷于某品牌的产品，主要是因为“它令我开心”“给人的感觉很特别”或“它有与众不同的意义”。目前的市场调研显示，在购买产品时，因为某些情感因素而选择某一个品牌的中国消费用户占到了市场的30%。

现代社会越来越注重情感消费。用户在选择产品时，不仅看重的是商品数量的多少、质量的好坏，而且还是为了获得一种情感上的满足，一种心理上的认同。情感营销通过满足消费用户的情感需要，引起消费用户心灵上的共鸣，给营销加入了人情味，在竞争中取得胜利。消费用户重视附加在产品背后的情感价值，那么企业就应该发掘产品所蕴涵的情感价值，这样营销效果才会达到最好。

一个名叫伊藤亮子的日本人在海边逛鱼市的时候，看见很多渔民都在贩卖一种很可爱的小虾。渔民告诉他，这种小虾从小就生活在石缝中，一直到长大都不会游出来，而且都是成双成对的。渔民们把它们捕捞上来放在清水中出售，价格很便宜，还具有观赏性。

伊藤亮子想，这些小虾在石缝中生活，尽管一生短暂，依然不离不弃，厮守到老，这跟人们忠贞不渝白头到老的爱情不是很像吗？只要对它们进行设计包装，就可以作为感人的情感商品出售。有了这种想法后，伊藤亮子便在东京开了一间店，专门出售这种成对的小虾。

与渔民将小虾简单地放在盆里出售不同，伊藤亮子经过精心设计，专门定制了一种小巧别致的玻璃箱。在里面放入假山石，再装饰一些水底植物、彩灯，放入清水，变成了小虾们的“爱巢”。里面还安装了防水电子音响元件，可播放舒缓的背景音乐。产品一经问世，便广受人们的欢迎。

在产品附带的卡片上，伊藤亮子把小虾厮守偕老的故事描绘得真切动人，不仅引起了新婚夫妇们的共鸣，也打动了很多老夫老妻，都乐意买回家去作为爱情纪念和信物，产品十分热销。

11.2.2 驱动消费用户情感的方法

在所有美丽的物件背后都蕴涵着人文赋予它的一份情感与心境。买一个蛋糕，其实是想要一份甜蜜的祝福；看一场电影，其实是想要一份记忆与感悟；品一杯咖啡，其实是想要一份悠闲；买一份礼物，其实更注重的是情谊。成功的企业总是通过给产品附加情感价值关注消费用户的一生，以细水长流的情感激发消费用户潜在的购买欲，赚消费用户一生的钱。下面来看一下驱动消费用户情感的方法，如图 11-2 所示。

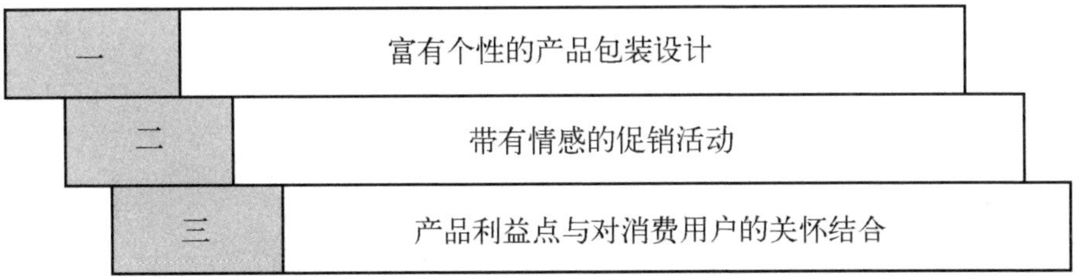

图 11-2　驱动消费用户情感的方法

1. 富有个性的产品包装设计

企业首先要考虑消费用户的情感出发点，设计富有个性和人性的产品包装。常言道，佛靠金装人靠衣装。消费用户追求个性的心理与工厂成批生产产品的特点是相违背的。如果能够根据消费用户人群的不同、环境的不同设计出符合消费用户的个性包装，将会取得突出的效果。

一家伦敦婚庆公司突发创意，连手一家酒厂，在酒瓶上印上了新人的姓名、出生年月及相识相爱的故事。这件事在婚礼上引起了轰动，大家议论纷纷，当地媒体也报道了此事。这些酒瓶在饮后被亲朋好友带走作为纪念品。

很普通的酒，因为有个性化的包装设计而显得与众不同，从而获得了空前的销量。

2. 带有情感的促销活动

企业在做产品促销活动时也需要带有情感。带有情感的促销活动有很多种形式，可以是热心社会公益，也可以是对社会的回报或赞助。比如，农夫山泉就以公益活动的名义促销，承诺每卖出一瓶农夫山泉，就会有一分钱捐给希望工程。这满足了大众的爱心，获得了大众的认可，销量也在中国天然水品牌中位居前列。

3. 产品利益点与对消费用户的关怀结合

企业在进行品牌传播时，要将产品利益点与对消费用户的关怀巧妙地结合起来，从而可引起消费用户的共鸣。贵州青酒的广告词是“喝杯青酒，交个朋友”，消费用户会联想到和朋友聚会的场景，透露出对消费用户友谊的关怀。所以，在感情上做文章，给消费用户关爱，就能得到消费用户的情感认同。

德芙（DOVE）品牌知名度很高，是 DO YOU LOVE ME 的缩写，拥有一批品牌忠诚度很高的消费用户，致力于满足消费用户的情感需求，尝试触及消费用户内心最柔软的部分。德芙巧克力的主要消费用户群体是年轻人。青年人懂得时尚与浪漫，感情丰富。德芙便据此打出情侣篇和友情篇的广告。德芙巧克力不仅成为爱情的象征，更重要的是情感的寄托。它承载了年轻人最美好的感情，最单纯的心情。

德芙巧克力的心形外形赋予了一种甜蜜、温馨的祝福，利用年轻人渴望爱情，渴望被异性吸引的心理与消费用户保持着良好的情感联系，增加了品牌的偏好度。漂亮的礼盒形状和颜色使消费用户眼前一亮，感觉很温馨。

德芙巧妙地通过情感效应打造出含有充足人情味的品牌，成为中国巧克力市场的领军品牌，被消费用户所喜爱也就不足为奇了 。

11.3 乔布斯打造的“果粉”

在“果粉”眼里，苹果是极致体验的代名词。这一代名词的根源在于灵魂人物乔布斯。对于乔布斯的极致精神，许多人称其为“变态”“疯子”。苹果系统的界面是在经历过数百次的改进后，才最终推向市场。当时，乔布斯为了比对界面的像素，几乎把鼻子都贴在电脑屏幕上。乔布斯说：“要把图标做到让我想用舌头去舔一下。”这就是苹果推向市场前的工作。

11.3.1　乔布斯关注极致

乔布斯是苹果产品的最终仲裁者，然而我们却看到，他关心的是与产品有关的细节及其带给用户的体验。美国一家投行的资深分析师保罗·诺格罗斯（Paul Noglows）这样评价乔布斯的成功。他认为：“对细节变态的重视成就了乔布斯。”对“果粉”来说，一台 iMac，其实不是意义上的 PC（台式电脑），而是一件完美的艺术品。这一事实，与 6408 亿美元（即时数据，2015 年 9 月 7 日，1 美元 =6.3644 元人民币）的苹果市值放在一起，更显完美。

在外界看来，乔布斯的极致已经从灵魂深处打动了消费用户。苹果的设计团队不仅要从外观上征服消费用户，还要在心理、精神上占据消费用户。这就是铁杆“果粉”为苹果疯狂的原因。因为这样造成的消费用户是最忠诚的，在口碑传播时代，也是效果最好的。

在设计师眼里，乔布斯通常说得最多的一句话是：“还不行”。这种结论大部分是设计师工作到凌晨 1 点换来的结果。因为乔布斯为了让“果粉”疯狂，不得不强迫大家提高自我期待。设计师能创作出超乎自己想象的杰作，也就不难解释了。

乔布斯领导下的苹果，设计师的地位是最高的，并由乔布斯亲自带领。当设计师走进正在闲谈的会议室时，所有的人都会停止交谈，因为设计师在苹果最受尊重。设计师可以直接向乔布斯汇报工作，而其他人员不行。当然，乔布斯对设计师的要求可以用“苛刻”来形容，经常会围绕着苹果停车场跑来跑去，因为这样可以近距离地观察豪华汽车的精度与完度、材料和颜色等。

乔布斯要求设计师必须做好每一个细节，有些甚至是用户不可能看到的地方也必须设计得很美观。用户看到的包装盒设计、折叠线、纸质和印刷等，感觉到像是从时尚品牌店或最高档的珠宝公司买的产品。与之相对的是微软，微软总喜欢快速见效，它的原则是先推向市场再说，以后再慢慢改善。这也是为什么微软的 Zune 发布后，还没等人看一眼就死掉了的原因。

乔布斯的苹果自始至终都没有讲品牌，只讲极致，即工匠精神。“果粉”对苹果这一品牌拥护的热度丝毫不减。

这就是真正的杀伤力所在。

11.3.2 由乔布斯看品牌打造

那么，作为粉丝经济时代的我们，如何打造拥有极致用户体验的品牌呢？答案就是做好产品、做好营销、做好售后吗？显然这是不合理的。因为这些说法太模糊，无从参照。我们接下来谈一下如何通过可操作的方式打造自己的极致品牌，如图 11–3 所示。

1. 调查粉丝的痛点

在大数据时代，粉丝的痛点慢慢变得好找起来。以亚马逊为例，可以通过用户的浏览轨迹、购买记录、支付方式等元素寻找用户的痛点。我们没有那么庞大的数据挖掘团队，但是通过一些交易行为就可以获得，当然，也可以通过对比微博、微信、推特等软件反馈过来的数据作为参考。当你拥有一个粉丝数量为 100 万的微博账号时，就可以通过不同的信息对

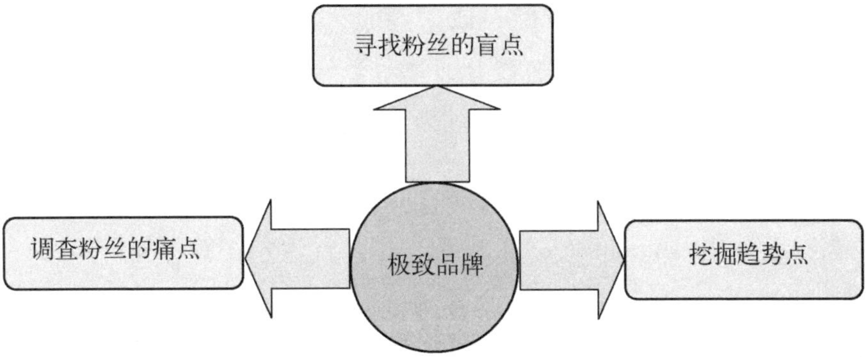

图 11-3　如何打造极致品牌

比，来决定发什么样的信息、什么时候发。

此外，我们也可以通过主动调研的方式寻找用户的痛点。当然，这一方式需要有较好的执行力，需要被调查者能够静下心来做完调查，得到的数据才是合理的。如果能与用户面对面深入交流，那么得到的数据会更加真实。尽管需要努力的地方还有很多，但是为了最终的数据真实，这一切都是值得的。

2. 寻找粉丝的盲点

为什么你的粉丝对你的产品或行为很少尖叫，因为你没有做到出人预料。三流的产品经理做梦都想让产品尖叫，但是这现实吗？在这一点上，我们需要像乔布斯学习一下，在粉丝想不到的地方下功夫。

如果通过京东购买小米的手机，你会发现小米的手机盒子与苹果的手机盒子在设计上很相像，只是颜色、材质上有些差异而已。其实，在粉丝盲点上，只需要一句话："拿做奢侈品的态度，去打磨一个手机盒子外包装上的一个字体"。

3. 挖掘趋势点

2015 年，微软欲将收购而来的诺基亚手机再次转卖。这一切源于 2013 年 9 月，微软以 72 亿美元收购诺基亚手机业务及大批专利组合的授权。其实，诺基亚手机业务已经成了鸡肋，早在 2012 年就暴露出来了，只是当时留意的人太少。尽管诺基亚手机曾经十多年占据全球销售第一的位置，当时被认为是最好的手机质量、最高的品牌价值、最多的粉丝认同度、最大的市场份额、最高的品牌溢价，然而这一切都是过去时了。

当谷歌推出 Android（安卓）系统时，就注定了诺基亚所用 Symbian（塞班）系统的灭亡，当诺基亚还在为曾经全球第一大智能手机操作系统头衔骄傲时，不到两年的时间，Android 系统就一举成为世界第一。所以，要想把控住粉丝，就必须顺应世界大趋势，在大趋势面前，要么顺应，要么灭亡。

11.4 持续的原创内容

微信自诞生以来发展迅猛，其公众号平台造就了一批成功的自媒体人。然而，早期的微信公众号对原创文章缺乏保护，对原创作品的转载很少有标明转自哪个公众号及具体的作者。这就出现了在某个时间段内，一篇好的原创作品被多个公众号发布并自动屏蔽原创作者的情况。

11.4.1 微信公众号保护原创

2015 年 1 月，微信公众平台开始着手建立优质内容生态，维护公众号运营权益，对经过认证的媒体类型公众账号进行了原创声明功能的公测。微信公众号原创作者的原创声明公测成功后，微信公众平台就会为其原创文章添加独有的原创标识。一旦其他用户转载进行过原创声明的内容，系统就会自动为其注明出处。

之后，微信公众平台又对原创保护功能进行了升级，成功进行了原创声明的微信公众号可以进行原创内容管理，查看发布内容被转载的数量和详情，了解内容的传播途径，还可以使用批量举报功能举报。

微信公众号的发布内容从最初的放任自流到之后的保护原创，很好地维护了原创作者的原创权，又方便了原创作者了解所发布原创内容的传播情况，有利于原创作者进行自我完善与提升。与原来的野蛮传播相比，微信公众平台既给出了原创作品的流通渠道，又保障了原创作者的版权。

建立优质的内容生态，不仅要求更好地对原创内容和作者权益进行保护，而且还要求建立激励机制鼓励原创。微信公众号要求，想要拥有原创声明的公众号必须要有一定的积累，并且原创的内容质量应当在一定水平之上。

微信公众平台对原创保护举措的不断发展和完善，不仅保护了原创作者，同时也对原创作者提出了更高的要求。对于微信自媒体人来说，早期成长起来的自媒体人抢到了发展的先机，有了稳固的粉丝基础。在新规则下，想要通过微信崛起的自媒体人必须要有真材实料，而且要做到持续生产原创内容就是一件困难的事情。

对于品牌企业的自媒体来说，持续生产原创内容相对简单，可以利用的资料比较多，如自家产品、公司动态、行业发展趋势等内容。但是对于个人自媒体来说，持续生产原创内容就比较困难了。持续生产原创内容是个人自媒体面临的主要问题，一个人哪有那么多原创内容可以分享呢？

11.4.2 持续性生产原创内容的方法

大部分自媒体人都会遇到这个情况。他们很想写一些东西，但是又没有可以选择的题材。事实上，这个问题比较容易解决。俗话说，美无处不在，重要的是要有一双善于发现美的眼睛。内容也是如此，可以写的内容有很多，这就要求自媒体人要有一颗敏感的心。自媒体人可以从以下（见图 11–4）三个方面着手持续创作原创内容。

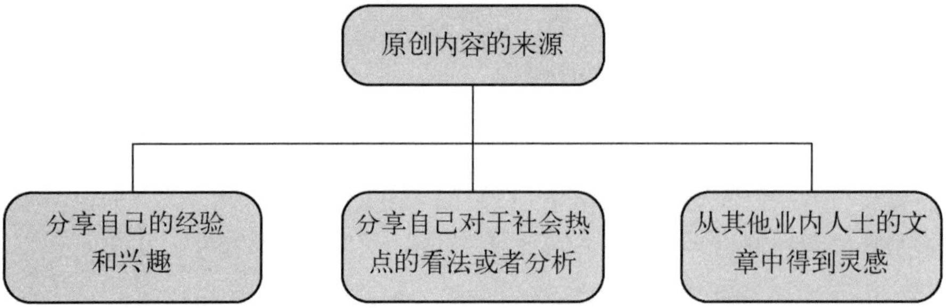

图 11–4　原创内容的三个主要来源

1. 分享自己的经验和兴趣

自媒体人应当从自己最熟悉、最专业的领域入手创作内容。在自己擅长的领域，自媒体人已经积累了一定的经验，即便是还没有步入社会的大学生，对于自己专业知识的了解也比社会上的大部分人多。比如，一个学装饰设计的北大学生，可以把一些建筑装饰设计方面的小知识分享给大家，很多对装饰设计感兴趣的人都会看到，只要坚持下去，持续分享自己的经验与兴趣，就能建立起一个自媒体，造就自己的影响力磁场。

而对于一些已经工作的自媒体人，那么相关资源就更多了，所从事的行业都是可以写的资源，除非你没有用心去研究这个行业。

2. 分享自己对于社会热点的看法或者分析

在各个领域内，每天都会发生一些新闻，成为众人关注的热点。当前是一个思想多元化的时代，对于同一件事，不同的人就会有不同的看法。不管是赞成，还是反对，或是补充，只要你有自己的态度，就可以将这个态度扩展开来，创作一篇文章。

如果你对该社会热点问题了解得透彻，有深入的见解，就可以创作一篇评测分析文章，吸引更多的粉丝。如果你每天都能发表一个有独到见解的原创文章，那么就能锻炼出一种独特评论的风格，有希望成为一名知名评论员。

比如，某自媒体人看到爱奇艺总经理发表“电影院会消失”的言论时有不同的见解，就针对此事写了一篇文章，发表在“钛媒体”网站上了；看到拍拍微店即将上线的新闻，曾经做过电商的某自媒体人也写了一篇对于微店功能与淘宝对比的文章，获得了高点击率。针对行业内热点事件发表评论，这样的题材非常容易找到。自媒体人只要留心挖掘，就可以找到大量的可以创作的内容。

3. 从其他业内人士的文章中得到灵感

很多业内人士每天都会发布自己的文章，传达自己的观点。如果你看到业内人士发表的一篇文章，对其有不同的看法，或者有一些想要补充说明的东西，就可以借机发挥成一篇文章。当然，从业内人士的文章得到灵感，不是抄袭，而是由别人的文章入手创作自己的内容。

11.5 工匠精神引领时代

2015 年夏天，我和一个朋友到承德避暑山庄参观。因为这个地方非常著名，游客很多，所以门票、购物自然都不便宜。我们从景区走出来，穿过长长的购物街，发现沿途商贩销售的纪念品非常便宜：一套漂亮的女式清朝宫廷服装售价只要 100 元，各种各样的古代头饰也只要几十元。

导游告诉我们，周边村民最初开始贩卖各种纪念品的时候非常贵，从事这个行业的村民差不多都发了财。但随着游客需求量的加大，周边村民开始建起工厂，并机械化量产相关产品。这样一来，产品同质化现象严重，再加上市场竞争激烈，相关纪念品的价格就一跌再跌了。

既然这么便宜，为什么购买的游客寥寥无几呢？原来，这些纪念品远看非常精致美观，但凑近了看，就会发现它们做得很糟糕，工艺粗糙、材料劣质、千人一面。这样的纪念品即便买回去也没有什么价值。很多人对全国各地的大小旅游景点应该都有过类似的经历：看着那些大同小异的旅游纪念品，就像手里攥着一块鸡肋，想买，但是又知道买了肯定会后悔。

在工业化大生产时代，人们都面临着这样的困境：一方面，工业化批量生产将工艺复杂、价格昂贵的产品变得平易近人，包括易得性和价格；另一方面，具有独特审美价值的艺术品因为机械化的复制变得庸俗不堪，失去了其独特的审美价值。

在这种环境下，人们开始怀念起手工艺品，提倡“工匠精神”。最近在网上热传的一段纪录片详细记录了工匠打造一把大马士革刀的过程，向人们直观展示了什么是工匠及工匠精神。视频中，一个工匠独立完成了选料、锻造、打磨到装手柄、配皮套的工作过程。在观众眼里，制作大马士革刀的每一道工序都像是进行艺术创作，分毫不差，神乎其技。对工匠来说，他们制造的是实用工具，但在观众眼中，工匠制造的就是独一无二的艺术品。

在人们谈论工匠精神时并不是推崇回归手工的复古活动，而是指在后工业化时代，鼓励人们借鉴工匠们注重细节、精益求精，为达到极致不惜耗费时间和精力的精神。比如，乔布斯时代的苹果公司就是注重工匠精神的代表。尽管苹果手机是世界分工和流水线制造的产品，运用了现代化的营销推广手段，但苹果对用户体验的极致追求，对细节完美的打造，都体现了传统工匠的劲头儿。

自媒体内容的创作本身就是个人化、纯手工的技艺，尤其是以威廉·曼彻斯特（William Manchester）为代表的非虚构写作传统，最看重精心构思和遣词造句，与工匠的工作有异曲同工之处，一些专业性强、精耕细作的优质内容很容易就能找到目标受众，得到粉丝的追捧。一些以个人和手艺为核心竞争力的产品获得了出乎意料的成功，如“罗辑思维”“大象工会”等。人们对海量的同质化信息内容已经厌倦，将欣赏的目光转向这些精心生产文字的手工作坊。

苹果的成功让具有情怀的“工匠”们看到了时代的光明前景。

一个具有工匠精神的人要想取得商业上的成功，就必须找到愿意为自己买单的粉丝。

第 12 章

粉丝互动：直戳粉丝 high 点

《少年四大名捕》凭借一众高颜值的主演和魔幻武侠融合的剧情一播出就受到观众们的热议。2015 年 3 月 18 日，该剧四大主演张翰、陈伟霆、杨洋、茅子俊做客腾讯视频，与腾讯视频在线观看该剧的粉丝玩起了弹幕互动，引发粉丝的追捧。不少粉丝表示：看弹幕比看剧更有意思！更有粉丝为了与偶像互动，即使对剧情并不太感兴趣，也还是将电视剧从头到尾看了一遍。粉丝互动是一种绝妙的必杀技——直戳粉丝的 high 点。

12.1 疑问型标题增强互动性

疑问型标题也叫设问式标题。企业在设计营销内容的标题时，为了引发粉丝的好奇心，增强互动性，通常会采用疑问句和反问句作为内容标题。设置疑问型标题的核心点是在标题中提出问题，然后在内容中围绕这个疑问展开论述。例如，“华为是如何成为最受外媒尊敬的中国 IT 公司的?”“人类可以长生不老吗?”“绝症，真的可以治愈吗?”等。通过提问引起粉丝关注，增强互动性是采用疑问型标题的优势。

企业发布营销内容时，采用疑问型标题，通过向粉丝寻求帮助，可以让粉丝产生共鸣，增强互动的可能性。例如，“做公益，如何盈利不饿死?”“没有运营的产品怎么火?”。在网络上，采用这种标题的文章，大部分都是经过认真策划的。疑问型标题需要一定的技巧，那种太过于简单的、意义不大的疑问，并不能引起粉丝的注意，也就不能达到互动的目的。

企业要想创作吸引粉丝的营销内容，首先应该赋予内容一个富有诱惑力、震撼力、神秘感的标题，如“还没开始用手工皂？你太 OUT 了。”这个标题通过反问和热门词“OUT”字的组合锁定了目标粉丝，一个充满神秘新鲜感的标题，使这篇营销内容获得了大量的转载和关注。

历史间谍类电视剧《潜伏》播出当年，收视率一直居高不下，为什么《潜伏》会引起广泛的关注呢？在很大程度上是因为一个接一个的疑问和扣人心弦的剧情，观众总猜不出下面一集剧情的走向，因此会一直观看下去。

企业撰写营销内容时也是如此，在标题上埋下伏笔，能够让粉丝惊讶、产生猜想，继而产生阅读内容的渴望。疑问型标题应该具有趣味性、启发性和制造悬念的特点，而且能够引发内容作答。

例如，为防锈产品企业撰写营销内容的标题是“什么让他的爱车走向了不归路?”；为红酒企业撰写营销内容的标题是“十年里发生了些什么事?”；为食品类企业撰写营销内容的标题是“高端乳酸猪肉是忽悠吗?”；为培训机构撰写营销内容的标题是“他是如何从失败中奋起，进而走向成功的?”；等等。

苹果公司为旗下的音乐应用撰写了一篇标题为“苹果公司能否撬开中国人的钱包?”的文章。文章分析了苹果音乐在中国市场遇到的问题：“不是本土的竞争对手，而是中国消费用户根深蒂固的免费观念，这是中国市场的禁区，连 BAT 都不敢随便踏入的地方。”

文章首先介绍了苹果音乐：“Apple music，俗称苹果音乐，上线大概已经 3 个月了，美国用户的免费试用期基本结束，大家正忙着取消订阅，专家们乐观估计，能续费订阅的消费用户数量应该在 350 万左右。同时，苹果音乐也大胆地进入了大中华地区。自此，iPhone 6s 上又激活了一个僵尸应用，至少在免费试用期，苹果音乐 APP 是能点击的，只是不知道 3 个月之后会不会又变回僵尸。其实，Apple music 只是苹果推出的一款流音乐服务，内置于 iOS 原生的‘音乐 APP’之中，不需要用户再单独安装一个新的 APP。”

此外，文章还指出苹果创始人乔布斯的相关做法。“乔布斯没有把消费用户当上帝供着，他只是提供最优秀的产品，让被其他企业奉为上帝的人们通宵排队购买。”文章接下来讲述苹果音乐的收费服务在中国面临的困难，并做出推论：“苹果音乐来华，最大的优势就是其品牌影响力，以及这个企业对于消费习惯的培养能力。苹果依靠其强大的硬件创新能力，在全世界范围内培养了一个叫‘花 6000 块买一部手机’的消费习惯。”

如今，苹果正利用相同的手段来培养中国消费用户的新习惯。中国付费音乐需要长期沉淀和深耕的过程。国内企业做不来，比较注重短期效果，不到万不得已不会进行长期投资。相比之下，苹果有巨大的硬件优势及改变世界的情怀，擅长做一些需要长期沉淀的东西。事实上，在 iPhone 之前，没有人敢用一年的时间去研发一款手机，但事实又证明了，好的产品值得等待。

在苹果公司发布这篇文章之后，果粉们沸腾了，对于“苹果公司能否撬开中国人的钱包?”进行了热议。有些粉丝认为，付费音乐是一种必然趋势，苹果在这种趋势下，能够抓住机会，打开中国人的钱包。还有一些粉丝对于苹果音乐在中国的发展前景表示担忧。无论粉丝持哪种观点，苹果公司发布这篇文章的目的都达到了。

通过苹果公司的案例可以看出，疑问型标题总是能够以“问”呼人，让粉丝感觉亲近，并更加乐于参与。拉近人与人之间距离最简单的方法莫过于打招呼，就像中国人见面都会问的一句话，“吃了吗?”显然，发问形式的标题可以让粉丝通过思考、回答增强互动性。

12.2 自己也要参与其中

有些营销人员为了推广自己的产品而在微信中做起了订阅号。在订阅号上，营销人员不仅仅是每天发发文章、做做广告，而是让每个粉丝都可以提问题，营销人员及时回答粉丝的提问，与粉丝互动。与粉丝互动可以帮助粉丝解决一些问题，还可以通过互动增加粉丝的黏性。

自媒体公众号也要擅于发送互动类的图文消息，增加与粉丝之间的互动，但是不能每天都发互动类的图文消息，这样粉丝会觉得很厌烦。自媒体人应该怎样与粉丝互动呢？

12.1.1 猜谜游戏类信息是一种互动方式

一年一度的春节是一个购物季，包括服装、电器、美食等都将进入旺季。在这种情况下，自媒体人可以结合互联网思维对营销内容进行大胆创新的包装。比如，某自媒体人制作猜谜游戏类信息“你猜，这个拿来干嘛？里面装的什么?”，如图 12-1 所示。

图 12-1　猜谜游戏插图

这个图文信息很简单，就是一个篮子图片和一句话。结果显示，参与互动的粉丝达到 156 名。该自媒体人使用了提问的方法进行互动，促使粉丝踊跃参与进来。因为每位粉丝都有好奇心，一定会好奇这究竟是拿来装什么的。依据正常的逻辑思考，这个篮子可能是用来装鸡蛋、饼干之类的东西，最多会联想到，马上到春节了，拿来装糖果、瓜子等。然而，该自媒体人给出了一个意料之外的答案，是拿来装其家乡特产番薯的。

在粉丝不断留言的过程中，自媒体人需要不停地对整个留言进行查看，然后整理总结粉丝的留言。比如，当粉丝都在猜测篮子是用来装鸡蛋的时候，该自媒体人发了一句："猜对的送一篮给你哦，是好吃的哦。"于是，粉丝的参与激情就更大了，留言互动也更加频繁。然后，还可以总结一句说："目前还没有人猜对呢！"

这样会使得粉丝更加好奇，于是又进一步留言，有些粉丝可能会二次留言。经过一段时间后，自媒体人应当公布答案。如果有猜中的粉丝，就公布中奖名单，让粉丝得到奖励。

12.1.2　带有商业性质的竞拍模式非常有效

"朋友送我的酒，可是我又不喝酒，但是又不知道送哪个粉丝好。所以，我们来个拍卖吧，一元起拍，加价随意，今晚十二点截止，明早我来看结果，然后公布结果！"，如图 12-2 所示。

图 12-2　竞拍互动模式插图

这是一个红酒微商发送的一则消息。其实，做这个互动，该微商并非为了将红酒销售出去，而是为了检验粉丝的互动激情，以及对红酒的认可度和市场情况。做微商的自媒体人偶尔可以试试这种模式，效果一定会比直接在朋友圈发广告要好：一方面，微商可以通过这种模式看到粉丝的互动性；另一方面，也可以看到粉丝对该红酒的兴趣度。另外，这也可以间接表明粉丝对自己的一个评价。

这种互动模式应当注意三个问题。首先，当粉丝出价留言的时候，自媒体人要每隔一段时间公布一下最高出价，以便让想要出价的粉丝了解当前的出价情况，方便粉丝进一步出价。其次，自媒体人要将当前最高出价的留言，包括其他粉丝的出价，截图公布给粉丝看，以便证实自己没有说谎。最后，一旦截止时间到了，就必须公布最终结果。

这种模式的互动性比猜谜游戏类信息的互动性还高。但是，在这种模式的互动过程中，有一个很现实的问题就是粉丝对于涉及钱的东西表现得都很谨慎，即使涉及的金额并不多。有些粉丝甚至留言说："这个出价是你自己出的吧！""这个红酒不值钱，送我都不要！""还是送我吧，反正没多少钱。"

发送这种留言的粉丝有可能跟该自媒体人的关系不错，都曾经向其咨询过关于微信、淘宝方面的问题，换句话说，本应该对该自媒体人比较信任，能够很好地相处并互动的粉丝，此时却一点都没有信任感，只把该自媒体人当成了一个免费的问题解决师。在问题解决之前，这些粉丝可以对该自媒体人百般讨好，一旦问题解决了，就与该自媒体人划清界限了。

所以，通过这样的竞拍互动，自媒体人完全可以看出哪些是真正的粉丝，哪些不是。如果该自媒体人从这次互动中发现了很多忠实的粉丝，对自己表示了信任，还增加了很多懂红酒的朋友，那么也就间接证明了红酒市场的前景不错，接下来，就可以着手准备怎么去做一个红酒微商了。

最终，该红酒的竞拍以 60 元结束。自媒体人邀请中标的粉丝私聊联系，又送粉丝一瓶更好的红酒。这样一来，既给之前留言表示不信任的粉丝一个还击，又提升了该自媒体人在朋友圈中的地位。

12.1.3　生活随意拍是一种方便的互动方式

生活随意拍是关于自己生活的图文信息，不仅内容取材方便，而且也带来了不错的互动。比如，图文信息“看看我斗争一晚上的结果!”，如图 12-3 所示。

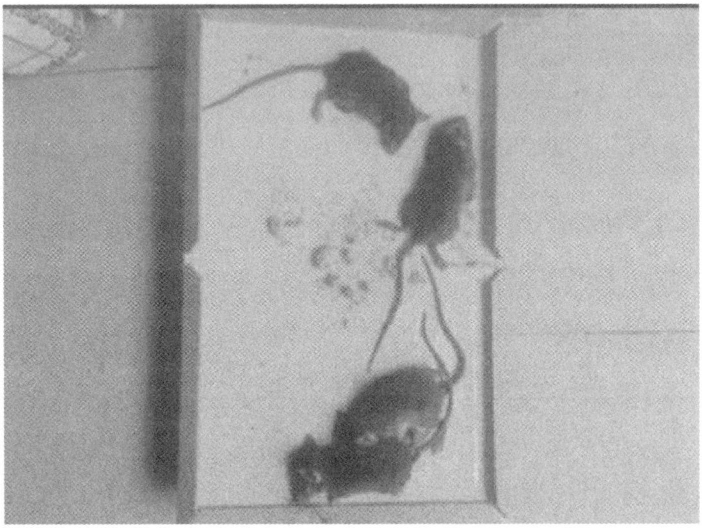

图 12-3　生活随意拍插图

尽管是有关生活方面的消息，但却是粉丝平时比较难见到的东西，而且标题里也没有表明是什么，这给粉丝带来了强烈的好奇心。粉丝点开图片，发现是四只被打死的老鼠时，肯定会很好奇，“你到底住在什么样的房间里，怎么会有这么多老鼠。”于是，粉丝都开始留言与该自媒体人互动。有些女粉丝会觉得画面非常残忍血腥，也会参与互动留言。

这样一个在平时生活中拍下的图文信息也会引起粉丝的关注并参与互动，也就是说，没有实质性商业目的的互动是必要的，因为保持与粉丝的互动是对微商或者自媒体人的基本要求。

12.3 关注自动回复

大部分微信用户都知道微信有自动回复功能，包括关注后自动回复、关键词自动回复及消息自动回复。一个好的运营者应当重视这些自动回复的设计，在获得用户关注之后马上告诉他这个账号的用途，或者引导用户点击某条消息或第三方链接。自动回复可以把用户引导到一篇文章或者一个 HTML5 的页面，借此形成一个营销闭环。

12.3.1 星座号自动回复的星座解析

微信运营的终极目标就是让每一个关注你的粉丝都成为你免费的营销人员。一个用户成为你的粉丝之后，如果觉得你的公众号不错，并且认同你的价值观，就会自动帮助你推广宣传，为你吸引更多的粉丝，这就是微信的分享原理。用户关注之后的自动回复是吸引粉丝的开端。

比如，星座网发布的十二星座最二排行榜，在文章内容结尾问一句“射手座这一周的运气你想知道吗?”就有可能会激起 20% 以上粉丝的兴趣。一旦粉丝点击进入推送的内容，就要引导粉丝关注公众号，关注后，自动回复写明：“此公众号用以发布十二星座运势；回复你的星座就可以收到最新的星座解析。”

粉丝如果回复“白羊座”，那么就会自动回复一个“白羊座2015 年运势与十二星座关系”。如果粉丝点了自己想要了解的星座运势，就很有可能把相关的文章转发到自己的朋友圈，形成一个简单的闭环。

自动回复不是一项繁琐的工作，关键在于微信运营者如何设置自动回复，以及如何将自动回复变得有趣。很多微信运营者只是添加关注时的自动回复，而不添加其他的回复，小的微信号可以这样做，但如果一个大的微信号还将自动回复做得那么单一的话，那么粉丝取消关注的可能性就十分大了。一个粉丝数量达到几万甚至更多的微信号，虽然每天增加的粉丝数量不少，但是取消关注的粉丝数量也很大。自动回复的内容如何设置呢？

12.3.2 微信自动回复的妙招

1. 历史高质量的文章

历史高质量的文章是指那些阅读量比较高的文章。这些文章的内容足够好，运营者可以把这些文章都给整理出来作为自动回复的素材，然后为其设置奇葩、震惊、搞笑等关键词。通过这些关键词，运营者可以将优质的内容自动回复到粉丝的微信，促使粉丝进行阅读。

运营者选取阅读量比较高的内容时，可以直接从微信后台通过数据分析得来。一般来说，这一系列的内容最少有四五组，包括三四十个爆文。将这些爆文推荐给粉丝，给足粉丝选择的空间。如果粉丝不喜欢系列一，那么还可以选择喜欢系列二、三等。

2. 趣味测试

趣味测试与历史高质量的文章一样，也需要多个系列，包括三四十个趣味测试。推理性质的趣味测试可以引起粉丝足够大的兴趣。通过长时间的数据分析，微信运营者发现，大部分的粉丝都喜欢做一些趣味的推理题，因为大部分的微信粉丝都属于90后、00后。这些年轻的粉丝具有勇于探索奥秘、擅长推理的特点。趣味测试如果能够抓住这些粉丝的兴趣特点，就能实现精准营销。

3. 第三方平台链接

第三方平台链接包括微博、QQ空间等。自动回复的第三方链接不但为粉丝提供了更多的互动平台，还帮助运营者在这些平台上增加了粉丝。引导粉丝进入第三方平台的最好方式是回复链接。只有认证后的微信才能够插入链接，没有认证过的微信只能手动添加链接，这就对运营者提出了更高的要求，不然粉丝是不会买账的。所以，运营者在回复第三方平台的时候，最好留QQ号或者微博名，可使粉丝快速查找到相应的账号并进行关注。

自动回复可以为微信运营者带来大量的粉丝，吸引粉丝的多少主要在于自动回复设置的内容是否足够吸引人。后台自动回复设置得到位，可以给粉丝一个优质的体验空间，而粉丝体验是所有营销者都非常关注的事情。如果将自动回复做好了，那么后期最主要的就是做内容了。

12.4 派发微信红包

微信红包被广泛运用在自媒体圈、科技圈、投资圈、时尚圈等地方，更有人发出，没有派发过微信红包的就不算自媒体人的声音。微信红包引领的移动支付可谓是引起了一股新的风潮，对于培养移动支付用户的使用习惯起到了良好的作用。为什么微信红包是企业的营销利器呢?

12.4.1　苏宁易购的微信红包

2016 年 1 月 8 日，微信宣布，将朋友圈广告收入发红包的天数从春节前后 5 天增至 10 天，总金额达到 9 位数。微信表示，将这一时间内的广告收入全部作为红包发送给用户，而且时间延长至 10 天，力争为更多的用户带来节日的欢乐。

此外，各大品牌厂商纷纷宣布加入春节微信红包的阵营，包括太平洋产险、长安福特、恒大冰泉、东鹏特饮、益达、流量宝、理财通等数十家企业或品牌。微信还打出“有微信红包，才叫过年”的口号。

微信这么用心，源于让其一战成名的 2014 年的春晚。根据微信官方数据显示，截止到2014 年2 月1 日下午4 点，参与微信抢红包的用户超过 500 万，抢到的红包总数超过 2000 万个，总计抢红包次数达到 7500 万次，超过 20% 的用户抢到了 10 元到 50 元不等。在除夕夜零点时分，微信抢红包活动达到最高峰，5 分钟内共发生 58.5 万人次抢红包行为。

微信支付资深产品经理王鹏飞表示，“微信红包其实是钱，钱是用户最喜欢的。再加上社交的传播，让这个钱在人和人之间发生最大的化学作用。如果加上‘企业’会是什么? 就是‘企业红包’。通过这一点，可以拉近企业和用户之间的距离，这也是每个企业做营销活动时最希望达到的效果。”

苏宁也曾联合微信举办了一次活动。在 8 月 17 日前派发 18 亿微信红包。运营部门负责人李斌表示，微信用户不仅可以领取红包，还可以复制转发给自己的亲朋好友，该用户可以得到朋友领取红包总额累计额的奖金红包，最高可达 800 元。用户领取的红包可用于苏宁易购网上及中国大陆门店抵现。苏宁易购通过这次红包派发活动吸引了大量的客户，掀起了苏宁易购产品销售风潮。那么，企业的微信公众号如何利用微信红包吸引新粉丝到微信公众号呢？

12. 4. 2 微信公众号也能发红包

通过微信红包吸引粉丝是制胜的关键点。经常玩微信红包的用户都知道，微信红包只能在个人微信上面派发给好友或者群好友，而微信公众号则没有派发红包的功能。也就是说，目前大部分微信公众号的运营者还不能通过微信公众号直接派发红包，下面讲述通过微信公众号向粉丝派发红包的方法，如图 12-4 所示。

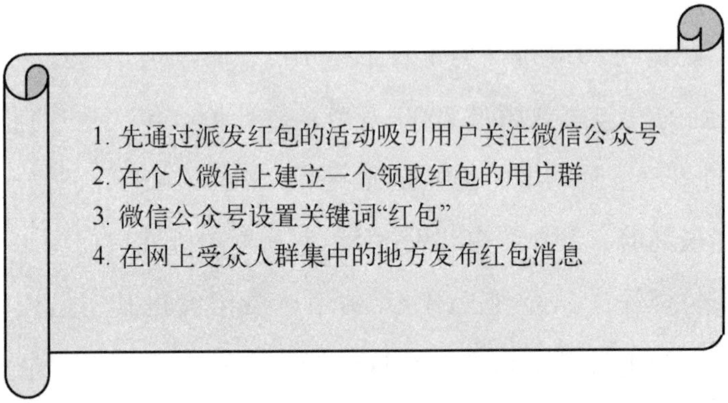

图 12-4 通过微信公众号向粉丝派发红包的方法

1. 先通过派发红包的活动吸引用户关注微信公众号

关注微信公众号即送红包，设置关注后，请回复“红包”领取。

2. 在个人微信上建立一个领取红包的用户群

在个人微信上建立一个群：XXX 公众号红包领取专区，把群二维码导出来。

3. 微信公众号设置关键词“红包”

把群二维码放到关键词自动回复，并且说明关注公众号领取红包者请加入群，微信红包将在群里面发布。

4. 在网上受众人群集中的地方发布红包消息

最后，微信公众号的运营者需要在网上受众人群比较集中的地方发布红包消息，吸引新粉丝的关注。微信派发红包的活动流程很简单，但是将活动效果发挥到最好并不简单。企业在网上发布新闻和通知红包活动的时候应当加入自己的品牌介绍或者产品介绍。如果是自媒体人，则应当介绍自己，然后公布活动。这样一来，微信红包活动不仅能在微信公众号上留住粉丝，而且还能在个人微信号上也拥有这批粉丝，可谓一举两得。

12.5 24 时破千万关注的《周一见》

《周一见》是一档明星粉丝互动真人秀节目，是由南都娱乐、芒果娱乐和腾讯娱乐共同打造的纯原创类节目。《周一见》创新了“纯粉丝节目”的新模式，以粉丝为主导，由粉丝“玩”明星，并享受和偶像甜蜜“约会”的权力，甚至可以选择约会的地点和方式，实现与偶像的近距离相处。

12.5.1 吴亦凡超高人气助力《周一见》

据可靠消息称，《周一见》节目播放量在 24 小时内突破了千万。分析数据显示，将近40%的观众在移动端观看了该节目。《周一见》的快节奏十分符合现代年轻人的观看习惯，每期时长为15分钟，节目制作和画质都受到了业内人士的好评。《周一见》采用多屏互动的方式，主打“互动”“突袭”“约会”三要素，独特的方式将明星与粉丝之间的距离拉近，每一个环节都嗨翻全场。

近两年来，综艺市场呈现出百花齐放的态势，综艺节目类型趋向多样化。《周一见》独创的“纯粉丝节目”新模式掀开了综艺节目类型多样化的新篇章，成为明星与粉丝互动真人秀的有益尝试。

《周一见》的首播明星嘉宾是吴亦凡，节目在24小时内破千万的关注与吴亦凡的超高人气不无关系。在《周一见》首播节目中，吴亦凡与粉丝进行了真实的互动。《周一见》就像一座桥梁搭建在明星与粉丝之间。

大多数网友发现，《周一见》的明星与粉丝“约见”模式和平时粉丝见面会的模式大不相同：《周一见》不仅让粉丝享受了360度全方位与明星的“约会”，而且还通过各个环节加深了明星和粉丝彼此之间的了解。网友们对《周一见》的好评如潮，认为这种快节奏的节目方式有利于他们减轻压力，“几乎5分钟一个高潮，全程无拖沓。”

《周一见》的节目观众以女性为主。数据显示，超过70%的观众是女性粉丝，而且位列第一粉丝群的年龄在18至24岁之间，占比为39.84%。这意味着，《周一见》颇受90后年轻人的欢迎，而这群年轻人具有非常高的互动性和创造力；位列第二粉丝群的年龄在25至29岁之间，占比为17.86%，这部分粉丝是非常具有消费潜力的。

12.5.2 《周一见》的走红原因解读

传统类明星与粉丝的互动节目普遍采用粉丝“仰望”明星的模式，

而《周一见》则独辟蹊径。在节目中，粉丝不仅全程参与节目的录制，还可以发表意见，参与活动场所配置、环节配置等。作为一档全新的自制综艺节目，《周一见》的走红有其必然性，主要从以下（见图 12-5）三个方面进行解读。

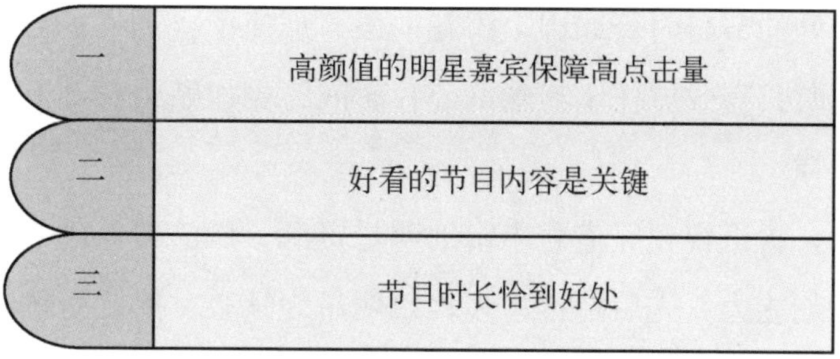

图 12-5　解读《周一见》走红的必然性

1. 高颜值的明星嘉宾保障高点击量

90 后、00 后的观众是当下综艺节目的主流受众。《周一见》12 期节目的明星嘉宾都是具有高颜值的偶像明星，人气超高，深受 90 后、00 后观众的喜爱。《周一见》每期节目的播出前后都能引发一阵风潮就是因为明星效应。

在首期节目中，花样美男吴亦凡的参与让节目上线 24 小时内就突破了千万的播放量，成为综艺节目的黑马，跻身热播综艺节目的前列。在社交媒体上，相关微博话题#吴亦凡周一见#的阅读量超过 1.7 亿，人气之高让人叹服。

2. 好看的节目内容是关键

作为《周一见》节目的内核，互动贯穿着整个节目的始末。为了给节目积攒人气，节目组在节目前期开办了现场粉丝召集、粉丝意见与创意征集等一系列在线互动活动，让更多的粉丝在节目前期就参与到节目中。

在节目中，粉丝不仅可以“玩”明星，还可以与明星甜蜜“约会”。

最吸引人的是，一大波爱的抱抱、壁咚、心咚、互喂蛋糕等粉丝超级福利让线上线下的网友尖叫声不断。在节目最后，“互动得明星签名照”等在线活动惠及了众多不能亲临现场的粉丝，扩大了节目的影响。

3. 节目时长恰到好处

恰到好处的节目时长如锦上添花一般，加速了《周一见》的走红。15分钟的节目时长有效抓住了粉丝的碎片时间，更加贴合移动互联网时代观众的观看习惯。

近年来，腾讯视频凭借着丰富的明星资源、广泛覆盖的观众人群及强大的内容原创能力，先后打造了多档以明星为核心，挖掘粉丝经济的“明星+”类自制综艺节目，包括“明星+旅行”的《跟着明道趣旅行》、“明星+素人”的《尖叫吧路人》、“明星+专属”的《带你去见TA》等。

多档节目的良好播放表现说明了腾讯视频“明星+”节目矩阵的受欢迎程度。如今，“明星+粉丝”的《周一见》第一季已经完美收官，在短暂的离别之后，第二季《周一见》将与观众不见不散。

《周一见》第二季能否续写第一季的辉煌，大家拭目以待！

第 13 章

高附加值：成瘾性消费的秘密

企业营销一般都有两个目的：一是增加用户的数量，用户多且广，意味着产品销售量会不断增加；二是增加消费频率，在用户数量保持不变的情况下，用户的消费频次增多，形成重复性消费，产品的销售量也会增加。

重复性消费的关键就是让用户对品牌或产品产生感情，形成依赖，最后进行“成瘾性”消费，变成品牌的忠诚型粉丝。帕雷多定律即 80/20 原则，是指在营销活动中 20% 的粉丝贡献着 80% 的利润，20% 的粉丝一定是那些进行成瘾性消费的粉丝。

13.1 赠品有效提升附加值

大家经常可以看到，很多商家卖快餐时赠送饮料，卖衣服时赠送吊坠的现象。但是如果赠品选择不当，那么促销计划也就收不到任何效果。赠品应该有一定的诱惑力。赠品的成本需要根据产品的利润制定，必须明确赠品的吸引对象和适用范围，而且赠品促销最好能跟社会公益活动结合。总之，不管销售时采用哪种促销方式，都是为了让用户看到有利益可图，从而达到销售的目的。通过赠品增加产品的附加值是提高用户消费黏性的秘诀。

13.1.1 法国工艺手包吸引用户眼球

韩国一家美容院一直以来都在经营某品牌的护肤品，生意一直平平稳稳，但始终没有突破，与其他高端美容院相差甚远。当时，他们新推出了一套全新的护手套装，打算利用它开发一部分新用户。在拟定新品促销计划时，经理崔敏爱想到了一个利用赠品促销新品的新方案。

她成功联系到了一家手包公司，订制了一款法国工艺手包，其用色大胆张扬，充满春日色彩，在设计上也将巴黎经典机车包的拉链 + 流苏穗的细节融入多变的款式设计中，让手包充满个性特点。

崔敏爱将新品分装为护手套装、家庭装、试用装产品，然后把这款手包放在前台最显眼的地方。许多用户看到后非常好奇，然后过来询问，崔敏爱便告诉她们，这些精美的手包套装都是新品限量促销装，只有购买了护手套装或订制了护手疗程的 VIP 用户才能领取，限量为 99 套，先来先得，送完即止。

可想而知，半个月不到，手包促销套装被“洗劫”一空。更多的用户认可了护手产品的好效果，并开始抢购护手家庭装。护手产品的热销使美容院用户急速增长，致使美容院的这一战大获全胜，营业额有了大幅提升。

崔经理想到利用赠品促销新品的方案，事实证明是可行的，还因此吸引了一大批新用户。

在用户购买产品时送赠品可以达到三个目的：

（1）与竞争对手争抢用户；

（2）给老用户一个回报 ；

（3）刺激新用户购买。

一个好的促销活动和赠品可以“收买”用户的心，为企业和用户之间的关系建立一架稳固的桥梁，促使用户进行成瘾性消费。

给用户送赠品迎合了用户追求高附加值的心理，刺激其购买冲动，并引诱用户重复购买。比如，买一袋大米送一个淘米盆、买一个电磁炉送一条围裙等！这些赠品的价值不高，却是用户购买产品时需要的，而且可以免费得到。在日常销售中，企业应该留意用户的需求，为用户精心挑选实用的小赠品，对抓住用户的心能够起到事半功倍的效果。

在日本的一家商店里，店主发现用户对于买烟送打火机并不是很欢喜。后来发现吸过烟后，烟味会在口中保持很长一段时间，于是店主将买烟人的赠品由送“打火机”换成“口香糖”。小小的举动得到了莫大的回报，很多买烟的用户欣然接受了口香糖，并称赞店主的贴心，光顾的次数明显增多了。

后来，店主特意订制了一批“创意火柴”作为买烟的赠品。因为烟民使用火柴的很罕见，常言道“物以稀为贵”，店主赠送的独家订制的艺术火柴非常受欢迎。用精美漂亮的艺术火柴点烟，彰显了用户的身份和气质，非常有面子，用户自然也就越来越多了。

13.1.2 巧选赠品

选择送给用户的赠品是一件学问很深的事情。不合适的赠品无法引起用户的兴趣和热情，就达不到商家的目的。赠品的选择很重要，主要包括以下（见图 13-1）五个方面。

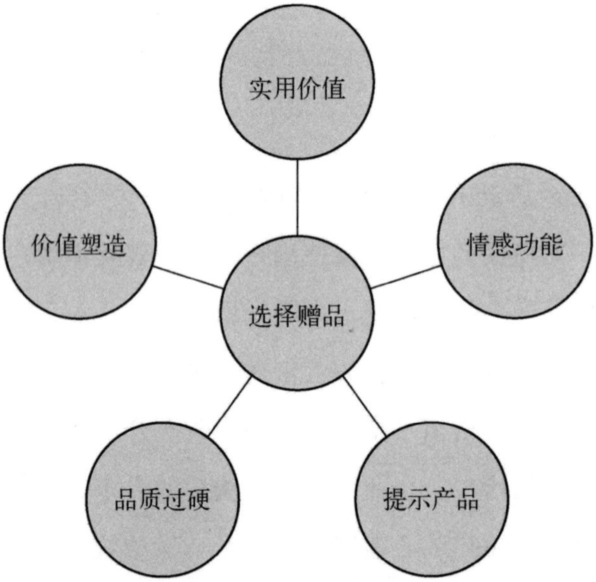

图 13-1 选择赠品的方法

1. 价值塑造

送赠品与打折降价不一样，如果商家不懂这个道理，就无法选出合适的赠品，用户也就不会单纯因为赠品而购买产品。如果赠品选择得合适，那么用户在购买产品时就会买得多、买得快、买得开心。所以，商家在选择赠品时要根据用户的需求为赠品塑造价值。

比如，在巴西世界杯期间，选择巴西世界杯吉祥物“福来哥”作为赠品送给用户，受到了很多足球迷用户的欢迎；而对于家里有小孩的用户，把棒棒糖或小玩具等作为赠品则是个很好的选择。

2. 实用价值

赠品的实用价值不可小觑。生活中有些东西不惹眼，却始终离不开它，直到有人提醒说它该换了，如菜刀、地垫、台灯等生活用品。如果商家做促销活动时将这些东西作为赠品，那么用户才会意识到，这个东西已经用了好多年了，应该换个新的了。这种雪中送炭的行为比锦上添花更难能可贵，因为它体现了商家对用户的深度关心与关怀。

3. 情感功能

赠品的价值不只是实用功能，还有情感功能。只具有实用性的赠品，很多用户不反感但也不会喜欢。

比如，情人节的时候，可以送情侣一对漂亮的情侣杯子，一只是“天长”，一只是“地久”，寓意特别美好，成本也不高，情侣会很喜欢这种温馨美好的祝福，并记忆深刻。

4. 提示产品

赠品选择的第四个原则是应具有提示产品的作用。提示产品是指用户能够通过赠品想起商家经营的产品。比如，珠宝首饰店会送首饰盒，汽车店会送车载吸尘器，茶叶商会送茶杯。商家选择赠品时应保证与产品有记忆点、有关联。

5. 品质过硬

劣质的赠品送出去有时候不仅得不到用户对商家的赞美，而且还会收到相反的效果。有些经销商老板在做促销活动时，各种宣传活动都很到位，却在赠品的选择上面偷工减料，将一些劣质产品作为赠品送给用户。

比如，电器商送个小电风扇给用户，用户回家没用几天就坏了；家居店送个毛毯给用户，毛毯没洗过几次就缩水了。即使用户购买了你的产品，但是一定会将赠品的事宜扬给身边的人，而且如今网络发达，建立口碑很重要。所以，为了更长远的生意，一定不要在赠品上吝啬，要保证赠品的质量。

在商家纷纷做促销送赠品的情况下，赠品的选择不要跟风，人家送什么你跟着送什么，那样就没有特色。无论是时机、品位还是价值，都要根据具体的用户类型具体选择最适合的赠品。

13.2 口碑营销的价值绽放

口碑营销对于企业的价值是非常重大的，好的口碑可以有效促进产品的销售与企业的盈利。随着小米创始人雷军对口碑营销的成功利用，越来越多的传统企业也开始关注口碑营销。雷军在中国 IT 领袖峰会上发表演讲时说过："口碑是什么？很多人觉得好产品有口碑，也有人觉得便宜的产品有口碑，我想跟大家说不是这样的，这个世界的好产品很多，便宜的产品很多，又好又便宜的产品也很多，口碑的传播就是超预期。"

13.2.1 利洁时的口碑营销

相信大家都有过这样的体验，在一个饭店用苹果手机链接无线网络，在小小的屏幕上输入跟服务员所要的账号密码时，一次又一次地输入错误，你是不是很痛苦？而当你拿出小米手机的时候，它会自动问你是不是需要链接，你选择是，然后就迅速连上了。小米就是依靠这样的一个个小细节打动了用户。小米作为互联网企业的典型代表，可谓是把口碑营销做得淋漓尽致、尽善尽美。

如今，消费用户更信任第三方的影响者，而不是品牌企业。口碑营销就是将正确的营销消息传递给有影响力的人，再由有影响力的人传递给广大消费用户，是一种新型市场的营销方式。有效的口碑营销可以让企业的盈利得到爆炸式的增长。

美国营销专家 Jay Baer 认为："有影响力的人是指那些活跃于社交媒体和博客，并能推广你的消息和品牌的人。他们能够真正地引发消费用户的行动，而不仅仅是提高企业的知名度。"

英国利洁时集团滴露品牌的消毒液在中国大城市扎稳脚跟后，开始向大城市以外的市场拓展业务，然而初期增长非常艰难。此外，利洁时为了提升品牌的知名度，投放了大量滴露的电视广告，却没有达到预期的效果，而且广告费用还非常昂贵。最后，利洁时最终决定进行口碑营销，开展了一个针对母亲影响者的口碑营销活动。

利洁时首先选中了 4000 位母亲影响者，然后向她们分发了 48000 份样本，每位母亲及她们的十几位朋友都能免费领取一份套装产品。该活动非常成功，效果比预期还要好，最终影响了该品牌将近一半的目标受众。不到半年的时间里，滴露品牌的知名度比原来增长了 5 倍，购买率增长了两倍，从 21% 增长到 42%，而销售额在短短两个月的时间里就增加了 86%。

在互联网时代，人们交流和接触的范围更加广泛，口碑营销越来越成为企业营销的首选。企业要想把口碑做到极致完美，让影响者主动为你宣传，最根本的是通过一些行动来引发口碑效应，然后才能获取最好的口碑效果，实现口碑营销。

13.2.2 利洁时口碑营销的启示

那么，企业应当怎样引发口碑效应呢？口碑营销利用的是消费用户炫耀与分享的心理，所以企业营销人员可以从消费用户的心理需求入手，从而进行口碑营销，这是最佳选择。消费用户的心理需求主要包括哪几种类型呢？其内容如图 13–2 所示。

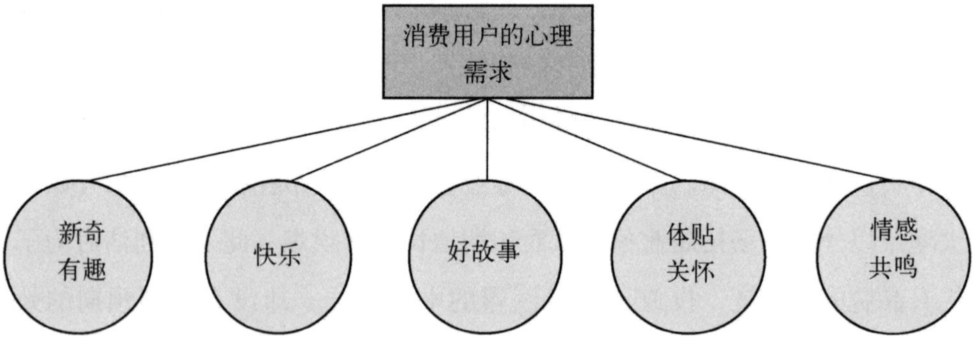

图 13–2 口碑营销中应关注消费用户的心理需求

1. 新奇有趣

向身边的人分享自己新奇有趣的见闻是一种再平常不过的事情了。消费用户遇到新奇有趣的事情时，也会情不自禁地关注并分享，因为这可以让自己显得见多识广，增强存在感。所以，企业策划口碑营销时，可以从新奇的角度出发。比如，一家卖涂料的企业曾经依靠新奇取胜，获得了超高知名度。其老板在参加某次活动时喝下了自己企业生产的涂料，可谓是四两拨千斤，成就了一家知名企业。

2. 快乐

快乐是最容易传播的，因为没有人会拒绝传播快乐。如果一家企业可以给消费用户带去快乐，那么消费用户一定会自发地进行口碑传播。中餐连锁品牌叫个鸭子的宣传口号为“史上第一次公开叫鸭”，有趣的宣传口号既吊足了消费用户的胃口，又给消费用户带来了快乐的心情。消费用户纷纷讨论这家餐厅在玩什么，将幽默快乐的事情分享给身边的人，扩大了餐厅的知名度。

3. 好故事

消费用户都喜欢听好故事，听过之后自然也会传播。在口碑营销中，制造有趣和易于传播的故事是一种有效的策略，因为好故事就是持久的好话题，而口碑传播离不开话题。

4. 体贴关怀

消费用户很容易被感动，只要企业对消费用户好一点，超过他们的预期要求，就会非常满意，并用口碑回报企业。比如，张勇在经营海底捞的早期，邻居夸赞他的辣酱非常好吃，几天后，张勇亲自为邻居送去，并告诉她想吃的时候随时都可以去店里拿。张勇的体贴关怀深深感动了邻居，邻居逢人就夸张勇的海底捞。在细节上做到关怀备至，消费用户就会感到企业的诚意，自然乐意为其宣传。

5. 情感共鸣

情感共鸣可以快速拉近陌生人之间的距离。企业在进行口碑营销的过程中，应当注意引起消费用户内心的情感共鸣，从而形成口碑效应。

口碑可以让消费用户快速产生对企业及产品的好感并成功购买。如果一家企业口碑很差，就一定不会有好的盈利。所以，各大企业应当关注口碑效应，完善口碑营销。

13.3 细水长流的收益

唱片发行商们曾经预谋抬高网络上音乐的下载费用，苹果公司的创始人乔布斯对他们这种行为极为不屑。环球旗下最大的 Interscope 唱片公司董事长 Jimmy Iovine 也对此表示担忧，认为目前的消费用户不足以支撑提价后的在线下载体系，“无线下载音乐费用的提高不知道是否可以增加盈利，因为消费用户可能会因为费用提高的原因而大量减少。”

在营销过程中，有些企业只看见了眼前的利益，而忽视了长远的发展；而有些企业则目光长远，更在乎长远的利益，即使眼前吃了亏，也不会太在意。企业应当要把目光放长远，不要为了“一锤子买卖”而丢失了将来更大的商机。梦想一步登天的人不能成为一个优秀的企业家，因为做生意从来不能一步登天。一鸣惊人的事情也可能发生，像某明星一夜走红等。如果本身没有天赋，怎么可能一炮而红呢？

企业营销人员应该以稳扎稳打、步步为营来自我约束，谋求细水长流的企业效益。俗话说，生意如牛涎。意思是说，做生意应该有“垂涎三尺”的样子。牛涎又细又长，三尺不断，这不就是做生意的道理吗？只要生意细水长流，不断就好，利润暂时少点没关系，销得多，利润自然就多了。比起一夕致富又一败涂地，还是细水长流比较安全。

上海某大学路边有一家“鸡蛋灌饼”的小摊，排队购买的人非常多。其原因就是其他摊位都卖 7 元的“鸡蛋灌饼”，在这里只卖 5 元，7 元算是一般的行情，为何此处便宜？老板娘解释说，她的摊位守着一所学校，学生人来人往非常多，一个饼少挣一点，可是卖得多了，总收入依然不错，如果卖贵了，反而没什么人买。她更喜欢做细水长流的生意。

营销人员都知道一个经济学公式是“资产收益率 = 利润率 × 周转率”。卖鸡蛋灌饼的老板娘不一定明白这个公式，但她知道摆摊赚钱与否，不单单是看一个饼的利润，薄利多销仍然可以换取高收益。

应对市场挑战，企业应该将扩大内需作为盈利的追求目标，只有将过剩的产品转换成资金，才能保证企业的运转链条流动起来。而扩大内需的最终推动力，在于消费用户是否购买。在与消费用户的价格谈判中，适当减少利润，不要太贪婪，就能让生意细水长流。

让“利”于用户，虽然降低了利润率，却增加了周转率，也许短期内企业不能有大的利益回报，但对于长远绝对是有益的。拒绝贪婪，学会舍得，对企业来说是非常重要的一个课程。近期，《北京晨报》中有一则相关报道，北京繁华区的某一家饭店，一瓶白酒收取 100 元的开瓶费，一瓶饮料也要收取 10 元的服务费。开瓶费的高价背后隐藏着消费用户与商家长期以来的矛盾冲突。

消费用户自带酒水的行为严重降低了商家预求的高额酒水利润，在外面仅卖 100 元的一瓶白酒，在饭店的价格要加倍，一瓶几元钱的饮料在饭店可能就是几十元。尽管收取开瓶费在法律上是不允许的，消费用户可以到工商部门进行投诉，但很多商家依然将收取开瓶费作为限制消费用户自带酒水的有利措施。

且不论商家对法律的无视，单对消费用户捆绑销售这种错误做法，就只能使消费用户与商家的距离渐行渐远。商家这种捡芝麻丢西瓜的行为可取吗？细想一下，地段好、人流量大、细水长流的生意肯定会使商家的生意更火。

在营销过程中，商家应当对消费用户作出适当的让步。适当的让步要坚守原则，而非不理性的让步。很多商家担心这一次让步了，下一次只能作出更大的让步，因此变得高高在上，无法获得忠实的粉丝。事实上，商家对消费用户的让步可以提高回头率，并不会对生意产生负面影响。因为商家的让步就是下次交易的标准，商家和消费用户会共同遵守这个惯例。消费用户不会要求标准改变，除非交易成本发生改变，商家也可以收获细水长流的收益。

13.4 海底捞如何让顾客吃饭"成瘾"

海底捞，全称是四川海底捞餐饮股份有限公司，成立于1994年，创始人为张勇。海底捞主要经营川味火锅，融汇各地火锅特色，是一家大型跨省直营餐饮品牌火锅店，在简阳、北京、上海、天津、广州、石家庄、西安、深圳、合肥、武汉等各大城市均有直营连锁餐厅。

海底捞火锅店配备有10多种锅底，包括牛油火锅、鸳鸯火锅、番茄火锅等。海底捞火锅店在不同地区的价格略有差异，但总体来说物美价廉。海底捞大部分的连锁店都有自助调料台，调料将近有20种，顾客可以根据自己的口味喜好随意调配。

另外，海底捞还为顾客准备了免费水果，水果随着季节的变化而有所不同，如圣女果、哈密瓜、西瓜等，还有免费的小米粥或者银耳汤等。在海底捞点餐是非常人性化的，所有的菜品都可以叫半份，价格也相应减半。顾客可以通过这种方式品尝到更多种类的食品，而且价格合理。

13.4.1 为吃海底捞宁愿排队

去过海底捞火锅店的顾客可能知道，在吃饭高峰时段，必须排队等待才会轮到座位。即便如此，顾客们的热情依然很高，即便其他的火锅店到处都是，也不愿意再换一家，而且在海底捞吃火锅几乎“成瘾”。

为什么顾客宁愿耗费时间等待也不愿意换一家餐厅吃火锅呢？

在海底捞的等候区，大多数顾客都会选择享受免费的擦皮鞋或者美甲服务；有些顾客可以通过跳棋等休闲项目消遣等待时光，还可以享用免费的饮料、零食和水果，边玩边吃。这样一来，顾客的时间没有白白消耗掉，反而享受到了吃饭带来的高附加值。海底捞让顾客的等待由抱怨变成了一种享受，顾客哪里能抗拒得住呢？

除此之外，顾客在海底捞吃饭之前，服务员会为女性顾客送上免费皮筋，让她们不必担心吃饭时头发披散的干扰。顾客的手机也会被服务员用透明塑料套装起来，以免溅上火锅汤汁。这些细致入微的服务都是海底捞能够让顾客吃饭“成瘾”的奥秘。

一位顾客在海底捞吃饭，由于水果没有吃完，于是询问服务员，“能不能打包带走？”，服务员说，“不行”，顾客回答说，“不行就不带走了”。当该顾客在前台结账的时候，神奇的事情发生了，服务员竟然给了他一整个西瓜，并对他说，“切开的西瓜不卫生，您想要打包的话，就送您一个西瓜。”从这个案例可以发现，海底捞非常重视口碑建设，为顾客提供超预期的服务。

大家知道，香烟之所以会让人上瘾，是因为香烟中含有的尼古丁是一种让人愉快的化学物质，会让人吸食成瘾并且难以戒除。如此一来，烟草行业从来不愁没有销量。如果企业可以使顾客为某种消费上瘾，就能有效地避免顾客流失，从而拥有大量的回头客，进而带来惊人的消费狂潮。

13.4.2 海底捞的三大模式

海底捞就利用免费模式、虚实模式及升级模式，让顾客犹如教徒般虔诚，在海底捞吃饭“成瘾”。海底捞的忠实顾客不仅是企业的虔诚教徒，也是传教士，将企业提供的利益主动地向其他顾客推荐。免费模式、虚实模式、升级模式都抓住了人性的弱点，让顾客主动接近企业，主动成为其忠诚的粉丝。在这方面，其他企业应该向海底捞学习。海底捞经营的三大模式如图 13-3 所示。

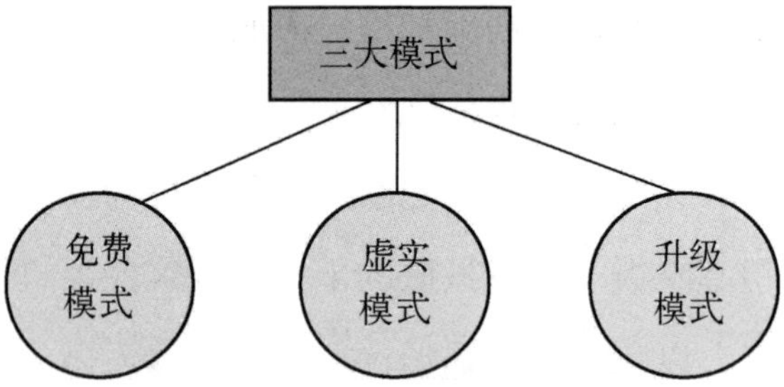

图 13-3　海底捞经营的三大模式

1. 免费模式

事实上，所有的消费用户都有不花一分钱就可以获得利益的欲望，对于免费的东西没有哪个消费用户会不喜欢。在百货超市里，产品打折不一定能吸引消费用户的眼球，但是免费试吃总是让很多消费用户情有独钟。而且，消费用户普遍倾向于持续购买免费试吃过的食品，即使味道一般。

阿里巴巴创始人马云曾经说过：“免费的才是最贵的。”对于消费用户而言，免费意味着以后持续付费，它是“成瘾”消费的敲门砖。在海底捞火锅店的等候区，服务员为等候顾客提供的免费擦鞋和美甲服务、免费跳棋等休闲项目及免费零食与饮料等，与其他商家仅靠微笑、打折的促销行为相比，更能让顾客上瘾。对海底捞来说，那些花在“免费”上面的成本可为其带来了更大的利益。

2. 虚实模式

海底捞通过采取虚实模式，将有形产品无形化。在海底捞火锅店吃火锅的每桌顾客都有专门的服务员为其服务，不间断地添加饮料，供应毛巾。顾客在用餐期间还可以观赏抻面表演，24 小时不间断营业更加方便顾客用餐。海底捞凭借极致化的服务让顾客趋之若鹜。

3. 升级模式

升级模式是指让产品服务等各个方面不断提升进步。消费用户渴望更高级、更优质的消费体验，这种欲望是消费“成瘾”的又一根源。海底捞火锅店的服务持续升级。顾客用餐时配备的围裙一直在更换，越来越好看。保护顾客手机不被汤汁溅到的透明塑料套、供小孩子睡觉的专用床等各种创意都让很多顾客津津乐道。顾客总是希望下次光顾海底捞时，拥有全新的消费体验，这种期待促进了顾客“成瘾”消费。

利用免费模式、虚实模式、升级模式来降低消费用户的流失率是各大企业值得考虑的命题。“成瘾”消费不仅能够让消费用户主动变成企业的忠诚粉丝，还对企业挽救危机、健康成长具有十分重要的意义。

13.5 胖东来为新乡带去的新模式

作为河南省四方联采成员之一，胖东来商贸集团公司是河南商界的商业零售企业巨头，具有超高的知名度和美誉度。胖东来创建于 1995 年 3 月，创始人是于东来，公司总部位于许昌市。专业百货、电器、超市等都是胖东来的主营产业。目前，胖东来百货拥有 30 多家连锁店，主要分布在许昌市、新乡市等城市，共有 13000 多名员工。

13.5.1 胖东来称霸新乡

胖东来商贸集团公司创造了很多传奇。比如，在中国民营商业企业中，人均销售额、年度营业利润、评效等核心指标均排名首位；在当地打败实力雄厚的丹尼斯、世纪联华、沃尔玛等；员工工资比当地同行高出几倍，店长的年收入超过 100 万元，处长助理以上高层管理人员均配备汽车、别墅等。中国连锁协会会长郭戈平曾评价胖东来，“绝对是中国最好的店。”

蒙牛集团创始人牛根生说过，“公司经营的 98% 在于人心，得人心者得天下。” John Lewis 是英国最大的员工合作商店，经营业绩颇佳，具有独具特色的企业文化。2008 年 3 月 6 日，John Lewis 公司董事长查利·梅菲尔德（Charlie Mayfield）宣布将 20% 的公司利润分配给员工，总额共计 1.8 亿英镑（大约为 26 亿元人民币）。

John Lewis 公司前董事长斯图尔特·汉普森（Stewart Hampson）曾说过，“如果说 John Lewis 公司拥有成功的秘诀，那么很简单：大多数的零售商员工都是为别人工作，而在这里是为自己工作。这种制度让员工能从商业成功中获得真正的快乐。”

于东来经营企业的做法与汉普森有异曲同工之处。从白手起家到发展成为许昌的商业龙头老大，于东来拥有的公司股份表面上越来越少，企业却越来越强大。于东来的成功带有一种“非商业”的味道，他将“人性”

视为企业管理的本质。于东来认为，要想将企业管理好，就必须充分调动起员工的积极性。所以，于东来对自己的员工真诚以待，而这种做法也让于东来获得了巨大的回馈。

从许昌到新乡是胖东来扩张的第一步。在新乡，曾经与胖东来门店邻近的丹尼斯百货选择搬移到其他地方，世纪联华的原有门店也迫于无奈转让给了胖东来，沃尔玛在新乡开业推迟了 6 年……

13.5.2　胖东来的启示

进入新乡的第一年里，胖东来创下 5.12 亿元的营业额，第二年增加到 7.6 亿元。目前，胖东来在许昌的年营业额超过 5 亿元，每年都要缴纳税款 2000 多万元。在河南省零售界，胖东来的利税排在丹尼斯、原金博大之后，位居全省第三。胖东来如此成功，其他企业应当学习哪些方面呢？如图 13-4 所示。

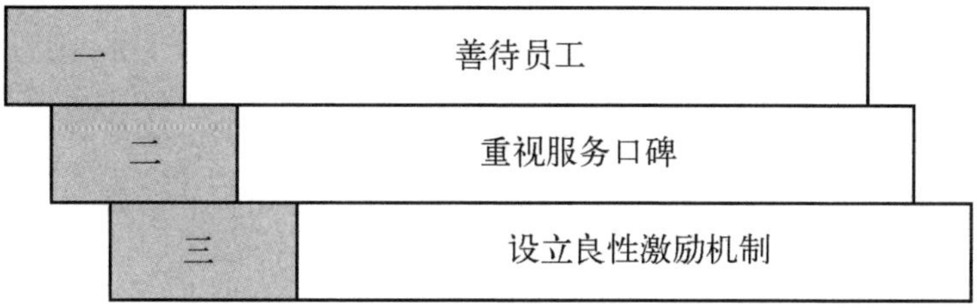

图 13-4　胖东来对其他企业的启示

1. 善待员工

于东来经常挂在嘴边的一句话是“你给员工吃草，你将迎来一群羊！你给员工吃肉，你将迎来一群狼！老板让员工吃亏，员工就让用户吃亏，用户最终让老板吃亏！”在这种理念的指导下，于东来首先为员工提供了超高的薪资待遇，是当地同行的几倍。胖东来商场的保洁员工资为 2500

元每个月，还享受三险一金的待遇。所以，胖东来商场的地板上永远都是干干净净的。

另外，于东来还通过严厉的制度禁止员工加班，加班一次罚款5000元，并强制员工每年最少休假20天。胖东来每年春节都有5天关门不营业，让所有辛苦一年的员工都能够与家人团聚，真正地理解并满足员工的需求。

尊重员工、善待员工是企业成功的基础。

2. 重视服务口碑

在河南本地，人们只认胖东来的品牌。在胖东来，看见人山人海、排队等候的现象永远不稀奇。在周末，胖东来商场外的汽车常常排起长龙，特别壮观。

最令人惊讶的是，2005年，胖东来扩大规模，从许昌发展到新乡开店，当时台湾企业丹尼斯是新乡的商业巨头，中国商业企业龙头老大世纪联华紧随其后，而沃尔玛正在筹备开业。胖东来面临的形式非常严峻，但于东来不顾众人反对坚持开业了。一年之后，市场发生了巨变：丹尼斯搬离此地，世纪联华转让给胖东来，沃尔玛筹备了6年，还在推迟开业。胖东来为何如此厉害？究其根本，胖东来的成功来源于垄断许昌60%以上消费用户良好口碑的服务能力。

超值的服务口碑是胖东来的核心竞争力。胖东来的员工始终对顾客发自内心地微笑；如果顾客抱着孩子，提着东西，那么胖东来的员工马上就会主动提供帮助；如果顾客询问员工一些事项，那么员工总是本着“首问负责，到我为止”的态度为顾客解决问题，直到顾客满意地离开。

胖东来用真心和真品打动了顾客，如果顾客有不满意之处，胖东来可以为顾客提供无条件退货或者换货服务，而且从不抱怨。胖东来的情感服务使得品牌口碑传播在区域内达到了极致，成为其成功的核心竞争力。

3. 设立良性激励机制

虽说高薪可以收买员工的心，但是时间久了，员工就会习以为常，不懂得珍惜。因此，胖东来设立了公平的激励机制来维系员工长久的快乐和激情。胖东来采用全员竞聘制提拔人才，基本不使用“空降兵”。全员竞聘制是指在胖东来所有员工中开展竞聘上岗，应聘范围是全体员工，包括营业员、仓管、保洁员等。这种制度保证了员工的权利和机会均等。

胖东来还设立了一个顾客投诉奖，最高奖金为 500 元。一旦有顾客投诉，则相关责任人会被罚款 500 元，而公司会将罚款奖励给投诉的顾客。在此制度推行之初遇到了一些阻力，但于东来强制执行，并强调宁愿把执行不下去的部门撤掉也在所不惜。胖东来良性的激励机制保证了企业高效有序的运转，也是其永葆青春活力的秘诀所在。

第 14 章

归属感：基于认同感之上的行为圈子

企业通过个性鲜明的品牌文化及各式各样的会员活动，造就了一个基于认同感之上的行为圈子。这个圈子象征着某种身份，代表着一种相同的价值观，拥有共同的生活方式。

随着认同感越来越强，行为圈子越来越大，消费用户的归属感也越来越强烈，从而成为企业的忠实粉丝。行为圈子的培养在于洞察消费用户所需，给消费用户一个非买不可的理由，让消费用户感受到切实利益。企业营造的行为圈子影响力越大，企业的发展就越顺利。

14.1 品牌是一张规则之下的社交身份证

美国市场调查研究人员曾对 100 名消费用户做了一个测试，让测试者在可口可乐和百事可乐两种产品之间做选择。研究人员通过测试发现，如果蒙住测试者的眼睛，他们更喜欢选择百事可乐；但如果让测试者看到公司商标，那么 75% 的人更喜欢选择可口可乐。

在测试过程中，研究人员扫描了测试者的大脑，发现可口可乐的商标能够引发与行为控制有关的反应——大脑部位回忆起与自我形象有关的剧烈活动；而百事可乐饮料的口味虽然得到了大多数人的认可，却没有对大脑与行为控制有关的部位造成影响。

之所以发生这种微妙的现象，是因为品牌这个无形的东西影响了消费用户。消费用户对品牌有一种特殊的感情，这种感情难以言表，但消费用户会通过不断购买的方式宣泄这份感情。如果企业能够让消费用户对自己的品牌产生依赖性，那么企业就获得了一件制胜法宝。

原材料、生产、加工、质量、销售等是一家企业的生命，而企业要想在市场中脱颖而出，还需要打造特色的品牌作为企业灵魂。一个没有灵魂的产品只具备最基本的价值——使用价值，最终会将企业的产品淹没在同质化的泥潭中。树立品牌意识，加强企业特色文化建设将会使产品的价值得到升华。

品牌是以产品为介质传递出的一种情感利益认同，可以满足消费用户的情感价值需求。比如，小米、苹果的粉丝之所以如此疯狂，都是因为品牌的个性理念。这些粉丝成为了它们的消费主力军和忠实宣传者。一些偏爱宝马的消费用户并不在乎汽车的性能有多好，跑得有多快，能开多长时间，在乎的是宝马的品牌价值，即宝马带给他们的感觉与身份象征。

大家身边都有这样一群消费用户：他们只购买自己钟爱的品牌产品。对于钟爱的品牌产品，他们无所不知，无所不晓，并且津津乐道，自认为最有发言权，就像宗教信徒般忠实于品牌，将自己与其他对手品牌的拥护者区别开来，甚至与其他品牌的拥护者为敌。

为了与品牌提倡的价值体系相匹配，他们为自己设置了条条框框来自我约束。这群品牌的信徒同时也是传教士，他们将自己从该品牌得到的一系列物质和精神满足不遗余力地向其他消费用户宣传推广。这就是营销人士经常讲的“品牌崇拜”。

在全球，人们每天喝掉的可口可乐有 10 亿多瓶；每天在麦当劳吃掉的汉堡包有 4000 多万个；每天有将近 100 万人光顾迪斯尼专卖店；立顿热红茶每秒钟就被喝掉 1200 多杯；万宝路香烟每年的销售额超过 3000 亿支，用 5000 架波音 707 飞机都装不完，也就是说，全球每抽掉四支香烟，就有一支是万宝路……

在社交场合，很多人了解对方的身份无需依靠对方递上的名片、不用听对方的自我介绍，只要上下打量其周身穿戴佩用的品牌，就能将其身份猜个八九不离十。因为品牌就是相当于一张规则之下的社交身份证。每个品牌都有专属的人格化气质与个性，忠诚于这一品牌的粉丝一定与该品牌“志同道合”。或许从对方驾驶的汽车品牌就能将其身份、性格剖析得鞭辟入里。

法拉利的主人一定是好动分子。他们喜欢发表自己的看法，野心勃勃，但从不掩饰；奔驰的主人可能就比较务实一些，他们具有强烈的家庭观念，有可能是企业高层管理和政府机关领导人；沃尔沃的主人一定是性情稳重，理性而低调。品牌不仅能够将消费用户从心理方面区别开，还能表明该消费用户属于哪一经济阶层。冯小刚的电影《大腕》中有一句经典台词，“你要是开一辆日本车，你都不好意思跟人家打招呼!”非常现实地说明了品牌的意义。

德国巴伐利亚州的小镇黑措根奥拉赫是阿迪达斯和彪马两个著名品牌的发源地。除此之外，小镇还有个“弯脖之城”的称号。原来阿迪达斯和彪马是运动产品市场中水火不容的竞争者，这个拥有两万人口的小镇也因两个品牌拥护者的互相对立而分裂成两大品牌阵营，且有老死不相往来的势头。

当地人与他人交谈之前，首先会先弯下脖子看看对方穿的鞋子是哪一种品牌，如果与自己拥护的品牌不同，那么他们宁愿不与对方说一句话，正符合中国人常说的“道不同不相为谋”。如果在一辆公交车上全是彪马一族，那么阿迪达斯的拥护者就会等下一辆公交车，而认为与彪马一族同乘一辆公交车是辱没了自己。

更为夸张的是，黑措根奥拉赫小镇的人们就连谈婚论嫁也以鞋子的品牌来验证是否门当户对。事实上，阿迪达斯和彪马品牌的创始人是亲兄弟，而兄弟两人却似乎有着巨大的仇恨。两家企业的总部隔河对峙，与此同时，兄弟两人的坟墓也坐落在小镇距离最远的两端。不要说兄弟情，他们似乎连陌生人都不如，让人由衷感叹“本是同根生，相煎何太急”。

14.2 为什么奢侈品受欢迎

随着经济的快速发展，女性消费用户的地位崛起，成为奢侈品市场的主要购买群体。越来越多的奢侈品牌开始关注这一群体，俘获了一批高收入女性的心。女性地位的崛起壮大了市场的购买力量。女性消费用户为什么喜欢购买奢侈品，一位高收入女性说道："我买奢侈品只是因为高兴，具体原因我也说不清。"

著名的瑞士心理学家卡尔·古斯塔夫·荣格（Carl Gustav Jung）说过，"人们有时无法说出他们的所想所做，因为他们自己都不明白。"可见，洞悉真实的人类情感是一件多么不简单的事情。

全球领先的市场调研集团益普索（Ipsos）针对中国4000名女性消费用户进行了奢侈品牌消费调查。受访者来自中国一线、二线及三线城市，年龄在20至44岁之间。研究发现，女性消费奢侈品的原因有五种，分别为展现个人品位、彰显身份地位、保证生活品质、群体交往需要及释放自我个性，各占20%左右的份额，如图14-1所示。

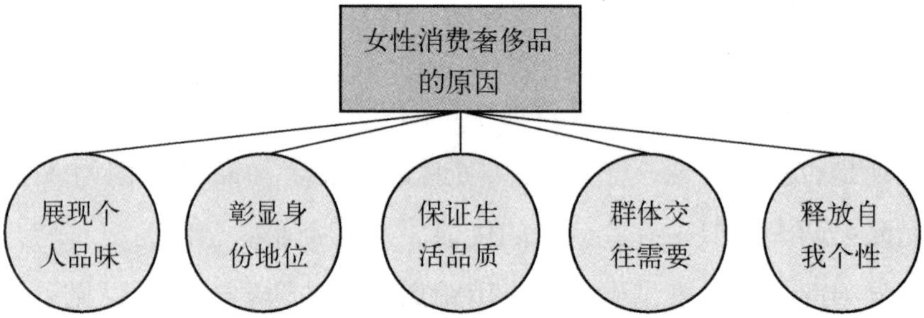

图14-1　女性消费奢侈品的五种原因

1. 展现个人品味

益普索研究结果表明，以"展现个人品味"为由购买奢侈品的群体规模为21%。她们的目的是通过消费奢侈品展现自己独特的个性和品味，使得自己的气味与品质与其他群体区分开。这一女性群体比较生活化，相对于工作，她们更关注生活本身，认为工作是为了更好地享受生活。她们懂得的奢侈品知识比较多，坚信奢侈品在引领时尚潮流，最喜欢看起来优雅精致、设计独特的品牌。

该群体通常很年轻，学历不是非常高，也不是很富有，大多为私营企业的普通职员，还有的是私营个体业主，属于有较丰富的奢侈品知识，喜欢奢侈品，但消费能力还比较弱的群体。

2. 彰显身份地位

益普索研究发现，以“彰显身份地位”为由购买奢侈品的群体规模为 21%，但超过“展现个人品味一族”，购买奢侈品的目的是彰显自己的财富、身份和地位。她们不想做一个普通人，努力成为上流社会的成员。这一女性群体特别在意自己的外在形象，愿意花钱提升自己的外表与形象。她们重视别人对自己的看法，认为奢侈品是稀有而昂贵的，是身份地位的象征，不在意奢侈品的悠久历史文化及独特的个性。该群体年龄相对成熟，但在收入和学历上比“展现个人品味一族”稍微高一些。

3. 保证生活品质

益普索研究结果表明，以“保证生活品质”为由消费奢侈品的群体规模为 21% 至 22%。她们完全信任奢侈品的高品质，认为品牌的稳定与可靠让她们不必担心质量问题，减少了不必要的麻烦，享受了生活的舒适与安定。这一群体又细分为两个小群体。

（1）高品质群体

高品质群体要求尽可能地掌控自己的生活和财富，不愿意冒任何风险，而非奢侈品的质量隐患让她们坚定地选择有质量保证的奢侈品。她们通过奢侈品向他人宣传了自己的成熟、专业与可靠。这一群体的学历高、职位高、收入高，在合资企业、国有机关、事业单位、专业机构及担任个体私营业主等的比例均最高，购买奢侈品的比例也是最高的 。

（2）舒适群体

舒适群体购买奢侈品的主要原因是奢侈品提供的舒适和可靠可以让她

们感到安心、安全和受呵护。她们不看重奢侈品时尚、个性的一面，但比较关注奢侈品牌悠久的历史和文化。舒适群体多为收入中等的已婚人士，基本都是本科学历。她们喜欢理财，不乱花钱，多从事稳定性较强的工作，如教师、公务员等，担任个体私营业主、高层管理人员的较少。

4. 群体交往需要

研究发现，有相当多的女性出于社交需要而购买奢侈品。她们喜欢社交生活，喜欢和朋友交往。这一群体女性认为社交使得生活更有意义，希望通过购买奢侈品让社交得体。尤其是在一段爱情里，这些女性为了爱人而购买奢侈品，认为奢侈品能给个人带来美好的体验，营造美好的氛围。这个群体的女性愿意给所爱的人最好的，与高品质群体类似，收入高、学历高、职位高。她们购买奢侈品的比例仅次于高品质群体一族。

5. 释放自我个性

这个群体都是性情中人。她们不满足于现状，不在意自己的外在形象，更不屑于取悦他人，不认同家庭可以体现一个女人的价值，不喜欢和朋友聚会，更不会花钱购买独一无二的东西。她们认同奢侈品的昂贵及非生活必需品，购买奢侈品只是为了满足精神层面的希望和渴求，实现放纵自我的目的。

14.3 乔布斯的粉丝之一：极客

极客是由美国俚语“geek”音译过来的。随着互联网文化的兴起，极客是指那些智力超群，拼搏奋进，热爱计算机和网络技术，并投入大量时间和精力钻研的人。如今，极客更多具有一种利用互联网创造全新的商业模式、尖端技术与时尚潮流的语意，将创新、技术和时尚作为自己人生的价值。这群人不分年龄与性别，一起为了新经济、尖端技术和世界时尚风潮的到来而奋斗，为现代科学技术的发展做出自己的贡献。

极客是乔布斯的粉丝之一。他们追逐苹果的各种产品，对苹果产品的痴迷达到了癫狂的程度，经常向周围的人炫耀自己所拥有的苹果产品，并亲自演示苹果产品的各种功能，与同伴交流使用心得，对苹果产品的个性配件爱不释手，甚至走到哪里都随身带着苹果笔记本。

即使是索尼、戴尔等一流电脑品牌的粉丝，其热情也无法与苹果的极客粉丝相比。苹果公司为何成为业界传奇？极客们为何对苹果产品如此痴迷？根本原因是乔布斯塑造了苹果产品的极致。

乔布斯（Jobs）认为粉丝并不知道自己要什么。他经常在公共场合引用亨利·福特（Henry Ford）的名言："如果我问粉丝想要什么，他们总是说要'一匹更快的马'。"所以，苹果公司对产品的定位是极致，只有伟大的、让粉丝感到惊喜的产品，才会让粉丝心甘情愿地打开钱包。

当初，有粉丝期待苹果可以推出上网本，被乔布斯毫不犹豫地拒绝了，并推出了 iPad。作为一个第三品类，它的意义不仅是"一匹更快的马"。乔布斯将 iPhone 称作苹果"重新发明的电话"，第一代 的 iPhone 很多功能都没有，包括拷贝粘贴、多任务运行能力等，而且没有对第三方软件开发者开放。乔布斯说，如果不能把产品功能做到极致，则苹果宁愿不要这项功能。

与索尼、惠普等品牌相比，苹果的产品非常少，推出的第一代 iPad 只有一种颜色，因为乔布斯认为现有的就是极致的。对乔布斯来说，有限的极致比全面的平庸更值得追求。这就是乔布斯对完美产品的诠释。

在乔布斯接手苹果公司之前，苹果公司的发展经历了几起几落的历程。1977 年，苹果公司推出 appleII 划时代的 PC 产品，名气开始走红；1980 年，苹果公司上市，从此成为 IT 界的明星；接下来的几年，苹果公司因为产品开发思路受限，业绩逐渐下滑；1996 年，苹果收购 NEXT，此时的苹果已经濒临破产。

乔布斯借 NEXT 被苹果收购之机重新进入苹果公司。面对危难中的苹果公司，乔布斯依然信心满满，开始对公司进行全面改革。首先，乔布斯与以前的对头微软结成战略联盟，通过交叉授权的方式合作；然后，乔布斯带领苹果公司推出了光彩夺目的 iMac 电脑。iMac 电脑的外观是半透明的，鼠标可以发光，色彩非常丰富。iMac 和随后的 iMac 二代、ibook 等产品获得了一系列的最佳称号，成为时尚的代名词。

如果没有乔布斯当年修习美术课的功底和对消费用户心理的洞察，就没有如此标新立异的构思与出色的工业设计。

苹果公司终于转危为安，由亏损转为盈利。

苹果 iMac 电脑的软件与硬件都是一个封闭系统，而 Windows & Intel 体系是开放的，因此受到很大冲击。尽管苹果公司的市场占有率逐年下降，但因为苹果品牌个性张扬、独特、堪称极致的产品设计为苹果赢得了众多忠实的极客粉丝，成为极客粉丝追求极致体验的最爱，变成了小众产品。

至此，乔布斯开始了对苹果的改造历程。苹果的整体运作思路将不再仅仅限于 PC 市场，而是进军广阔的消费电子市场。2001 年，苹果进入数码电子行业，推出了 mp3 播放器 iPod；2007 年，苹果进入通信电子行业，推出了智能手机 iPhone。乔布斯准确把握了消费用户的需求，使得苹果在新市场里均获得了巨大的成功和盈利。之后，苹果创新性地推出了 iTunes 音乐商店。在 5 年的时间里，iTunes 音乐商店共售出 40 亿首数字歌曲，成功获得了全球数字音乐市场 70% 以上的份额，远远超过预期。

2007 年，乔布斯正式将苹果电脑公司改为苹果公司。苹果公司从此进入新的发展时期：高端消费电子产品及服务融合将作为战略重点，而个人电脑产品则位居其次。此次更名意味着苹果在 2001 年发布 iPod 启用的数字家庭战略开始名正言顺。

iPod 的发布还标志着苹果的另一转变：打破以前封闭架构的做法，开始对苹果产品进行适度的开放，以扩大兼容性和市场空间。比如，iPod 就是针对 PC 机和 Windows 开发的；2006 年，iMac 开始使用 Intel 的处理器并兼容 Windows 的操作系统，苹果从封闭到开放的转变，使得 iMac 操作系统的市场占有率从 2006 年的 4.72% 上升到了 2008 年的 8.87%。

乔布斯的战略手段与产品策略的运用是非常成功的。在产品策略上，乔布斯非常重视用户体验，通过不断创新推出简洁实用又人性化的产品，并通过细分市场，使苹果拥有了不同阶层的粉丝。

在产品定位上，乔布斯讲求准确定位与差异化竞争。比如，iPhone 的目标用户群体是热爱音乐、注重炫酷体验的娱乐用户，而不是更加注重通信和电池续航力的黑莓（商务）用户。苹果通过做减法调整了手机的成本结构，去掉了很多手机的传统功能，而这恰恰突出了 iPhone 的重要特性，完成了用户价值的创新。iMac 注重外观精致，iPad 注重娱乐功能强大，都是苹果产品差异化的体现。

苹果极致的产品策略让苹果系列产品在全球拥有了一个庞大的粉丝群体，甚至形成了苹果的极客文化，最终形成了强势的品牌和给公司带来的巨大盈利，造就了苹果独特的生存方式。极致成就了乔布斯，无论是任何行业任何企业，都应该学习乔布斯追求极致的精神，为粉丝带来更多优质的产品与服务。

14.4 马云的粉丝之一：创客

创客来源于英文单词“Maker”，是指那些不以盈利为目标，努力把各种创意转变为现实，推动开放创新的人。近两年来，创客开始在中国产生并逐渐普及开来。在北上广深等一线城市，创客们经常举办相关的活动。

比如，“创客空间”就是一个专门为创客们提供交流创意思路及产品、实现创意想法的社区平台。创客空间通过线下和线上相结合、创新和交友相结合，为每个有想法的团队、个人创业者提供一些硬件创新环境、3D 打印机、产品机械设计等帮助，从而高效地将产品生产出来。同时，创客空间还利用简便、廉价的网络营销方式为创客们的产品做宣传，从而不断地扩大规模，帮助创客们创建自己的公司。

在中国，创客遇到了一些无法避免的问题：一是创客本身就有玩、尝试的心态，大多是一群喜欢和享受创新的人，他们在乎的是将自己的创业想法变为现实，而不在乎是否具有商业价值或者对他人有没有实质性的帮助；二是缺乏对知识产权的保护，模仿抄袭现象屡见不鲜，中国创客的内心必须强大，做好被模仿抄袭的心理准备，然而强悍的山寨军团难免会将创客们的心打击得千疮百孔，严重挫伤了创客们的积极性。

中国创客时代的到来说远也远，说近也近。远的是未来的路还很长，创客们任重道远；近的是技术革新的脚步越来越快，前辈们的成功经验为中国创客时代的到来奠定了基础，而创客们的积极参与也已经迈出了向前发展的第一步。

原《连线》杂志主编克里斯·安德森（Chris Anderson，著有《长尾理论》《免费》等畅销书）认为，“众所周知，互联网是当今时代最重要的工具。中国的崛起与互联网一样令世人瞩目，互联网正在驱动中国创客们的创新。然而，直到现在，中国还没有一个拿得出手的开放性创造公司。”

互联网时代的优秀公司要求具有技术、工程、设计、营销、全球化等特征，而最重要的是要拥有开放式的平台。但很遗憾，在安德森看来，“现在中国最好的公司什么都可以做，甚至可以和苹果公司竞争。尽管中国公司也开始走向了全球，但是最重要的一环却没有，即开放创新。”开放创新要求中国公司放弃知识产权，创建一个生态体系平台，而不仅仅是一家公司。

互联网的发展为中国的创业公司带来了最好的时机，市场机会到处都是。首先，中国的制造业发展蒸蒸日上，而且技术日趋成熟；其次，中国拥有众多优秀的技术工程师，他们白天上班，业余时间在家里进行创新，愿意向周围的朋友分享自己的创新思维、代码及技术；最后，中国有许多实干的企业家，愿意将创客的创意想法付诸实践，做出产品，成立公司。以上三点会不断推动中国的开放创新运动发展，促使中国创客时代早日到来。

2015 年 5 月 20 日，阿里巴巴集团在杭州主办了首届“全球女性创业者大会”。马云再一次向人们证明了自己的人格魅力。他不仅请来多位国内外成功创业的女性企业家为其助阵，更有大量的女性粉丝为一睹其真容而主动前来。

当天下午，在马云做完主题演讲后，现场进入火爆的嘉宾提问环节。粉丝纷纷举手抢夺话筒，只为与马云近距离互动。有的粉丝称从上海赶到杭州只为见到马云本人；有的抒发了自己对于马云的超级崇拜之情；还有的只想要马云的一个拥抱；更有一位已婚少妇当场向马云献花表白。

2014 年 9 月 19 日，阿里巴巴在美国成功上市的消息让马云着实火了一把，更为马云带来了更多的粉丝，包括一部分创客。阿里巴巴将全球目光聚焦于中国经济的发展，让中国人感到非常欣喜和自豪。尽管马云的人生经历无法复制，但是其成功经验却是值得中国创客学习的。作为一个创客的驱动者，马云把自己和国内外创客及中国制造商联系在了一起，正是这一点让阿里巴巴成功走向全世界。

可以说，马云是中国的第一代创客。马云创造的阿里巴巴为工厂提供了一个展示自己的网络平台，简化了制造工厂与企业之间的合作流程，向小型公司甚至是个体创业者打开了制造工厂的大门。人们不需要亲自进入工厂车间就能完成生产。马云的个人魅力，包括活力四射、远见卓识和出色的沟通能力及优秀的工作团队造就了今天的阿里巴巴。

马云与杰夫·贝佐斯（Jeff Bezos）、史蒂夫·乔布斯（Steve Jobs）、埃隆·马斯克（Elon Musk）及其他一些罕见的创业奇才一样，在普通人看来，他们的创业理想就像是异想天开一般。然而，他们坚持己见，通过努力将自己的创业理想付诸实践，最终取得了世人瞩目的成绩。

虽然马云是一名成功的创客，但他认为创业是一条很艰辛的路，不是每个人都适合创业并能够创业成功的。有时候，创业的乐趣可以通过另外一种方式来体会。马云是这样说的，“找一个好的老板，找一个好的团队，跟着他们一起，也是一种创业，未必要自己当老板。”

马云认为，成功的创业者需要具备四个品质（见图 14-2）。“第一品质就是乐观，我很少听见成功者抱怨，不是说他们没有抱怨，每个人生下来都会抱怨，但是在选择的时候更是乐观地看未来。我跟巴菲特、比尔·盖茨、索罗斯等交流时，发现他们的第一品质就是乐观，很少听见他们抱怨，在抱怨的时候大部分也总能从抱怨中找到机会。其次，他们很积极，积极看世界，觉得大家认为不好的东西，万一好呢。再次，他们有担当的勇气，敢于行动。最后，他们比一般人坚持。”

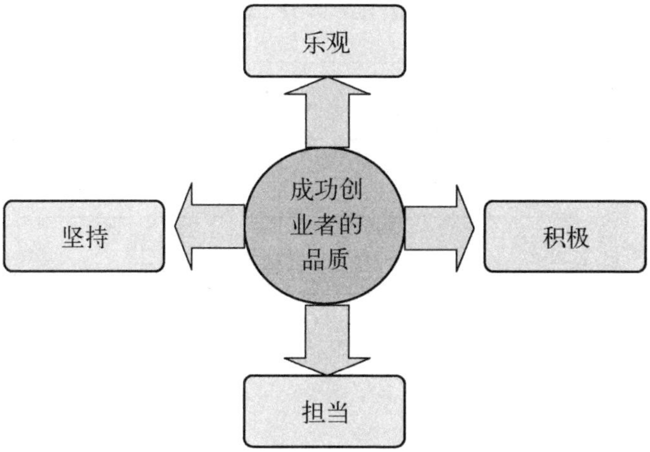

图 14-2　成功创业者的四个品质

14.5 提升粉丝归属感的三大方法

没有粉丝就没有营销。近来，很多企业营销人员都在津津乐道自己通过活动为企业公众号吸引了多少粉丝。如果有人问他们如何保证事后不掉粉，这些人一定无言以对。相比吸引粉丝来说，留住粉丝更加重要。想要留住粉丝，就必须提升粉丝的归属感，增强粉丝的黏性。提升粉丝归属感、增强粉丝黏性的根本方法是通过互动让粉丝获得良好的品牌体验。

14.5.1 优质内容留住粉丝

在移动电商时代，以微信为代表的社交平台最显著的特征就是具有较强的社交属性和媒体属性。就是说，企业应当重视通过有价值的内容来吸引和黏住粉丝。那么，如何做出优质的内容呢？如图 14–3 所示。

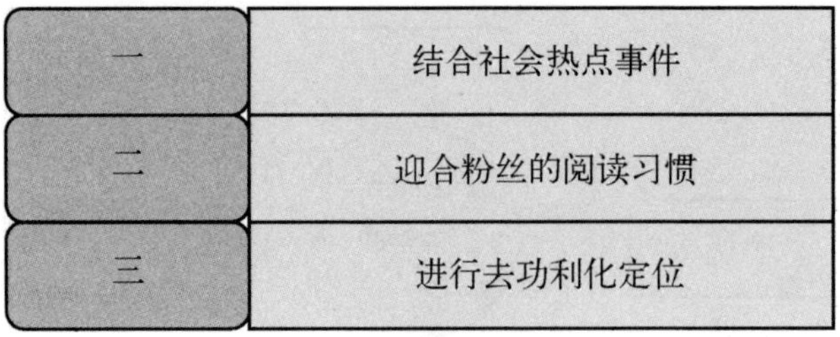

图 14–3　做出优质内容的方法

1. 结合社会热点事件

结合社会热点事件的内容具有天生吸引粉丝注意力的优势。对企业而言，通过微信推送社会热点事件的内容可以有效地吸引粉丝阅读。

2. 迎合粉丝的阅读习惯

碎片化时代，粉丝的阅读方式也呈现碎片化。在推广产品或内容时，应尽量结合这一特点。例如，美丽说微信公众号提供的服饰搭配方案都很简短实用，并配了大量的图片，使粉丝一看就懂，一学就会。

3. 进行去功利化定位

很多企业通过线下活动获得一定数量的粉丝后，就想要直接进行转现，这未免显得有些急功近利。微信平台不仅具有品牌宣传的作用、发布新品的功能，还能帮助粉丝了解企业文化、信息、营销政策等。在信息过剩的时代，如果企业赤裸裸地推广产品和促销信息，那么就有很大可能会事与愿违。美国计算机科学家尼古拉斯 · 尼葛洛庞帝（Nicholas Negroponte）曾经说过："信息过剩等于没有信息。"

企业应该换位思考，站在粉丝的立场考虑他们需要的内容是什么，让品牌潜移默化地感染他们。"重庆小板凳"是郑州一家火锅店，几乎在一夜之间风靡河南餐饮行业。重庆小板凳火锅的与众不同之处是其环境创新，将酒吧的概念与火锅行业跨界融合，把火锅的不同吃法作为卖点，然后通过微信网络进行病毒式营销。

重庆小板凳通过市场调研发现其粉丝主要为女性消费用户。因此，其微信公众号推送的内容大多是女性情感类内容，如“让你的婆媳相处充满惊喜”和“66 种爱的表达方式”等。这些内容从女性视角出发，很容易就引起了广大女性粉丝的共鸣，有效提升了粉丝的黏性。

14.5.2　通过线上线下活动黏住粉丝

不知道大家有没有见过这个公式：粉丝红利 = 粉丝数量 × 互动次数 × 参与度。对企业来说，要想从粉丝身上获得商业利益，不仅要考虑粉丝的数量，还要考虑企业与粉丝之间的互动次数与品牌参与度。这就要求企业举行一些线上线下的活动来吸引粉丝。活动的举行应当遵循以下（见图 14-4）三个原则。

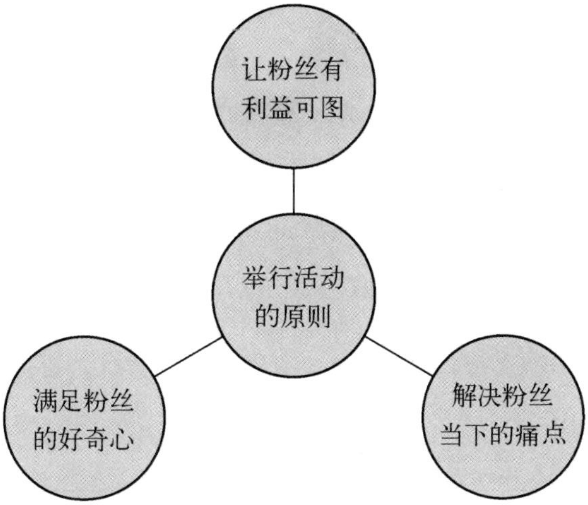

图 14-4　举行活动的三个原则

1. 让粉丝有利益可图

利益是吸引粉丝的利器。喜临门曾经通过“以卖代赠”的方式来吸引粉丝，颠覆了传统赠送的方式。2013 年，在“双 11”购物节期间，喜临门为吸引线上流量，在天猫旗舰店发起了针对“双 11”的预售。粉丝在天猫上可以花 99 元购买“试睡护照”，收到“试睡护照”之后，可以凭借此“护照”去领取价值 500 多元的乳胶枕。喜临门通过这种方式将粉丝从线上引到线下。而参与活动的粉丝既能够得到乳胶枕，也可以购买其他产品，参与线下活动。

2. 满足粉丝的好奇心

人人都有好奇心，企业可以利用这一特点增加粉丝的数量。著名品牌维多利亚的秘密在一次活动中，将一个二维码放在一位热辣美女的要害部位，并告诉大家：扫一扫就有惊喜。许多人受好奇心的驱使，但在扫码之后发现，这名美女展示的是一件新推出的性感内衣。

3. 解决粉丝当下的痛点

一位旅行者决定到大理进行一次说走就走的旅行，到了大理后，他发现自己不知道如何规划自己的旅游行程。这时如果有一个关于大理旅行景点和线路的二维码，必能解这位旅行者的燃眉之急。粉丝每天都要面对各种需要解决的问题，包括交话费、学英语、叫外卖、搭配服装、家电维修等。如果企业可以通过微信更好地帮助粉丝解决问题，提高其生活质量，提供有针对性的解决方案，并以二维码的方式呈现出来，那么粉丝的归属感和黏性就会越来越高。

14.5.3 建立品牌社群

品牌社群的本质是倡导一种独特的品牌文化，通过互动交流的方式获得粉丝的认同感与归属感，通过形式多样的活动向粉丝开放，增加了粉丝的参与感。品牌社群通过容易识别和传播的品牌元素，包括 Logo、口号、粉丝名等为粉丝创造了温馨的空间。在粉丝经济时代，建立自己的品牌社群，拥有自己的粉丝，值得每一个有品牌梦想的企业关注并为之采取行动。品牌社群的经营要注意以下两个问题。

1. 让粉丝与品牌互动

企业需要拟人化的手段与粉丝互动。很多微信公众平台只是通过冷冰冰的机器语言与粉丝互动，效果并不好。为了提升互动水平，企业公众平台不仅要归类、总结粉丝可能遇到的问题，还要用拟人化的形象设置代替公众语言。

比如，沁园塑造了一个时刻关注粉丝饮水健康的“沁儿”人性化形象，在粉丝关注沁园微信公众号之后，沁儿会定时提醒粉丝要注意健康饮水，这种设计充满了人文关怀，受到了粉丝的欢迎。

2. 提升粉丝的参与感

雷军说过这样一句话：“从某种程度上讲，小米贩卖的不是手机，而是参与感。”参与感是提升品牌黏性和粉丝归属感的重要手段。在移动电商时代，粉丝的购买行为与以往有了很大的不同。企业需要与粉丝相互了解，了解之后才能互动，然后在互动中分享，而分享之后又会带来新的消费。

对粉丝来说，亲身参与可以增强体验，继而提升对品牌的忠诚度。基于微信公众平台，企业应当不断设计一些线下活动让粉丝参与进来。比如，珠宝企业可以举办相亲活动培养潜在的消费用户；小米通过小米同城会让粉丝参与线下活动，大大提升了粉丝对小米的认同度。粉丝都渴望在群体中有归属感，渴望被承认。让粉丝参与品牌的活动，是一种直接有效的沟通方式，有助于实现粉丝对品牌的忠诚度。

第 15 章

以小米为例，直击粉丝营销的成功之道

仅仅因为性价比高而购买产品的消费用户并不是企业追求的忠诚粉丝。每个企业都梦想自己的品牌在目标消费用户心目中是与众不同的。如今，企业需要提高的更多是“忠诚粉丝”而不是美誉度。事实上，粉丝与普通的消费用户有很大的不同，粉丝对品牌的参与比普通消费用户更为深入，而普通消费用户仅仅停留在购买方面。

获得忠诚粉丝的方法有很多，海底捞是通过全心全意地为顾客服务，满足顾客的根本需求，从而感动顾客，使其成为忠实的粉丝；小米则是给用户充分的参与感，与用户一起玩，从而让用户变成忠实的粉丝。

15.1 小米的粉丝经济

2010 年 8 月，MIUI 发布之初只有 100 名用户。2015 年 2 月，小米宣布 MIUI 系统联网激活用户已经超过 1 亿。为了表达对最初的 100 名用户的感激，小米曾拍摄了一支《100 个梦想的赞助商》微电影。在短短 5 年的时间里，小米已经从一家初创公司成长为中国手机行业的领头羊。2014 年，小米手机的销量为 6080 万部，稳居中国智能手机出货量第一。

小米的迅速崛起与其开创的粉丝经济有直接的关系。据小米公司内部人员称，雷军手机通信录里有 1000 多名小米粉丝的电话。小米一直致力于建立像朋友一样的企业与粉丝之间的强关系，而非传统的弱关系。

小米的粉丝经济让各行各业崇拜不已，更引起行业对企业与粉丝之间“新关系”的重新思考。在小米打造粉丝经济的过程中，借助互联网思维搞定第一个 100 万用户、利用“参与感”迅速引爆自媒体口碑营销、先做忠诚度再做知名度这三个（见图 15-1）关键方法发挥了重要作用。

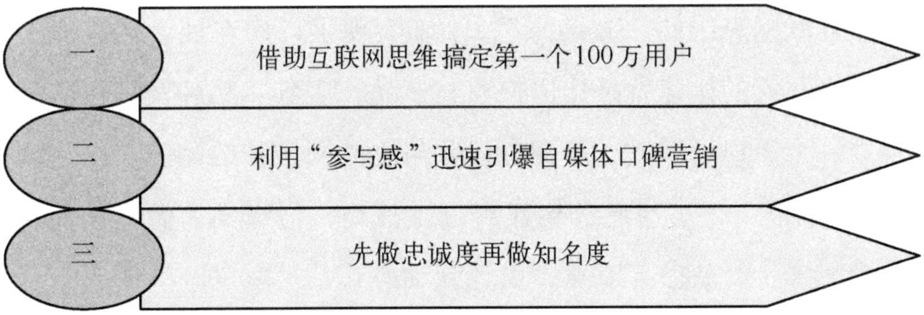

图 15-1　小米打造粉丝经济的三个关键方法

1. 借助互联网思维搞定第一个 100 万用户

2008 年，雷军就提出了互联网七字诀：“专注、极致、口碑、快”。口碑是互联网思维的核心，小米就是凭借这一点迅速搞定了第一个 100 万用户。2010 年 8 月，MIUI 最初的 100 名用户是小米口碑传播中最早的核心用户。小米依托口碑营销中的三个核心，即发动机——产品、加速器——社会媒体关系、关系链——用户关系，使得 MIUI 用户量迅速上升。2011 年 8 月，小米手机用户数量达到 50 万，为小米积累了足够的原始势能。

在口碑传播的过程中，MIUI 基于“快、好看、开放”三个口碑节点，借助社会化媒体这一加速器，将产品融入精彩的故事和话题，使用户数量由 50 万扩张到 100 万。在建立社交网络的过程中，小米重视人与人之间的信任关系，将信息的流动视为传递信任的手段。

要想使口碑传播达到超出预期的效果，企业必须建立起具有信任度的用户关系。所以，企业与用户的关系不应当是基于金钱的弱关系，而应当是让用户像信任朋友一样信任企业的强关系。小米用户关系的核心就是与用户做朋友、与用户一起玩、让用户参与进来，在用户参与的过程中就完成了品牌的传播。

2. 利用“参与感”迅速引爆自媒体口碑营销

基于互联网思维的“参与感”，小米实现了口碑在社会化媒体上的迅速引爆。参与感的构建就是让用户参与产品、服务、品牌及销售的开发过程，建立一个用户可触碰、可拥有，并与之共同成长的品牌。小米联合创始人黎万强认为，“参与感的构建有三个战略：做爆品，做粉丝，做自媒体；三个战术：开放参与节点，设计互动方式，扩散口碑事件。”

参与感扩散的背后是弱用户关系向高信任度的强用户关系进化。企业首先要让用户成为品牌的粉丝，然后让粉丝获益。功能与信息共享是最初步的利益激励，然后是荣誉和利益，只有让企业和用户双方获益的参与感才能够持续。在线下，小米更通过同城会、爆米花等线下活动与粉丝见面，与粉丝一起玩，引爆了线下粉丝的参与感。

3. 先做忠诚度再做知名度

传统行业的品牌营销过程是，先打响知名度，然后培育美誉度，最后才维护忠诚度。小米品牌营销的过程始终专注忠诚度，并通过口碑传播不断强化这一过程，等用户忠诚度达到一定程度后，才加大投入做知名度。

小米在早期用户积累阶段，最重视的就是用户忠诚度及初期用户的纯粹度。MIUI 用户的不断积累完全依靠口碑传播，在小米赢得了足够的忠诚度之后，才选择通过传统广告投放的营销方式来扩大品牌影响力，如电视广告、影视植入等。

15.2 有归属感的标签卡位

营销前进行卡位的实质就是减少竞争对手，使品牌传播效果最大化，突出品牌的核心理念，解决产品要卖给谁、在哪里卖、通过什么途径卖及能给他们带来什么好处的问题。其中，以最低的成本进行差异化营销是关键。营销前的卡位战打好，剩下的就是执行了。好的产品在进行营销之前，就必须制订好战略，这样的企业才能运筹帷幄之中，决胜千里之外。

15.2.1 小米给粉丝的归属感

在互联网科技的热潮慢慢兴起的时候，小米科技踩中了中国大力发展文化产业的节拍，成为国产手机当之无愧的后起之秀。小米科技将网络文化与高科技完美结合，开创了一条利用互联网打造手机品牌的创新路径，形成了独具特色的发烧友极客文化。小米创始人雷军也因出色的才能被人们亲切地称为“雷布斯”，将其视为与乔布斯一样的传奇人物。

2010 年，小米推出“米聊”这个移动终端社交工具。在这里，米粉可以畅聊与小米有关的任何问题。如今，米聊用户数量已经超过 2000 万，在刷机发烧友群体里形成了良好的口碑。这些米聊用户是小米手机的最大潜在粉丝。小米手机通过社会化营销迅速崛起，知名度与苹果、三星不相上下。

米聊用户与其他社交软件上的用户相比，活跃度更高、更上进、更加了解手机，而且有很强的互联网习惯，对他们来说，手机、电脑、汽车都是玩物。他们会将产品每个部件的性能分拆出来与其他产品比较，如手机的 CPU 性能、启动速度、屏幕大小……这些对爱折腾、爱玩电子产品并依赖互联网的发烧友具有巨大的吸引力，使得初创公司小米的手机品牌一夜成名。

2011 年 8 月，第一代小米手机问世，在不到 3 个月的时间里，共售出 100 万部。更令业界惊叹的是，在小米发货的短短 3 个小时内，10 万部手机被全部抢订一空，创下了 2 亿元的销售神话。

小米通过米聊用户的行为数据发现了痴迷于手机工具群体的存在，也就是手机发烧友。小米的标签卡位是为发烧友而生的，因为发烧友代表着消费的最前沿，是其他消费用户的榜样，经常能够引来群体的跟风。小米作为一个创业公司，利用互联网用户数据做出了为发烧友而生的标签卡位，增强了米粉的归属感。而且做年轻人喜欢的产品，也塑造了小米公司活泼充满活力的企业印象。

“小米手机，为发烧友而生”是小米手机的广告词，也是小米的标签卡位。作为一句宣传口号，“为发烧友而生”在小米的产品上也有深刻的体现。小米“低价格”“高性价比”的两个特点深得粉丝欢心。

小米手机“为发烧友而生”“发烧友的手机”等一类的宣传口号几乎无人不知。雷军也经常在公开场合提及苹果和乔布斯一直都是小米和他的榜样。小米最初发布的时候，曾进行“2000 元得到 iPhone 的体验”的宣传。

小米 2 主打发烧级四核高性能芯片。该芯片是国内首款 28 纳米芯片，并在当时主流机普遍为 1G 内存的时候，将内存标准提升为 2G。小米 2 当时的配置在市场上属一属二，价格却是 1999 元的中档价位，非常亲民。

小米通过小米 3 的发布宣布了黑白熊猫“没有设计的设计”已经终结，并通过提供多彩的配色，迎合发烧友的时尚与个性追求。小米高端的配置、漂亮的外形都是外在硬件的表现，而优质的 MIUI 系统则是小米的“内在修为”。

小米做到了内外兼修。

每一次小米手机的发布均配合雷军独特的营销方式和为发烧友而生的标签卡位的宣传，所以总是能够引起粉丝的疯抢，以至于出现供不应求的局面。粉丝对于拥有一部小米手机不会因为价格和性价比的原因产生廉价感，甚至会有非常时尚的感觉。

小米手机为发烧友而生的标签卡位在业界是非常有存在感的。众多企业从小米身上获得启示：具有存在感的标签才能深入人心，才能给粉丝以归属感。各个手机厂商一直试图给自己的手机一个标签，如将音乐手机打造成音乐爱好者的专用手机、将商务手机打造成商务精英的专用手机、将女性手机打造成广大女性用户偏爱的手机等。小米的思维是与众不同的，将小米的标签卡位定位为发烧友而生，超越了性别、年龄、地域、阶层的神棍级定位，并且还会因为强大的存在感而深得人心。

15.2.2 “为发烧友而生”标签塑造

为发烧友而生的标签卡位捧火了小米手机：一方面是因为小米创始人雷军本身就是手机发烧友；另一方面是因为小米手机可以满足发烧友随意去刷 ROM 进行搞机的需求；最重要的一方面就是这个标签直达粉丝内心，给粉丝带来强烈的归属感。很多产品的标签卡位都是简单地从使用需求和场景而来，而小米的标签卡位却深入粉丝的心理和生活状态中。

小米寻求当前社会粉丝的心理需求，从而进行了精准直达内心的标签塑造。

被定义成发烧友的小米粉丝在家人、同学及朋友中彰显出了他们的个性。小米手机的用户画像是这样的：某城市中一个小白领每天为了生存而忙碌工作，闲暇的时候将自己的小米手机拿出来玩，向身边的女同事秀一秀自己对手机的若干调整和高配置，头头是道的讲解让女同事们崇拜不已；晚上，在小米论坛中与志同道合的发烧友探讨一下小米的各种性能指标，将各种烦恼暂时放下，享受业余生活的欢愉。

大部分小米粉丝的发烧程度没有那么高，他们更享受的是，自己用的手机与发烧友是一样的，就像穿着与偶像同款的衣服一样，心底得到的是一种久违的存在感。在互联网时代，小米的标签卡位已经成为一种潮流。

小米为发烧友而生的标签卡位主要有两点优势。

1. 占领了粉丝的心智

小米为发烧友而生的标签卡位占领了粉丝的心智。小米的价格和性能服务于发烧友，且不断通过高性价比夯实为发烧友而生的定位，而且小米巧妙地与同行进行对比，打造了粉丝心中最好的国产手机品牌形象。

2. 让粉丝得到了充分的心理满足感

手机在社会用户中的普遍使用决定了手机与衣服、鞋子一样，不仅有使用价值，还体现了用户的品味和偏好。所以，一部好手机不仅要满足用户的心理预期，还要体现用户的档次。什么样的人用什么样的手机，文艺青年用文艺手机，强大的人用厉害的手机，而理想主义者也会用能体现自我格调的手机。

在小米手机问世之前，只有苹果、三星、初期的 HTC 能够超过用户的心理预期，而中兴、华为、联想等手机对用户来说只具有使用价值。小米手机不仅满足了用户的心理预期，还达到了用户爱炫耀的心理预期。尤其是小米手机的期货模式更加剧了这一心理的满足感，毕竟能够秒杀到小米手机的用户在人群中是少数的。尽管小米手机已经结束了期货模式，但是在满足用户心理预期上仍然排在国产手机的前列。

15.3 社会化媒体营销：微博、论坛、QQ、微信

在移动互联网时代，微博、论坛、QQ、微信等社会化媒体为企业营销提供了广阔的舞台。自媒体营销的效应远远大于传统的小众口碑传播。在社会化媒体中，用户无需面对面甚至无需认识，就可以通过微博、微信

等社会化媒体工具，一传十、十传百，把企业的营销信息扩散开来。社会化网络传播的速度堪比病毒式传播，而且覆盖面广泛。

15.3.1 小米的社会化媒体营销

小米就是得益于社会化媒体营销，在短短两年多的时间里成为手机行业的黑马。小米社会化营销的渠道有四种，分别为微博、论坛、QQ 空间和微信。小米通过创建论坛沉淀了几十万的核心用户；用户沉淀之后，小米开始通过微博和 QQ 空间等社会化媒体全力扩散小米的口碑。

小米通过社会化营销建立口碑的过程结合了小米产品的自身特点。

每一家企业所面临的具体情况都不一样，所以选择社会化媒体传播的渠道要视具体情况而定。社会化媒体传播渠道的选择应以产品需要为中心，如黄太吉煎饼的宣传不需要论坛，只要做好微博营销，让用户将吃煎饼的场景拍成照片或视频分享出去就足够了，还可以让微博用户讨论一下煎饼上有 100 粒还是 101 粒芝麻。

如今，小米论坛粉丝数量超过 1000 万；QQ 空间的粉丝数量将近 1500 万；微博和微信都有 450 ~ 500 万的粉丝关注。小米论坛的用户流量非常大，每天活跃用户数量超过 100 万，发帖量达 25 万以上，比同类厂商高出 10 倍。

企业和用户之间的关系并非要以谁为主导。小米与用户之间就是朋友的关系，一直在与用户一起玩。小米非常重视用户的参与感，也因此赢得了无数粉丝。小米手机与其他手机的最根本不同就是别人的用户都是在使用手机，而小米用户是在玩手机。

15.3.2 从小米看社会化营销的条件

尽管小米的社会化媒体营销取得了非常不错的效果，但不是所有的企业都可以效仿的。企业要进行社会化媒体营销首先要具备以下（见图 15–2）4 个条件。

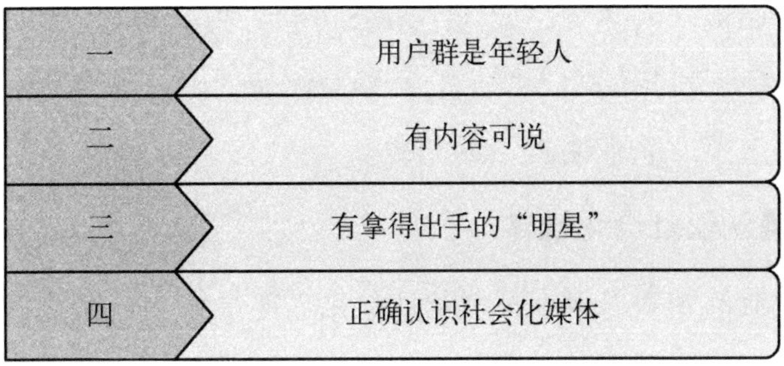

图 15–2　企业进行社会化媒体营销应具备的 4 个条件

1. 用户群是年轻人

小米属于智能手机行业，主要的用户群是年轻人，所以利用微信公众号、官方微博、QQ 空间、论坛等社交平台跟用户去沟通迎合了年轻人的心理。但是，其他行业不一定适用。如果是一家针对老年用户群的保健品企业，那么设立微博、微信跟用户沟通对话就不太现实了。

2. 有内容可说

小米公司的产品线有很多条，发布新产品的时间间隔不会太长，MIUI 等软件每周都会更新，也就是有很多可以说的内容，做社会化媒体营销拥有天然的优势。但是，一些产品固定、更新换代缓慢的传统企业就没有太多可以说的内容了，这一类企业很难进行社会化媒体营销，可谓是“巧妇难为无米之炊”。

3. 有拿得出手的“明星”

这里所指的“明星”可以是一个人，也可以是一个产品。比如，乔布斯就是明星，他去了哪里、说了什么话都是新闻，都是苹果产品最好的代言。在乔布斯去世之后，苹果公司的明星就是其苹果产品，所以苹果公司依旧可以凭借其明星产品天天上头条。

小米在发展的初始阶段，雷军是当之无愧的明星，所以在小米手机的发布会上，雷军总是亲自露面为粉丝讲解手机。而随着小米公司的发展，黎万强也开始被众人熟知，成为小米公司的“男二号”，依旧延续小米的明星路线。锤子科技创始人罗永浩、聚美优品创始人陈欧、乐视创始人贾跃亭等都走上了“企业明星”的路线。

4. 正确认识社会化媒体

很多企业的领导人根本不清楚社会化媒体是什么，就不可能在社会化媒体营销盛行的当下跟风。这些企业的领导人对于社会化媒体的认识停留在传统媒体的认识上，以为微博、微信等营销就是通过发软文、做广告等赢取粉丝。这样的企业即便拥有社会化媒体，也无法实现社会化媒体营销。因为企业领导人对社会化媒体的认识决定了企业会用传统媒体考核的方式来考核社交平台，最终将社会化媒体平台变为一个发广告的平台，犹如僵尸一般存在着。

对于企业而言，社会化媒体最重要的功能还是沟通和服务，不应该过度强调营销，将社会化媒体的营销作为主要目的挂在嘴边并不是一个好现象。苹果没有进行社会化媒体营销，但全世界的粉丝依然对其趋之若鹜。这足以证明企业最终还是靠产品说话，产品的创新能力是做社会化媒体营销的有力武器。

15.4 开好一个发布会

关于如何开好一个发布会，小米具有丰富的经验。下面总结一下小米发布会的重要元素，希望能够让创业者在召开发布会时有所启发。小米公司联合创始人黎万强说过，“小米发布会闪光点的背后，每一个环节都浸透着无数人的心血。”那么，在具体的细节上，小米都做了哪些努力呢？其内容如图 15-3 所示。

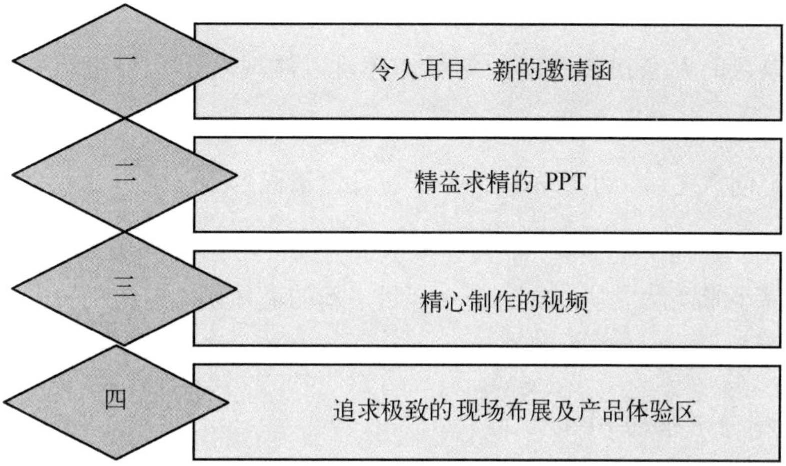

图 15-3　小米发布会的重要元素

1. 令人耳目一新的邀请函

邀请函是媒体和嘉宾对发布会的第一印象。令人耳目一新的邀请函不仅能够在第一时间向大家传递发布会的主题，更能让大家印象深刻，形成话题氛围，达到发布会前预热的效果。小米发布会的邀请函总是与众不同，令人耳目一新。

例如，小米手机 3 的发布会用厚厚的武林秘籍向大家广发英雄帖。邀请函采用新品小米手机 3 的包装盒，让大家提前感受到小米手机的工艺提升；倚天屠龙的形象暗示了发布会即将发布小米手机 3 和小米电视两个新品；包装盒内的大红英雄帖写明了发布会的时间、地点和流程，清晰明了；别致的令牌中含有 NFC（近距离无线通信）芯片，向大家暗示了小米手机 3 新加入的 NFC 功能，而且嘉宾可以凭此签到入场；内页右下角的米兔习武动画将米兔的独门剑法生动形象地展示出来，让人回味无穷。

令人耳目一新的邀请函出炉背后有很多不为人知的故事。黎万强始终认为，邀请函作为发布会的第一印象非常重要，应当有一个实物来承载。黎万强与熬夜加班的同事们经过激烈的讨论终于决定采用武功秘籍的形式来制作邀请函。雷军提供了米兔习武的创意。他认为创作一个米兔习武的动画可以帮助大家找回童年的记忆，还可以体现出小米与粉丝一起玩的态度。

确定创意之后，小米团队开始了设计邀请函形象、绘制米兔动画、采购 NFC 芯片、联系厂商采购纸张、确认制作工艺、安排印刷等一系列工作，最终小米团队成功制作出令人耳目一新的邀请函。这样的高效率着实让人惊叹，更体现了小米团队强大的战斗力和执行力。

2. 精益求精的 PPT

众所周知，PPT 对发布会起着不可替代的作用。作为发布会的主讲人，雷军对 PPT 一直有着严格的要求：PPT 的整体内容和基调应当最大程度地让用户直观感受到产品的亮点和特色。好的作品都需要经过不断的修改和完善，小米发布会的 PPT 尤其如此。初稿完成后，雷军会与 PPT 制作团队反复核对，再根据讨论结果反复修改。在修改的过程中，一部分原有内容会被删除，不断加入新的内容。反复修改的过程也让雷军和小米团队对产品有了新的认识。

很多时候，PPT 是人们重新认识和诠释产品含义的催化剂，如对小米电视的定义。当时，王川对小米电视的定义为“传统电视 + 小米盒子 + 高性能安卓游戏机的结合体”。在 PPT 的实际操作中，雷军发现这种定位不能让观众对小米电视有直观的认识。雷军认为，“如果小米电视不能在发布会上让用户尖叫，那么即便已经在公司内部研发了一年之久，也宁可不发布。”经过反复商讨，小米团队给了小米电视“最顶配的 3D 智能电视”

定位，其余都由此展开。

3. 精心制作的视频

在发布会上播放一段精心制作的视频，不仅可以传播公司的经营理念，还能展示产品的功能特点，对发布会可起到画龙点睛的作用，使大家对发布会的印象更加深刻。

在某次小米发布会上，通过一段开场视频重点介绍了小米服务体系。视频记录了小米客服中心、900 位客服座席、全天候在线客服团队、5 大仓储物流中心、18 个小米之家、419 个授权服务网点的工作，凸显了小米不断进步的服务水平。

每一个镜头都是小米服务团队精细化工作的场景。从办公室灯光亮起，小米员工便开始了一天忙碌的工作。小米之家开始打扫卫生以便迎接即将到访的米粉；电话座席上一句温馨的“你好”揭开了服务的序幕；为了让订单尽快送达，物流中心认真地清点库存。一个励志的便签、一份详尽的清单、一杯清凉的柠檬水、一个温暖的笑容都是小米一心一意为米粉服务的真实写照。

小米手机的介绍视频则更富有挑战性。3D 制作技术及高难度的渲染画面要求视频制作在一开始就必须付出更多的努力。为了确保最后的完美效果，视频制作团队在前期对手机的角度、展现形式进行了反复的讨论与试验。除了精彩的画面，视频还需要富有感染力的配乐。一开始，制作团队为视频配的是柔美的钢琴曲，之后发现感染力不够，然后果断重新作曲，为视频制作了一首更加激昂的音乐，成功地将视频气氛烘托了出来。

4. 追求极致的现场布展及产品体验区

一个产品发布会凝结了很多人的心血，发布会能否顺利召开决定了产品能否有一个完美的亮相。产品体验区是用户第一次与新产品亲密接触的地方，体验区的好坏直接影响着用户对新产品的评价。

由于小米手机3的发布会要同时推出两款产品，所以布置产品体验区是一个难题。小米最初计划将手机和电视共同展示，搭建1:1的模型。最初的展示效果并不好，经过讨论，小米团队最终决定按真实卧室客厅设计电视体验区，而1:1模型不变。黎万强要求电视体验区的设计风格应符合“年轻人的第一台电视”的定位。团队经过不断修改，最终设计出时尚、可爱、优雅等8个风格的客厅卧室体验间。

发布会的每一个细节都体现了小米追求极致的态度。为保证嘉宾和米粉能够在1小时内签到完毕，签到小组进行了反复演练；为确保现场屏幕、灯光、音响等设施正常工作，小米团队进行了多次预演；为保证现场礼品安全，小米安排了专门小组看护物料；为了让到场嘉宾得到最好的服务，小米安排行政美女们提供签到和接待服务。小米所做的每一项工作都是为了让米粉们体验到一个最完美的产品发布会。

15.5 一个成功复制小米粉丝营销的案例

很多创业者都非常关注如何复制小米的粉丝营销问题。最近有一个成功复制小米粉丝营销的案例引起了业界的广泛关注：炸弹二锅头打着学习小米粉丝营销的由头进行了粉丝营销。

炸弹二锅头是一家传统酒企，老板非常佩服小米的粉丝营销，但跟大多数迷恋小米粉丝营销的创业者一样不知如何实施。更为苦恼的是，炸弹二锅头还没有属于自己的粉丝群。不过在湖南重点市场，炸弹二锅头有很好的消费基础，在餐饮商超的终端都有其身影。

多数传统企业在精心制作的宣传册上宣称以用户为中心，其实对于用户所想根本一无所知。那么这一类的品牌应当如何造粉呢？市场上所谓的社交营销公司通过发微博、做转发、策划抽奖、送 iPad 等进行粉丝营销，这种方法根本不可靠。线上的粉丝营销对传统企业来说并没有什么意义。只有直接面对面的线下活动才能真正达到吸粉效果。

小米的粉丝营销就是因为一个个同城会而火爆起来的。恰巧的是，炸弹二锅头要在长沙做一场论坛，于是团队决定趁机搞一个长沙的粉丝见面会，拉 60 名粉丝进来。他们给这些粉丝起名叫炸弹人。喝炸弹二锅头的人有一个传统，喝一瓶酒就称为“炸一个”。这种口号和术语，就是造粉工程的基因。

不过，现实的问题是从哪里找到 60 个粉丝呢？粉丝为什么愿意来呢？当地分公司或者经销商根本完不成这个任务，团队只能一点点摸索，亲自拉粉丝过来，先在所有的社交平台上广泛发布活动公告，包括微博、微信、贴吧、社区、豆瓣……。但从结果来看，微博和豆瓣的效果最明显。

在微博上，他们安排了“推荐身边的炸弹人，并给予奖励”的活动获得了不错的效果。然后，他们精准搜索了跟炸弹二锅头有关的微博博主，并邀请其参会。这个环节也有一定的效果。与此同时，他们还发动身边好友私信给当地的粉丝领袖、媒体等，并在微吧、贴吧广泛发布活动信息。最后，他们以“某某时刻炸一个”为话题，让大家追忆曾经喝炸弹二锅头的时刻，唤起回忆的话题，互动频度较高。

在豆瓣上，炸弹二锅头的同城活动被豆瓣推到长沙活动首页，增大了曝光率。这场轰轰烈烈的造粉工程最终成功实现了“从零开始”找粉丝和“从线上到线下”的全新粉丝互动模式，最后积累了 80 多名粉丝，超过了 60 名的目标。但整个造粉工程带来的影响力却影响了上万人。

在造粉的同时，他们还策划了一个互动话题：酒后吐真言，让大家分享自己曾经酒后吐真言的经历。这个话题非常棒，符合受众群体的特征，而且很有料，能够引起大家的共鸣。他们先让QQ群的每位粉丝写一个酒后吐真言的微博，然后各自发动朋友圈转发自己的微博，截止到同城会开始的时间点时，转发数量最高的可以获得一等奖，其他可获得二三等奖。这个酒后吐真言的活动在一周内就有13000人次讨论，其中三条炸弹核心粉丝微博被推成热门微博。

同城会现场是重点，如果现场冷冷清清，粉丝见面会就没有任何效果。但同城会上到底干什么？如何才能调动氛围呢？

首先是气氛渲染，炸弹二锅头的团队做了一些煽动性的海报，用长沙方言说起来就是一段顺口溜。在活动现场，粉丝读自己的酒后吐真言时气氛非常热烈，也引起了粉丝的共鸣。这一环节让粉丝之间有了相互了解，发挥了建立核心粉丝QQ群的功能。

击鼓传炸弹是另一个高潮环节。如果鼓声停止时，炸弹二锅头在哪位粉丝手上，那么这位粉丝就可以喝一瓶炸弹二锅头或者表演一个节目。有一位粉丝表演了一个非常专业的魔术，现场一片叫好；还有一些粉丝现场拼酒，看谁喝得多，气氛很是浓烈。

整个同城会活动步步紧扣，吸引了粉丝，并建立了核心粉丝群，发动粉丝写酒后吐真言，变成话题营销，大规模转发，引发口碑传播。活动现场将话题营销的巨大能量释放出来，一环扣一环，活动后又是下一轮口碑传播。炸弹二锅头的造粉运动非常成功，虽然不能说是小米粉丝营销的完全复制，但粉丝营销的方法和要领可见一斑。

反侵权盗版声明

读者调查表

尊敬的读者：

欢迎您参加读者调查活动，对我们的图书提出真诚的意见，您的建议将是我们创造精品的动力源泉。为方便大家，我们提供了两种填写调查表的方式：

1. 您可以登录 http：//yydz. phei. com. cn，进入“读者调查表”栏目，下载并填好本调查表后反馈给我们。
2. 您可以填写下表后寄给我们（北京市海淀区万寿路 173 信箱电子技术分社　邮编：100036）。

姓名：________　性别：□　男　□　女　年龄：________　职业：________

电话：____________________　移动电话：____

传真：____________________　E-mail：____

邮编：____________　通信地址：____

1. 影响您购买本书的因素（可多选）：

□封面、封底　□价格　□内容简介　□前言和目录　□正文内容

□出版物名声　□作者名声　□书评广告　□其他________________________

2. 您对本书的满意度：

从技术角度	□很满意	□比较满意	□一般	□较不满意	□不满意
从文字角度	□很满意	□比较满意	□一般	□较不满意	□不满意
从版式角度	□很满意	□比较满意	□一般	□较不满意	□不满意
从封面角度	□很满意	□比较满意	□一般	□较不满意	□不满意

3. 您最喜欢书中的哪篇（或章、节）？请说明理由。

____

____

4. 您最不喜欢书中的哪篇（或章、节）？请说明理由。

____

____

5. 您希望本书在哪些方面进行改进？

____

____

6. 您感兴趣或希望增加的图书选题有：

____

____

邮寄地址：北京市海淀区万寿路 173 信箱电子技术分社　富军　收　邮编：100036

电　话：(010) 88254456　E-mail：fujun@ phei. com. cn